U0946171

本 书 编 委 会

环境影响评价相关法律法规汇编
增补本（2010）

环境保护部环境工程评估中心　编

中国环境科学出版社·北京

图书在版编目（CIP）数据

环境影响评价相关法律法规汇编增补本. 2010/环境保护部环境工程评估中心编. —北京：中国环境科学出版社，2010.6
ISBN 978-7-5111-0290-4

Ⅰ. ①环… Ⅱ. ①环… Ⅲ. ①环境影响评价法—汇编—中国 Ⅳ. ①D922.689

中国版本图书馆 CIP 数据核字（2010）第 092881 号

责任编辑 黄晓燕
责任校对 扣志红
装帧设计 龙文视觉/陈莹

出版发行 中国环境科学出版社
（100062 北京崇文区广渠门内大街 16 号）
网　　址：http://www.cesp.com.cn
联系电话：010-67112735
发行热线：010-67125803
印　　刷 北京市联华印刷厂
经　　销 各地新华书店
版　　次 2010 年 6 月第 1 版
印　　次 2010 年 6 月第 1 次印刷
开　　本 787×960　1/16
印　　张 14
字　　数 260 千字
定　　价 60.00 元

前　言

环境影响评价是我国环境保护工作的一项重要法律制度，于20世纪70年代引入我国，经历了由部门规章到国务院条例，再到《中华人民共和国环境影响评价法》作为单项法颁布的发展过程。30年的实践，已经形成了一套完整的法律法规、政策和管理制度体系，对合理产业布局、优化项目选址、控制新的污染和生态破坏、促进产业结构升级和调整、推进清洁生产和循环经济的发展发挥了重要的作用。且随着规划环境影响评价的深入实施，环境影响评价在促进科学发展中的作用越来越显著。

环境影响评价的重要性及其工作的性质，决定了环境影响评价人员除了不断提高业务能力和技术水平外，还要认真学习和研究国家的相关法律法规、产业政策、技术政策和环保政策。为了方便环境影响评价人员了解和应用有关法律、法规和政策，我们于2005年编辑出版了《环境影响评价相关法律法规汇编》，并分别于2007年、2008年和2009年进行了三次增补，系统归纳整理了1982年至2008年发布的环境影响评价相关法律、行政法规、部门规章和其他规范性文件。

本增补本汇集了2009年1月至2009年12月我国新发布的环境影响

评价相关规定，分环境影响评价相关法律、行政法规与国务院发布的规范性文件、环境保护部令与规范性文件、其他部门发布的规范性文件四部分，是环境影响评价管理和技术人员的一部实用的法律法规和政策工具书，同时也适合企业、事业单位的环境管理人员，科研院校的研究、教学人员，以及其他与环境影响评价相关的人员学习参考。

编　者

2010 年 5 月

目　录

一、环境影响评价相关法律

二、行政法规与国务院发布的规范性文件

三、环境保护部令与规范性文件

四、其他部门发布的规范性文件

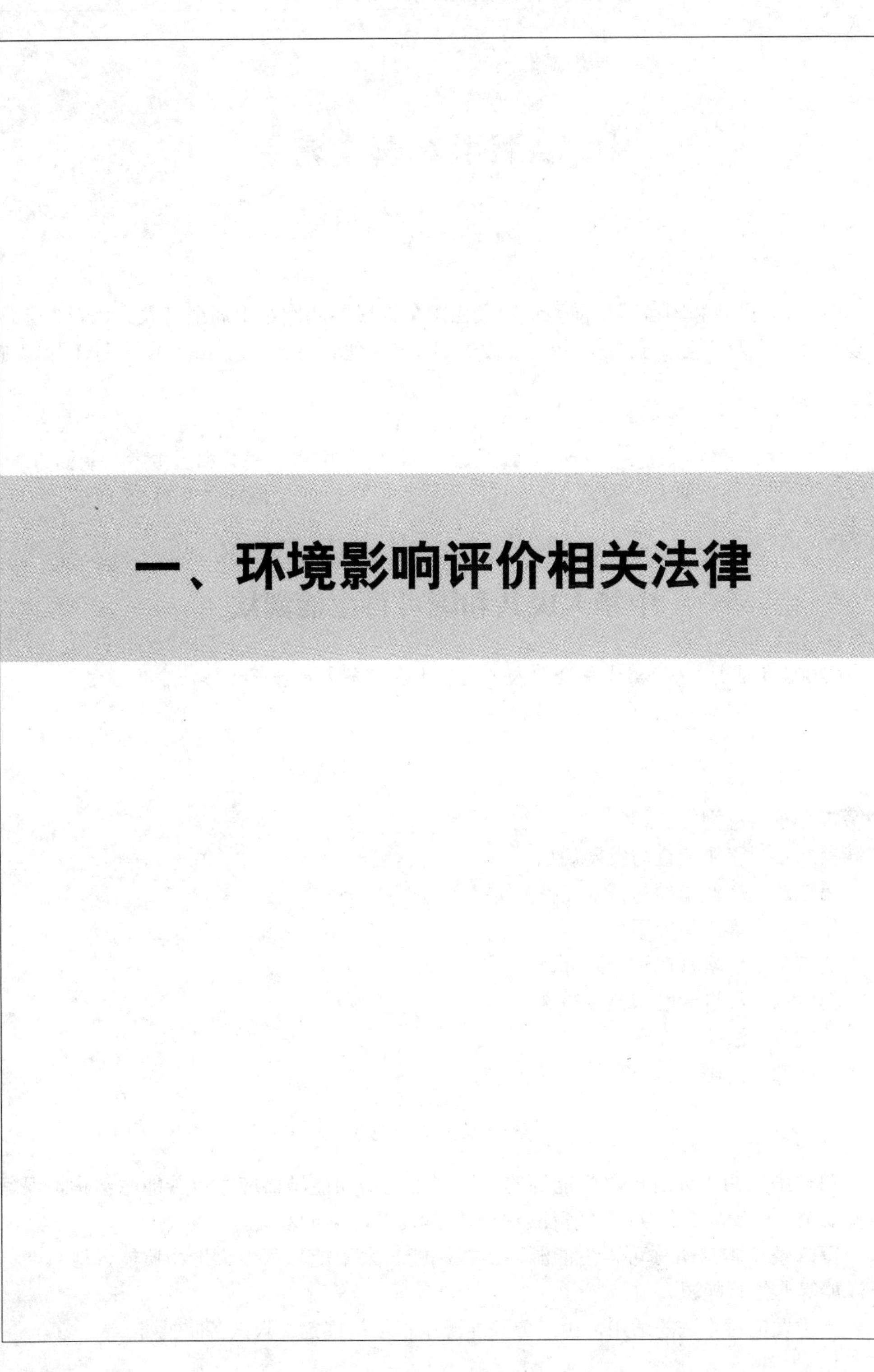

一、环境影响评价相关法律

中华人民共和国主席令

第三十三号

《中华人民共和国可再生能源法》已由中华人民共和国第十届全国人民代表大会常务委员会第十四次会议于 2005 年 2 月 28 日通过，现予公布，自 2006 年 1 月 1 日起施行。

中华人民共和国主席　胡锦涛

2005 年 2 月 28 日

中华人民共和国可再生能源法

（2005 年 2 月 28 日第十届全国人民代表大会常务委员会第十四次会议通过）

目　录

第一章　总　则

第一条　为了促进可再生能源的开发利用，增加能源供应，改善能源结构，保障能源安全，保护环境，实现经济社会的可持续发展，制定本法。

第二条　本法所称可再生能源，是指风能、太阳能、水能、生物质能、地热能、海洋能等非化石能源。

水力发电对本法的适用，由国务院能源主管部门规定，报国务院批准。

通过低效率炉灶直接燃烧方式利用秸秆、薪柴、粪便等，不适用本法。

第三条 本法适用于中华人民共和国领域和管辖的其他海域。

第四条 国家将可再生能源的开发利用列为能源发展的优先领域，通过制定可再生能源开发利用总量目标和采取相应措施，推动可再生能源市场的建立和发展。

国家鼓励各种所有制经济主体参与可再生能源的开发利用，依法保护可再生能源开发利用者的合法权益。

第五条 国务院能源主管部门对全国可再生能源的开发利用实施统一管理。国务院有关部门在各自的职责范围内负责有关的可再生能源开发利用管理工作。

县级以上地方人民政府管理能源工作的部门负责本行政区域内可再生能源开发利用的管理工作。县级以上地方人民政府有关部门在各自的职责范围内负责有关的可再生能源开发利用管理工作。

第二章 资源调查与发展规划

第六条 国务院能源主管部门负责组织和协调全国可再生能源资源的调查，并会同国务院有关部门组织制定资源调查的技术规范。

国务院有关部门在各自的职责范围内负责相关可再生能源资源的调查，调查结果报国务院能源主管部门汇总。

可再生能源资源的调查结果应当公布；但是，国家规定需要保密的内容除外。

第七条 国务院能源主管部门根据全国能源需求与可再生能源资源实际状况，制定全国可再生能源开发利用中长期总量目标，报国务院批准后执行，并予公布。

国务院能源主管部门根据前款规定的总量目标和省、自治区、直辖市经济发展与可再生能源资源实际状况，会同省、自治区、直辖市人民政府确定各行政区域可再生能源开发利用中长期目标，并予公布。

第八条 国务院能源主管部门根据全国可再生能源开发利用中长期总量目标，会同国务院有关部门，编制全国可再生能源开发利用规划，报国务院批准后实施。

省、自治区、直辖市人民政府管理能源工作的部门根据本行政区域可再生能源开发利用中长期目标，会同本级人民政府有关部门编制本行政区域可再生能源开发利用规划，报本级人民政府批准后实施。

经批准的规划应当公布；但是，国家规定需要保密的内容除外。

经批准的规划需要修改的，须经原批准机关批准。

第九条 编制可再生能源开发利用规划，应当征求有关单位、专家和公众的意见，进行科学论证。

第三章 产业指导与技术支持

第十条 国务院能源主管部门根据全国可再生能源开发利用规划，制定、公布可再生能源产业发展指导目录。

第十一条 国务院标准化行政主管部门应当制定、公布国家可再生能源电力的并网技术标准和其他需要在全国范围内统一技术要求的有关可再生能源技术和产品的国家标准。

对前款规定的国家标准中未作规定的技术要求，国务院有关部门可以制定相关的行业标准，并报国务院标准化行政主管部门备案。

第十二条 国家将可再生能源开发利用的科学技术研究和产业化发展列为科技发展与高技术产业发展的优先领域，纳入国家科技发展规划和高技术产业发展规划，并安排资金支持可再生能源开发利用的科学技术研究、应用示范和产业化发展，促进可再生能源开发利用的技术进步，降低可再生能源产品的生产成本，提高产品质量。

国务院教育行政部门应当将可再生能源知识和技术纳入普通教育、职业教育课程。

第四章 推广与应用

第十三条 国家鼓励和支持可再生能源并网发电。

建设可再生能源并网发电项目，应当依照法律和国务院的规定取得行政许可或者报送备案。

建设应当取得行政许可的可再生能源并网发电项目，有多人申请同一项目许可的，应当依法通过招标确定被许可人。

第十四条 电网企业应当与依法取得行政许可或者报送备案的可再生能源发电企业签订并网协议，全额收购其电网覆盖范围内可再生能源并网发电项目的上网电量，并为可再生能源发电提供上网服务。

第十五条 国家扶持在电网未覆盖的地区建设可再生能源独立电力系统，为当地生产和生活提供电力服务。

第十六条 国家鼓励清洁、高效地开发利用生物质燃料，鼓励发展能源作物。

利用生物质资源生产的燃气和热力，符合城市燃气管网、热力管网的入网技术标准的，经营燃气管网、热力管网的企业应当接收其入网。

国家鼓励生产和利用生物液体燃料。石油销售企业应当按照国务院能源主管部门或者省级人民政府的规定，将符合国家标准的生物液体燃料纳入其燃料销售体系。

第十七条 国家鼓励单位和个人安装和使用太阳能热水系统、太阳能供热采暖和制冷系统、太阳能光伏发电系统等太阳能利用系统。

国务院建设行政主管部门会同国务院有关部门制定太阳能利用系统与建筑结合的技术经济政策和技术规范。

房地产开发企业应当根据前款规定的技术规范，在建筑物的设计和施工中，为太阳能利用提供必备条件。

对已建成的建筑物，住户可以在不影响其质量与安全的前提下安装符合技术规范和产品标准的太阳能利用系统；但是，当事人另有约定的除外。

第十八条 国家鼓励和支持农村地区的可再生能源开发利用。

县级以上地方人民政府管理能源工作的部门会同有关部门，根据当地经济社会发展、生态保护和卫生综合治理需要等实际情况，制定农村地区可再生能源发展规划，因地制宜地推广应用沼气等生物质资源转化、户用太阳能、小型风能、小型水能等技术。

县级以上人民政府应当对农村地区的可再生能源利用项目提供财政支持。

第五章　价格管理与费用分摊

第十九条　可再生能源发电项目的上网电价，由国务院价格主管部门根据不同类型可再生能源发电的特点和不同地区的情况，按照有利于促进可再生能源开发利用和经济合理的原则确定，并根据可再生能源开发利用技术的发展适时调整。上网电价应当公布。

依照本法第十三条第三款规定实行招标的可再生能源发电项目的上网电价，按照中标确定的价格执行；但是，不得高于依照前款规定确定的同类可再生能源发电项目的上网电价水平。

第二十条　电网企业依照本法第十九条规定确定的上网电价收购可再生能源电量所发生的费用，高于按照常规能源发电平均上网电价计算所发生费用之间的差额，附加在销售电价中分摊。具体办法由国务院价格主管部门制定。

第二十一条　电网企业为收购可再生能源电量而支付的合理的接网费用以及其他合理的相关费用，可以计入电网企业输电成本，并从销售电价中回收。

第二十二条　国家投资或者补贴建设的公共可再生能源独立电力系统的销售电价，执行同一地区分类销售电价，其合理的运行和管理费用超出销售电价的部分，依照本法第二十条规定的办法分摊。

第二十三条　进入城市管网的可再生能源热力和燃气的价格，按照有利于促进可再生能源开发利用和经济合理的原则，根据价格管理权限确定。

第六章　经济激励与监督措施

第二十四条　国家财政设立可再生能源发展专项资金，用于支持以下活动：

（一）可再生能源开发利用的科学技术研究、标准制定和示范工程；

（二）农村、牧区生活用能的可再生能源利用项目；

（三）偏远地区和海岛可再生能源独立电力系统建设；

（四）可再生能源的资源勘查、评价和相关信息系统建设；

（五）促进可再生能源开发利用设备的本地化生产。

第二十五条　对列入国家可再生能源产业发展指导目录、符合信贷条件的可再生能源开发利用项目，金融机构可以提供有财政贴息的优惠贷款。

第二十六条　国家对列入可再生能源产业发展指导目录的项目给予税收优惠。具体办法由国务院规定。

第二十七条 电力企业应当真实、完整地记载和保存可再生能源发电的有关资料，并接受电力监管机构的检查和监督。

电力监管机构进行检查时，应当依照规定的程序进行，并为被检查单位保守商业秘密和其他秘密。

第七章 法律责任

第二十八条 国务院能源主管部门和县级以上地方人民政府管理能源工作的部门和其他有关部门在可再生能源开发利用监督管理工作中，违反本法规定，有下列行为之一的，由本级人民政府或者上级人民政府有关部门责令改正，对负有责任的主管人员和其他直接责任人员依法给予行政处分；构成犯罪的，依法追究刑事责任：

（一）不依法作出行政许可决定的；

（二）发现违法行为不予查处的；

（三）有不依法履行监督管理职责的其他行为的。

第二十九条 违反本法第十四条规定，电网企业未全额收购可再生能源电量，造成可再生能源发电企业经济损失的，应当承担赔偿责任，并由国家电力监管机构责令限期改正；拒不改正的，处以可再生能源发电企业经济损失额一倍以下的罚款。

第三十条 违反本法第十六条第二款规定，经营燃气管网、热力管网的企业不准许符合入网技术标准的燃气、热力入网，造成燃气、热力生产企业经济损失的，应当承担赔偿责任，并由省级人民政府管理能源工作的部门责令限期改正；拒不改正的，处以燃气、热力生产企业经济损失额一倍以下的罚款。

第三十一条 违反本法第十六条第三款规定，石油销售企业未按照规定将符合国家标准的生物液体燃料纳入其燃料销售体系，造成生物液体燃料生产企业经济损失的，应当承担赔偿责任，并由国务院能源主管部门或者省级人民政府管理能源工作的部门责令限期改正；拒不改正的，处以生物液体燃料生产企业经济损失额一倍以下的罚款。

第八章 附则

第三十二条 本法中下列用语的含义：

（一）生物质能，是指利用自然界的植物、粪便以及城乡有机废物转化成的能源。

（二）可再生能源独立电力系统，是指不与电网连接的单独运行的可再生能源电力系统。

（三）能源作物，是指经专门种植，用以提供能源原料的草本和木本植物。

（四）生物液体燃料，是指利用生物质资源生产的甲醇、乙醇和生物柴油等液体燃料。

第三十三条 本法自 2006 年 1 月 1 日起施行。

二、行政法规与国务院发布的规范性文件

中华人民共和国国务院令

第 559 号

《规划环境影响评价条例》已经 2009 年 8 月 12 日国务院第 76 次常务会议通过，现予公布，自 2009 年 10 月 1 日起施行。

总　理　温家宝

二〇〇九年八月十七日

规划环境影响评价条例

第一章　总　则

第一条　为了加强对规划的环境影响评价工作，提高规划的科学性，从源头预防环境污染和生态破坏，促进经济、社会和环境的全面协调可持续发展，根据《中华人民共和国环境影响评价法》，制定本条例。

第二条　国务院有关部门、设区的市级以上地方人民政府及其有关部门，对其组织编制的土地利用的有关规划和区域、流域、海域的建设、开发利用规划（以下称综合性规划），以及工业、农业、畜牧业、林业、能源、水利、交通、城市建设、旅游、自然资源开发的有关专项规划（以下称专项规划），应当进行环境影响评价。

依照本条第一款规定应当进行环境影响评价的规划的具体范围，由国务院环境保护主管部门会同国务院有关部门拟订，报国务院批准后执行。

第三条　对规划进行环境影响评价，应当遵循客观、公开、公正的原则。

第四条　国家建立规划环境影响评价信息共享制度。

县级以上人民政府及其有关部门应当对规划环境影响评价所需资料实行信息共享。

第五条　规划环境影响评价所需的费用应当按照预算管理的规定纳入财政预算，严格支出管理，接受审计监督。

第六条　任何单位和个人对违反本条例规定的行为或者对规划实施过程中产生的重大不良环境影响，有权向规划审批机关、规划编制机关或者环境保护主管部门举报。有关部门接到举报后，应当依法调查处理。

第二章　评　价

第七条　规划编制机关应当在规划编制过程中对规划组织进行环境影响评价。

第八条　对规划进行环境影响评价，应当分析、预测和评估以下内容：

（一）规划实施可能对相关区域、流域、海域生态系统产生的整体影响；

（二）规划实施可能对环境和人群健康产生的长远影响；

（三）规划实施的经济效益、社会效益与环境效益之间以及当前利益与长远利益之间的关系。

第九条　对规划进行环境影响评价，应当遵守有关环境保护标准以及环境影响评价技术导则和技术规范。

规划环境影响评价技术导则由国务院环境保护主管部门会同国务院有关部门制定；规划环境影响评价技术规范由国务院有关部门根据规划环境影响评价技术导则制定，并抄送国务院环境保护主管部门备案。

第十条　编制综合性规划，应当根据规划实施后可能对环境造成的影响，编写环境影响篇章或者说明。

编制专项规划，应当在规划草案报送审批前编制环境影响报告书。编制专项规划中的指导性规划，应当依照本条第一款规定编写环境影响篇章或者说明。

本条第二款所称指导性规划是指以发展战略为主要内容的专项规划。

第十一条　环境影响篇章或者说明应当包括下列内容：

（一）规划实施对环境可能造成影响的分析、预测和评估。主要包括资源环境承载能力分析、不良环境影响的分析和预测以及与相关规划的环境协调性分析。

（二）预防或者减轻不良环境影响的对策和措施。主要包括预防或者减轻不良环境影响的政策、管理或者技术等措施。

环境影响报告书除包括上述内容外，还应当包括环境影响评价结论。主要包括规划草案的环境合理性和可行性，预防或者减轻不良环境影响的对策和措施的合理性和有效性，以及规划草案的调整建议。

第十二条　环境影响篇章或者说明、环境影响报告书（以下称环境影响评价文件），由规划编制机关编制或者组织规划环境影响评价技术机构编制。规划编制机关应当对环境影响评价文件的质量负责。

第十三条　规划编制机关对可能造成不良环境影响并直接涉及公众环境权益的专项规划，应当在规划草案报送审批前，采取调查问卷、座谈会、论证会、听证会等形式，公开征求有关单位、专家和公众对环境影响报告书的意见。但是，依法需要保密的除外。

有关单位、专家和公众的意见与环境影响评价结论有重大分歧的，规划编制机关应当采取论证会、听证会等形式进一步论证。

规划编制机关应当在报送审查的环境影响报告书中附具对公众意见采纳与不采纳

情况及其理由的说明。

第十四条 对已经批准的规划在实施范围、适用期限、规模、结构和布局等方面进行重大调整或者修订的，规划编制机关应当依照本条例的规定重新或者补充进行环境影响评价。

第三章 审 查

第十五条 规划编制机关在报送审批综合性规划草案和专项规划中的指导性规划草案时，应当将环境影响篇章或者说明作为规划草案的组成部分一并报送规划审批机关。未编写环境影响篇章或者说明的，规划审批机关应当要求其补充；未补充的，规划审批机关不予审批。

第十六条 规划编制机关在报送审批专项规划草案时，应当将环境影响报告书一并附送规划审批机关审查；未附送环境影响报告书的，规划审批机关应当要求其补充；未补充的，规划审批机关不予审批。

第十七条 设区的市级以上人民政府审批的专项规划，在审批前由其环境保护主管部门召集有关部门代表和专家组成审查小组，对环境影响报告书进行审查。审查小组应当提交书面审查意见。

省级以上人民政府有关部门审批的专项规划，其环境影响报告书的审查办法，由国务院环境保护主管部门会同国务院有关部门制定。

第十八条 审查小组的专家应当从依法设立的专家库内相关专业的专家名单中随机抽取。但是，参与环境影响报告书编制的专家，不得作为该环境影响报告书审查小组的成员。

审查小组中专家人数不得少于审查小组总人数的二分之一；少于二分之一的，审查小组的审查意见无效。

第十九条 审查小组的成员应当客观、公正、独立地对环境影响报告书提出书面审查意见，规划审批机关、规划编制机关、审查小组的召集部门不得干预。

审查意见应当包括下列内容：

（一）基础资料、数据的真实性；

（二）评价方法的适当性；

（三）环境影响分析、预测和评估的可靠性；

（四）预防或者减轻不良环境影响的对策和措施的合理性和有效性；

（五）公众意见采纳与不采纳情况及其理由的说明的合理性；

（六）环境影响评价结论的科学性。

审查意见应当经审查小组四分之三以上成员签字同意。审查小组成员有不同意见的，应当如实记录和反映。

第二十条 有下列情形之一的，审查小组应当提出对环境影响报告书进行修改并重新审查的意见：

（一）基础资料、数据失实的；

（二）评价方法选择不当的；

（三）对不良环境影响的分析、预测和评估不准确、不深入，需要进一步论证的；

（四）预防或者减轻不良环境影响的对策和措施存在严重缺陷的；

（五）环境影响评价结论不明确、不合理或者错误的；

（六）未附具对公众意见采纳与不采纳情况及其理由的说明，或者不采纳公众意见的理由明显不合理的；

（七）内容存在其他重大缺陷或者遗漏的。

第二十一条 有下列情形之一的，审查小组应当提出不予通过环境影响报告书的意见：

（一）依据现有知识水平和技术条件，对规划实施可能产生的不良环境影响的程度或者范围不能作出科学判断的；

（二）规划实施可能造成重大不良环境影响，并且无法提出切实可行的预防或者减轻对策和措施的。

第二十二条 规划审批机关在审批专项规划草案时，应当将环境影响报告书结论以及审查意见作为决策的重要依据。

规划审批机关对环境影响报告书结论以及审查意见不予采纳的，应当逐项就不予采纳的理由作出书面说明，并存档备查。有关单位、专家和公众可以申请查阅；但是，依法需要保密的除外。

第二十三条 已经进行环境影响评价的规划包含具体建设项目的，规划的环境影响评价结论应当作为建设项目环境影响评价的重要依据，建设项目环境影响评价的内容可以根据规划环境影响评价的分析论证情况予以简化。

第四章 跟踪评价

第二十四条 对环境有重大影响的规划实施后，规划编制机关应当及时组织规划环境影响的跟踪评价，将评价结果报告规划审批机关，并通报环境保护等有关部门。

第二十五条 规划环境影响的跟踪评价应当包括下列内容：

（一）规划实施后实际产生的环境影响与环境影响评价文件预测可能产生的环境影响之间的比较分析和评估；

（二）规划实施中所采取的预防或者减轻不良环境影响的对策和措施有效性的分析和评估；

（三）公众对规划实施所产生的环境影响的意见；

（四）跟踪评价的结论。

第二十六条 规划编制机关对规划环境影响进行跟踪评价，应当采取调查问卷、现场走访、座谈会等形式征求有关单位、专家和公众的意见。

第二十七条 规划实施过程中产生重大不良环境影响的，规划编制机关应当及时提出改进措施，向规划审批机关报告，并通报环境保护等有关部门。

第二十八条　环境保护主管部门发现规划实施过程中产生重大不良环境影响的，应当及时进行核查。经核查属实的，向规划审批机关提出采取改进措施或者修订规划的建议。

第二十九条　规划审批机关在接到规划编制机关的报告或者环境保护主管部门的建议后，应当及时组织论证，并根据论证结果采取改进措施或者对规划进行修订。

第三十条　规划实施区域的重点污染物排放总量超过国家或者地方规定的总量控制指标的，应当暂停审批该规划实施区域内新增该重点污染物排放总量的建设项目的环境影响评价文件。

第五章　法律责任

第三十一条　规划编制机关在组织环境影响评价时弄虚作假或者有失职行为，造成环境影响评价严重失实的，对直接负责的主管人员和其他直接责任人员，依法给予处分。

第三十二条　规划审批机关有下列行为之一的，对直接负责的主管人员和其他直接责任人员，依法给予处分：

（一）对依法应当编写而未编写环境影响篇章或者说明的综合性规划草案和专项规划中的指导性规划草案，予以批准的；

（二）对依法应当附送而未附送环境影响报告书的专项规划草案，或者对环境影响报告书未经审查小组审查的专项规划草案，予以批准的。

第三十三条　审查小组的召集部门在组织环境影响报告书审查时弄虚作假或者滥用职权，造成环境影响评价严重失实的，对直接负责的主管人员和其他直接责任人员，依法给予处分。

审查小组的专家在环境影响报告书审查中弄虚作假或者有失职行为，造成环境影响评价严重失实的，由设立专家库的环境保护主管部门取消其入选专家库的资格并予以公告；审查小组的部门代表有上述行为的，依法给予处分。

第三十四条　规划环境影响评价技术机构弄虚作假或者有失职行为，造成环境影响评价文件严重失实的，由国务院环境保护主管部门予以通报，处所收费用 1 倍以上 3 倍以下的罚款；构成犯罪的，依法追究刑事责任。

第六章　附　则

第三十五条　省、自治区、直辖市人民政府可以根据本地的实际情况，要求本行政区域内的县级人民政府对其组织编制的规划进行环境影响评价。具体办法由省、自治区、直辖市参照《中华人民共和国环境影响评价法》和本条例的规定制定。

第三十六条　本条例自 2009 年 10 月 1 日起施行。

中华人民共和国国务院令

第 562 号

《放射性物品运输安全管理条例》已经 2009 年 9 月 7 日国务院第 80 次常务会议通过，现予公布，自 2010 年 1 月 1 日起施行。

总　理　温家宝

二○○九年九月十四日

放射性物品运输安全管理条例

第一章　总　则

第一条　为了加强对放射性物品运输的安全管理，保障人体健康，保护环境，促进核能、核技术的开发与和平利用，根据《中华人民共和国放射性污染防治法》，制定本条例。

第二条　放射性物品的运输和放射性物品运输容器的设计、制造等活动，适用本条例。

本条例所称放射性物品，是指含有放射性核素，并且其活度和比活度均高于国家规定的豁免值的物品。

第三条　根据放射性物品的特性及其对人体健康和环境的潜在危害程度，将放射性物品分为一类、二类和三类。

一类放射性物品，是指Ⅰ类放射源、高水平放射性废物、乏燃料等释放到环境后对人体健康和环境产生重大辐射影响的放射性物品。

二类放射性物品，是指Ⅱ类和Ⅲ类放射源、中等水平放射性废物等释放到环境后对人体健康和环境产生一般辐射影响的放射性物品。

三类放射性物品，是指Ⅳ类和Ⅴ类放射源、低水平放射性废物、放射性药品等释放到环境后对人体健康和环境产生较小辐射影响的放射性物品。

放射性物品的具体分类和名录，由国务院核安全监管部门会同国务院公安、卫生、海关、交通运输、铁路、民航、核工业行业主管部门制定。

第四条　国务院核安全监管部门对放射性物品运输的核与辐射安全实施监督管

理。

国务院公安、交通运输、铁路、民航等有关主管部门依照本条例规定和各自的职责，负责放射性物品运输安全的有关监督管理工作。

县级以上地方人民政府环境保护主管部门和公安、交通运输等有关主管部门，依照本条例规定和各自的职责，负责本行政区域放射性物品运输安全的有关监督管理工作。

第五条 运输放射性物品，应当使用专用的放射性物品运输包装容器（以下简称运输容器）。

放射性物品的运输和放射性物品运输容器的设计、制造，应当符合国家放射性物品运输安全标准。

国家放射性物品运输安全标准，由国务院核安全监管部门制定，由国务院核安全监管部门和国务院标准化主管部门联合发布。国务院核安全监管部门制定国家放射性物品运输安全标准，应当征求国务院公安、卫生、交通运输、铁路、民航、核工业行业主管部门的意见。

第六条 放射性物品运输容器的设计、制造单位应当建立健全责任制度，加强质量管理，并对所从事的放射性物品运输容器的设计、制造活动负责。

放射性物品的托运人（以下简称托运人）应当制定核与辐射事故应急方案，在放射性物品运输中采取有效的辐射防护和安全保卫措施，并对放射性物品运输中的核与辐射安全负责。

第七条 任何单位和个人对违反本条例规定的行为，有权向国务院核安全监管部门或者其他依法履行放射性物品运输安全监督管理职责的部门举报。

接到举报的部门应当依法调查处理，并为举报人保密。

第二章 放射性物品运输容器的设计

第八条 放射性物品运输容器设计单位应当建立健全和有效实施质量保证体系，按照国家放射性物品运输安全标准进行设计，并通过试验验证或者分析论证等方式，对设计的放射性物品运输容器的安全性能进行评价。

第九条 放射性物品运输容器设计单位应当建立健全档案制度，按照质量保证体系的要求，如实记录放射性物品运输容器的设计和安全性能评价过程。

进行一类放射性物品运输容器设计，应当编制设计安全评价报告书；进行二类放射性物品运输容器设计，应当编制设计安全评价报告表。

第十条 一类放射性物品运输容器的设计，应当在首次用于制造前报国务院核安全监管部门审查批准。

申请批准一类放射性物品运输容器的设计，设计单位应当向国务院核安全监管部门提出书面申请，并提交下列材料：

（一）设计总图及其设计说明书；

（二）设计安全评价报告书；

（三）质量保证大纲。

第十一条 国务院核安全监管部门应当自受理申请之日起 45 个工作日内完成审查，对符合国家放射性物品运输安全标准的，颁发一类放射性物品运输容器设计批准书，并公告批准文号；对不符合国家放射性物品运输安全标准的，书面通知申请单位并说明理由。

第十二条 设计单位修改已批准的一类放射性物品运输容器设计中有关安全内容的，应当按照原申请程序向国务院核安全监管部门重新申请领取一类放射性物品运输容器设计批准书。

第十三条 二类放射性物品运输容器的设计，设计单位应当在首次用于制造前，将设计总图及其设计说明书、设计安全评价报告表报国务院核安全监管部门备案。

第十四条 三类放射性物品运输容器的设计，设计单位应当编制设计符合国家放射性物品运输安全标准的证明文件并存档备查。

第三章 放射性物品运输容器的制造与使用

第十五条 放射性物品运输容器制造单位，应当按照设计要求和国家放射性物品运输安全标准，对制造的放射性物品运输容器进行质量检验，编制质量检验报告。

未经质量检验或者经检验不合格的放射性物品运输容器，不得交付使用。

第十六条 从事一类放射性物品运输容器制造活动的单位，应当具备下列条件：

（一）有与所从事的制造活动相适应的专业技术人员；

（二）有与所从事的制造活动相适应的生产条件和检测手段；

（三）有健全的管理制度和完善的质量保证体系。

第十七条 从事一类放射性物品运输容器制造活动的单位，应当申请领取一类放射性物品运输容器制造许可证（以下简称制造许可证）。

申请领取制造许可证的单位，应当向国务院核安全监管部门提出书面申请，并提交其符合本条例第十六条规定条件的证明材料和申请制造的运输容器型号。

禁止无制造许可证或者超出制造许可证规定的范围从事一类放射性物品运输容器的制造活动。

第十八条 国务院核安全监管部门应当自受理申请之日起 45 个工作日内完成审查，对符合条件的，颁发制造许可证，并予以公告；对不符合条件的，书面通知申请单位并说明理由。

第十九条 制造许可证应当载明下列内容：

（一）制造单位名称、住所和法定代表人；

（二）许可制造的运输容器的型号；

（三）有效期限；

（四）发证机关、发证日期和证书编号。

第二十条 一类放射性物品运输容器制造单位变更单位名称、住所或者法定代表人的，应当自工商变更登记之日起 20 日内，向国务院核安全监管部门办理制造许可证变更手续。

一类放射性物品运输容器制造单位变更制造的运输容器型号的，应当按照原申请程序向国务院核安全监管部门重新申请领取制造许可证。

第二十一条 制造许可证有效期为 5 年。

制造许可证有效期届满，需要延续的，一类放射性物品运输容器制造单位应当于制造许可证有效期届满 6 个月前，向国务院核安全监管部门提出延续申请。

国务院核安全监管部门应当在制造许可证有效期届满前作出是否准予延续的决定。

第二十二条 从事二类放射性物品运输容器制造活动的单位，应当在首次制造活动开始 30 日前，将其具备与所从事的制造活动相适应的专业技术人员、生产条件、检测手段，以及具有健全的管理制度和完善的质量保证体系的证明材料，报国务院核安全监管部门备案。

第二十三条 一类、二类放射性物品运输容器制造单位，应当按照国务院核安全监管部门制定的编码规则，对其制造的一类、二类放射性物品运输容器统一编码，并于每年 1 月 31 日前将上一年度的运输容器编码清单报国务院核安全监管部门备案。

第二十四条 从事三类放射性物品运输容器制造活动的单位，应当于每年 1 月 31 日前将上一年度制造的运输容器的型号和数量报国务院核安全监管部门备案。

第二十五条 放射性物品运输容器使用单位应当对其使用的放射性物品运输容器定期进行保养和维护，并建立保养和维护档案；放射性物品运输容器达到设计使用年限，或者发现放射性物品运输容器存在安全隐患的，应当停止使用，进行处理。

一类放射性物品运输容器使用单位还应当对其使用的一类放射性物品运输容器每两年进行一次安全性能评价，并将评价结果报国务院核安全监管部门备案。

第二十六条 使用境外单位制造的一类放射性物品运输容器的，应当在首次使用前报国务院核安全监管部门审查批准。

申请使用境外单位制造的一类放射性物品运输容器的单位，应当向国务院核安全监管部门提出书面申请，并提交下列材料：

（一）设计单位所在国核安全监管部门颁发的设计批准文件的复印件；

（二）设计安全评价报告书；

（三）制造单位相关业绩的证明材料；

（四）质量合格证明；

（五）符合中华人民共和国法律、行政法规规定，以及国家放射性物品运输安全标准或者经国务院核安全监管部门认可的标准的说明材料。

国务院核安全监管部门应当自受理申请之日起 45 个工作日内完成审查，对符合国家放射性物品运输安全标准的，颁发使用批准书；对不符合国家放射性物品运输安全标准的，书面通知申请单位并说明理由。

第二十七条 使用境外单位制造的二类放射性物品运输容器的，应当在首次使用前将运输容器质量合格证明和符合中华人民共和国法律、行政法规规定，以及国家放射性物品运输安全标准或者经国务院核安全监管部门认可的标准的说明材料，报国务院核安全监管部门备案。

第二十八条 国务院核安全监管部门办理使用境外单位制造的一类、二类放射性物品运输容器审查批准和备案手续，应当同时为运输容器确定编码。

第四章 放射性物品的运输

第二十九条 托运放射性物品的，托运人应当持有生产、销售、使用或者处置放射性物品的有效证明，使用与所托运的放射性物品类别相适应的运输容器进行包装，配备必要的辐射监测设备、防护用品和防盗、防破坏设备，并编制运输说明书、核与辐射事故应急响应指南、装卸作业方法、安全防护指南。

运输说明书应当包括放射性物品的品名、数量、物理化学形态、危害风险等内容。

第三十条 托运一类放射性物品的，托运人应当委托有资质的辐射监测机构对其表面污染和辐射水平实施监测，辐射监测机构应当出具辐射监测报告。

托运二类、三类放射性物品的，托运人应当对其表面污染和辐射水平实施监测，并编制辐射监测报告。

监测结果不符合国家放射性物品运输安全标准的，不得托运。

第三十一条 承运放射性物品应当取得国家规定的运输资质。承运人的资质管理，依照有关法律、行政法规和国务院交通运输、铁路、民航、邮政主管部门的规定执行。

第三十二条 托运人和承运人应当对直接从事放射性物品运输的工作人员进行运输安全和应急响应知识的培训，并进行考核；考核不合格的，不得从事相关工作。

托运人和承运人应当按照国家放射性物品运输安全标准和国家有关规定，在放射性物品运输容器和运输工具上设置警示标志。

国家利用卫星定位系统对一类、二类放射性物品运输工具的运输过程实行在线监控。具体办法由国务院核安全监管部门会同国务院有关部门制定。

第三十三条 托运人和承运人应当按照国家职业病防治的有关规定，对直接从事放射性物品运输的工作人员进行个人剂量监测，建立个人剂量档案和职业健康监护档案。

第三十四条 托运人应当向承运人提交运输说明书、辐射监测报告、核与辐射事故应急响应指南、装卸作业方法、安全防护指南，承运人应当查验、收存。托运人提交文件不齐全的，承运人不得承运。

第三十五条 托运一类放射性物品的，托运人应当编制放射性物品运输的核与辐射安全分析报告书，报国务院核安全监管部门审查批准。

放射性物品运输的核与辐射安全分析报告书应当包括放射性物品的品名、数量、运输容器型号、运输方式、辐射防护措施、应急措施等内容。

国务院核安全监管部门应当自受理申请之日起 45 个工作日内完成审查，对符合国家放射性物品运输安全标准的，颁发核与辐射安全分析报告批准书；对不符合国家放射性物品运输安全标准的，书面通知申请单位并说明理由。

第三十六条 放射性物品运输的核与辐射安全分析报告批准书应当载明下列主要内容：

（一）托运人的名称、地址、法定代表人；

（二）运输放射性物品的品名、数量；

（三）运输放射性物品的运输容器型号和运输方式；

（四）批准日期和有效期限。

第三十七条 一类放射性物品启运前，托运人应当将放射性物品运输的核与辐射安全分析报告批准书、辐射监测报告，报启运地的省、自治区、直辖市人民政府环境保护主管部门备案。

收到备案材料的环境保护主管部门应当及时将有关情况通报放射性物品运输的途经地和抵达地的省、自治区、直辖市人民政府环境保护主管部门。

第三十八条 通过道路运输放射性物品的，应当经公安机关批准，按照指定的时间、路线、速度行驶，并悬挂警示标志，配备押运人员，使放射性物品处于押运人员的监管之下。

通过道路运输核反应堆乏燃料的，托运人应当报国务院公安部门批准。通过道路运输其他放射性物品的，托运人应当报启运地县级以上人民政府公安机关批准。具体办法由国务院公安部门商国务院核安全监管部门制定。

第三十九条 通过水路运输放射性物品的，按照水路危险货物运输的法律、行政法规和规章的有关规定执行。

通过铁路、航空运输放射性物品的，按照国务院铁路、民航主管部门的有关规定执行。

禁止邮寄一类、二类放射性物品。邮寄三类放射性物品的，按照国务院邮政管理部门的有关规定执行。

第四十条 生产、销售、使用或者处置放射性物品的单位，可以依照《中华人民共和国道路运输条例》的规定，向设区的市级人民政府道路运输管理机构申请非营业性道路危险货物运输资质，运输本单位的放射性物品，并承担本条例规定的托运人和承运人的义务。

申请放射性物品非营业性道路危险货物运输资质的单位，应当具备下列条件：

（一）持有生产、销售、使用或者处置放射性物品的有效证明；

（二）有符合本条例规定要求的放射性物品运输容器；

（三）有具备辐射防护与安全防护知识的专业技术人员和经考试合格的驾驶人员；

（四）有符合放射性物品运输安全防护要求，并经检测合格的运输工具、设施和设备；

（五）配备必要的防护用品和依法经定期检定合格的监测仪器；

（六）有运输安全和辐射防护管理规章制度以及核与辐射事故应急措施。

放射性物品非营业性道路危险货物运输资质的具体条件，由国务院交通运输主管部门会同国务院核安全监管部门制定。

第四十一条 一类放射性物品从境外运抵中华人民共和国境内，或者途经中华人民共和国境内运输的，托运人应当编制放射性物品运输的核与辐射安全分析报告书，报国务院核安全监管部门审查批准。审查批准程序依照本条例第三十五条第三款的规定执行。

二类、三类放射性物品从境外运抵中华人民共和国境内，或者途经中华人民共和国境内运输的，托运人应当编制放射性物品运输的辐射监测报告，报国务院核安全监管部门备案。

托运人、承运人或者其代理人向海关办理有关手续，应当提交国务院核安全监管部门颁发的放射性物品运输的核与辐射安全分析报告批准书或者放射性物品运输的辐射监测报告备案证明。

第四十二条 县级以上人民政府组织编制的突发环境事件应急预案，应当包括放射性物品运输中可能发生的核与辐射事故应急响应的内容。

第四十三条 放射性物品运输中发生核与辐射事故的，承运人、托运人应当按照核与辐射事故应急响应指南的要求，做好事故应急工作，并立即报告事故发生地的县级以上人民政府环境保护主管部门。接到报告的环境保护主管部门应当立即派人赶赴现场，进行现场调查，采取有效措施控制事故影响，并及时向本级人民政府报告，通报同级公安、卫生、交通运输等有关主管部门。

接到报告的县级以上人民政府及其有关主管部门应当按照应急预案做好应急工作，并按照国家突发事件分级报告的规定及时上报核与辐射事故信息。

核反应堆乏燃料运输的核事故应急准备与响应，还应当遵守国家核应急的有关规定。

第五章 监督检查

第四十四条 国务院核安全监管部门和其他依法履行放射性物品运输安全监督管理职责的部门，应当依据各自职责对放射性物品运输安全实施监督检查。

国务院核安全监管部门应当将其已批准或者备案的一类、二类、三类放射性物品运输容器的设计、制造情况和放射性物品运输情况通报设计、制造单位所在地和运输途经地的省、自治区、直辖市人民政府环境保护主管部门。省、自治区、直辖市人民政府环境保护主管部门应当加强对本行政区域放射性物品运输安全的监督检查和监督性监测。

被检查单位应当予以配合，如实反映情况，提供必要的资料，不得拒绝和阻碍。

第四十五条 国务院核安全监管部门和省、自治区、直辖市人民政府环境保护主管部门以及其他依法履行放射性物品运输安全监督管理职责的部门进行监督检查，监督检查人员不得少于2人，并应当出示有效的行政执法证件。

国务院核安全监管部门和省、自治区、直辖市人民政府环境保护主管部门以及其他依法履行放射性物品运输安全监督管理职责的部门的工作人员，对监督检查中知悉的商业秘密负有保密义务。

第四十六条 监督检查中发现经批准的一类放射性物品运输容器设计确有重大设计安全缺陷的，由国务院核安全监管部门责令停止该型号运输容器的制造或者使用，撤销一类放射性物品运输容器设计批准书。

第四十七条 监督检查中发现放射性物品运输活动有不符合国家放射性物品运输安全标准情形的，或者一类放射性物品运输容器制造单位有不符合制造许可证规定条件情形的，应当责令限期整改；发现放射性物品运输活动可能对人体健康和环境造成核与辐射危害的，应当责令停止运输。

第四十八条 国务院核安全监管部门和省、自治区、直辖市人民政府环境保护主管部门以及其他依法履行放射性物品运输安全监督管理职责的部门，对放射性物品运输活动实施监测，不得收取监测费用。

国务院核安全监管部门和省、自治区、直辖市人民政府环境保护主管部门以及其他依法履行放射性物品运输安全监督管理职责的部门，应当加强对监督管理人员辐射防护与安全防护知识的培训。

第六章　法律责任

第四十九条 国务院核安全监管部门和省、自治区、直辖市人民政府环境保护主管部门或者其他依法履行放射性物品运输安全监督管理职责的部门有下列行为之一的，对直接负责的主管人员和其他直接责任人员依法给予处分；直接负责的主管人员和其他直接责任人员构成犯罪的，依法追究刑事责任：

（一）未依照本条例规定作出行政许可或者办理批准文件的；

（二）发现违反本条例规定的行为不予查处，或者接到举报不依法处理的；

（三）未依法履行放射性物品运输核与辐射事故应急职责的；

（四）对放射性物品运输活动实施监测收取监测费用的；

（五）其他不依法履行监督管理职责的行为。

第五十条 放射性物品运输容器设计、制造单位有下列行为之一的，由国务院核安全监管部门责令停止违法行为，处50万元以上100万元以下的罚款；有违法所得的，没收违法所得：

（一）将未取得设计批准书的一类放射性物品运输容器设计用于制造的；

（二）修改已批准的一类放射性物品运输容器设计中有关安全内容，未重新取得设计批准书即用于制造的。

第五十一条 放射性物品运输容器设计、制造单位有下列行为之一的，由国务院核安全监管部门责令停止违法行为，处5万元以上10万元以下的罚款；有违法所得的，没收违法所得：

（一）将不符合国家放射性物品运输安全标准的二类、三类放射性物品运输容器设计用于制造的；

（二）将未备案的二类放射性物品运输容器设计用于制造的。

第五十二条 放射性物品运输容器设计单位有下列行为之一的，由国务院核安全监管部门责令限期改正；逾期不改正的，处1万元以上5万元以下的罚款：

（一）未对二类、三类放射性物品运输容器的设计进行安全性能评价的；

（二）未如实记录二类、三类放射性物品运输容器设计和安全性能评价过程的；

（三）未编制三类放射性物品运输容器设计符合国家放射性物品运输安全标准的证明文件并存档备查的。

第五十三条 放射性物品运输容器制造单位有下列行为之一的，由国务院核安全监管部门责令停止违法行为，处50万元以上100万元以下的罚款；有违法所得的，没收违法所得：

（一）未取得制造许可证从事一类放射性物品运输容器制造活动的；

（二）制造许可证有效期届满，未按照规定办理延续手续，继续从事一类放射性物品运输容器制造活动的；

（三）超出制造许可证规定的范围从事一类放射性物品运输容器制造活动的；

（四）变更制造的一类放射性物品运输容器型号，未按照规定重新领取制造许可证的；

（五）将未经质量检验或者经检验不合格的一类放射性物品运输容器交付使用的。

有前款第（三）项、第（四）项和第（五）项行为之一，情节严重的，吊销制造许可证。

第五十四条 一类放射性物品运输容器制造单位变更单位名称、住所或者法定代表人，未依法办理制造许可证变更手续的，由国务院核安全监管部门责令限期改正；逾期不改正的，处2万元的罚款。

第五十五条 放射性物品运输容器制造单位有下列行为之一的，由国务院核安全监管部门责令停止违法行为，处5万元以上10万元以下的罚款；有违法所得的，没收违法所得：

（一）在二类放射性物品运输容器首次制造活动开始前，未按照规定将有关证明材料报国务院核安全监管部门备案的；

（二）将未经质量检验或者经检验不合格的二类、三类放射性物品运输容器交付使用的。

第五十六条 放射性物品运输容器制造单位有下列行为之一的，由国务院核安全监管部门责令限期改正；逾期不改正的，处1万元以上5万元以下的罚款：

（一）未按照规定对制造的一类、二类放射性物品运输容器统一编码的；

（二）未按照规定将制造的一类、二类放射性物品运输容器编码清单报国务院核安全监管部门备案的；

（三）未按照规定将制造的三类放射性物品运输容器的型号和数量报国务院核安全监管部门备案的。

第五十七条 放射性物品运输容器使用单位未按照规定对使用的一类放射性物品运输容器进行安全性能评价，或者未将评价结果报国务院核安全监管部门备案的，由国务院核安全监管部门责令限期改正；逾期不改正的，处 1 万元以上 5 万元以下的罚款。

第五十八条 未按照规定取得使用批准书使用境外单位制造的一类放射性物品运输容器的，由国务院核安全监管部门责令停止违法行为，处 50 万元以上 100 万元以下的罚款。

未按照规定办理备案手续使用境外单位制造的二类放射性物品运输容器的，由国务院核安全监管部门责令停止违法行为，处 5 万元以上 10 万元以下的罚款。

第五十九条 托运人未按照规定编制放射性物品运输说明书、核与辐射事故应急响应指南、装卸作业方法、安全防护指南的，由国务院核安全监管部门责令限期改正；逾期不改正的，处 1 万元以上 5 万元以下的罚款。

托运人未按照规定将放射性物品运输的核与辐射安全分析报告批准书、辐射监测报告备案的，由启运地的省、自治区、直辖市人民政府环境保护主管部门责令限期改正；逾期不改正的，处 1 万元以上 5 万元以下的罚款。

第六十条 托运人或者承运人在放射性物品运输活动中，有违反有关法律、行政法规关于危险货物运输管理规定行为的，由交通运输、铁路、民航等有关主管部门依法予以处罚。

违反有关法律、行政法规规定邮寄放射性物品的，由公安机关和邮政管理部门依法予以处罚。在邮寄进境物品中发现放射性物品的，由海关依照有关法律、行政法规的规定处理。

第六十一条 托运人未取得放射性物品运输的核与辐射安全分析报告批准书托运一类放射性物品的，由国务院核安全监管部门责令停止违法行为，处 50 万元以上 100 万元以下的罚款。

第六十二条 通过道路运输放射性物品，有下列行为之一的，由公安机关责令限期改正，处 2 万元以上 10 万元以下的罚款；构成犯罪的，依法追究刑事责任：

（一）未经公安机关批准通过道路运输放射性物品的；

（二）运输车辆未按照指定的时间、路线、速度行驶或者未悬挂警示标志的；

（三）未配备押运人员或者放射性物品脱离押运人员监管的。

第六十三条 托运人有下列行为之一的，由启运地的省、自治区、直辖市人民政府环境保护主管部门责令停止违法行为，处 5 万元以上 20 万元以下的罚款：

（一）未按照规定对托运的放射性物品表面污染和辐射水平实施监测的；

（二）将经监测不符合国家放射性物品运输安全标准的放射性物品交付托运的；

（三）出具虚假辐射监测报告的。

第六十四条 未取得放射性物品运输的核与辐射安全分析报告批准书或者放射性物品运输的辐射监测报告备案证明，将境外的放射性物品运抵中华人民共和国境内，或者途经中华人民共和国境内运输的，由海关责令托运人退运该放射性物品，并依照海关法律、行政法规给予处罚；构成犯罪的，依法追究刑事责任。托运人不明的，由承运人承担退运该放射性物品的责任，或者承担该放射性物品的处置费用。

第六十五条 违反本条例规定，在放射性物品运输中造成核与辐射事故的，由县级以上地方人民政府环境保护主管部门处以罚款，罚款数额按照核与辐射事故造成的直接损失的20%计算；构成犯罪的，依法追究刑事责任。

托运人、承运人未按照核与辐射事故应急响应指南的要求，做好事故应急工作并报告事故的，由县级以上地方人民政府环境保护主管部门处 5 万元以上 20 万元以下的罚款。

因核与辐射事故造成他人损害的，依法承担民事责任。

第六十六条 拒绝、阻碍国务院核安全监管部门或者其他依法履行放射性物品运输安全监督管理职责的部门进行监督检查，或者在接受监督检查时弄虚作假的，由监督检查部门责令改正，处 1 万元以上 2 万元以下的罚款；构成违反治安管理行为的，由公安机关依法给予治安管理处罚；构成犯罪的，依法追究刑事责任。

第七章 附 则

第六十七条 军用放射性物品运输安全的监督管理，依照《中华人民共和国放射性污染防治法》第六十条的规定执行。

第六十八条 本条例自 2010 年 1 月 1 日起施行。

中华人民共和国国务院令

第 561 号

《防治船舶污染海洋环境管理条例》已经 2009 年 9 月 2 日国务院第 79 次常务会议通过，现予公布，自 2010 年 3 月 1 日起施行。

总　理　温家宝

二○○九年九月九日

防治船舶污染海洋环境管理条例

第一章　总　则

第一条　为了防治船舶及其有关作业活动污染海洋环境，根据《中华人民共和国海洋环境保护法》，制定本条例。

第二条　防治船舶及其有关作业活动污染中华人民共和国管辖海域适用本条例。

第三条　防治船舶及其有关作业活动污染海洋环境，实行预防为主、防治结合的原则。

第四条　国务院交通运输主管部门主管所辖港区水域内非军事船舶和港区水域外非渔业、非军事船舶污染海洋环境的防治工作。

海事管理机构依照本条例规定具体负责防治船舶及其有关作业活动污染海洋环境的监督管理。

第五条　国务院交通运输主管部门应当根据防治船舶及其有关作业活动污染海洋环境的需要，组织编制防治船舶及其有关作业活动污染海洋环境应急能力建设规划，报国务院批准后公布实施。

沿海设区的市级以上地方人民政府应当按照国务院批准的防治船舶及其有关作业活动污染海洋环境应急能力建设规划，并根据本地区的实际情况，组织编制相应的防治船舶及其有关作业活动污染海洋环境应急能力建设规划。

第六条　国务院交通运输主管部门、沿海设区的市级以上地方人民政府应当建立健全防治船舶及其有关作业活动污染海洋环境应急反应机制，并制定防治船舶及其有关作业活动污染海洋环境应急预案。

第七条 海事管理机构应当根据防治船舶及其有关作业活动污染海洋环境的需要，会同海洋主管部门建立健全船舶及其有关作业活动污染海洋环境的监测、监视机制，加强对船舶及其有关作业活动污染海洋环境的监测、监视。

第八条 国务院交通运输主管部门、沿海设区的市级以上地方人民政府应当按照防治船舶及其有关作业活动污染海洋环境应急能力建设规划，建立专业应急队伍和应急设备库，配备专用的设施、设备和器材。

第九条 任何单位和个人发现船舶及其有关作业活动造成或者可能造成海洋环境污染的，应当立即就近向海事管理机构报告。

第二章 防治船舶及其有关作业活动污染海洋环境的一般规定

第十条 船舶的结构、设备、器材应当符合国家有关防治船舶污染海洋环境的技术规范以及中华人民共和国缔结或者参加的国际条约的要求。

船舶应当依照法律、行政法规、国务院交通运输主管部门的规定以及中华人民共和国缔结或者参加的国际条约的要求，取得并随船携带相应的防治船舶污染海洋环境的证书、文书。

第十一条 中国籍船舶的所有人、经营人或者管理人应当按照国务院交通运输主管部门的规定，建立健全安全营运和防治船舶污染管理体系。

海事管理机构应当对安全营运和防治船舶污染管理体系进行审核，审核合格的，发给符合证明和相应的船舶安全管理证书。

第十二条 港口、码头、装卸站以及从事船舶修造的单位应当配备与其装卸货物种类和吞吐能力或者修造船舶能力相适应的污染监视设施和污染物接收设施，并使其处于良好状态。

第十三条 港口、码头、装卸站以及从事船舶修造、打捞、拆解等作业活动的单位应当制定有关安全营运和防治污染的管理制度，按照国家有关防治船舶及其有关作业活动污染海洋环境的规范和标准，配备相应的防治污染设备和器材，并通过海事管理机构的专项验收。

港口、码头、装卸站以及从事船舶修造、打捞、拆解等作业活动的单位，应当定期检查、维护配备的防治污染设备和器材，确保防治污染设备和器材符合防治船舶及其有关作业活动污染海洋环境的要求。

第十四条 船舶所有人、经营人或者管理人以及有关作业单位应当制定防治船舶及其有关作业活动污染海洋环境的应急预案，并报海事管理机构批准。

港口、码头、装卸站的经营人应当制定防治船舶及其有关作业活动污染海洋环境的应急预案，并报海事管理机构备案。

船舶、港口、码头、装卸站以及其他有关作业单位应当按照应急预案，定期组织演练，并做好相应记录。

第三章　船舶污染物的排放和接收

第十五条　船舶在中华人民共和国管辖海域向海洋排放的船舶垃圾、生活污水、含油污水、含有毒有害物质污水、废气等污染物以及压载水，应当符合法律、行政法规、中华人民共和国缔结或者参加的国际条约以及相关标准的要求。

船舶应当将不符合前款规定的排放要求的污染物排入港口接收设施或者由船舶污染物接收单位接收。

船舶不得向依法划定的海洋自然保护区、海滨风景名胜区、重要渔业水域以及其他需要特别保护的海域排放船舶污染物。

第十六条　船舶处置污染物，应当在相应的记录簿内如实记录。

船舶应当将使用完毕的船舶垃圾记录簿在船舶上保留 2 年；将使用完毕的含油污水、含有毒有害物质污水记录簿在船舶上保留 3 年。

第十七条　船舶污染物接收单位从事船舶垃圾、残油、含油污水、含有毒有害物质污水接收作业，应当依法经海事管理机构批准。

第十八条　船舶污染物接收单位接收船舶污染物，应当向船舶出具污染物接收单证，并由船长签字确认。

船舶凭污染物接收单证向海事管理机构办理污染物接收证明，并将污染物接收证明保存在相应的记录簿中。

第十九条　船舶污染物接收单位应当按照国家有关污染物处理的规定处理接收的船舶污染物，并每月将船舶污染物的接收和处理情况报海事管理机构备案。

第四章　船舶有关作业活动的污染防治

第二十条　从事船舶清舱、洗舱、油料供受、装卸、过驳、修造、打捞、拆解，污染危害性货物装箱、充罐，污染清除作业以及利用船舶进行水上水下施工等作业活动的，应当遵守相关操作规程，并采取必要的安全和防治污染的措施。

从事前款规定的作业活动的人员，应当具备相关安全和防治污染的专业知识和技能。

第二十一条　船舶不符合污染危害性货物适载要求的，不得载运污染危害性货物，码头、装卸站不得为其进行装载作业。

污染危害性货物的名录由国家海事管理机构公布。

第二十二条　载运污染危害性货物进出港口的船舶，其承运人、货物所有人或者代理人，应当向海事管理机构提出申请，经批准方可进出港口、过境停留或者进行装卸作业。

第二十三条　载运污染危害性货物的船舶，应当在海事管理机构公布的具有相应安全装卸和污染物处理能力的码头、装卸站进行装卸作业。

第二十四条　货物所有人或者代理人交付船舶载运污染危害性货物，应当确保货物的包装与标志等符合有关安全和防治污染的规定，并在运输单证上准确注明货物的技术名称、编号、类别（性质）、数量、注意事项和应急措施等内容。

货物所有人或者代理人交付船舶载运污染危害性不明的货物，应当由国家海事管理机构认定的评估机构进行危害性评估，明确货物的危害性质以及有关安全和防治污染要求，方可交付船舶载运。

第二十五条 海事管理机构认为交付船舶载运的污染危害性货物应当申报而未申报，或者申报的内容不符合实际情况的，可以按照国务院交通运输主管部门的规定采取开箱等方式查验。

海事管理机构查验污染危害性货物，货物所有人或者代理人应当到场，并负责搬移货物，开拆和重封货物的包装。海事管理机构认为必要的，可以径行查验、复验或者提取货样，有关单位和个人应当配合。

第二十六条 进行散装液体污染危害性货物过驳作业的船舶，其承运人、货物所有人或者代理人应当向海事管理机构提出申请，告知作业地点，并附送过驳作业方案、作业程序、防治污染措施等材料。

海事管理机构应当自受理申请之日起 2 个工作日内作出许可或者不予许可的决定。2 个工作日内无法作出决定的，经海事管理机构负责人批准，可以延长 5 个工作日。

第二十七条 依法获得船舶油料供受作业资质的单位，应当向海事管理机构备案。海事管理机构应当对船舶油料供受作业进行监督检查，发现不符合安全和防治污染要求的，应当予以制止。

第二十八条 船舶燃油供给单位应当如实填写燃油供受单证，并向船舶提供船舶燃油供受单证和燃油样品。

船舶和船舶燃油供给单位应当将燃油供受单证保存 3 年，并将燃油样品妥善保存 1 年。

第二十九条 船舶修造、水上拆解的地点应当符合环境功能区划和海洋功能区划，并由海事管理机构征求当地环境保护主管部门和海洋主管部门意见后确定并公布。

第三十条 从事船舶拆解的单位在船舶拆解作业前，应当对船舶上的残余物和废弃物进行处置，将油舱（柜）中的存油驳出，进行船舶清舱、洗舱、测爆等工作，并经海事管理机构检查合格，方可进行船舶拆解作业。

从事船舶拆解的单位应当及时清理船舶拆解现场，并按照国家有关规定处理船舶拆解产生的污染物。

禁止采取冲滩方式进行船舶拆解作业。

第三十一条 禁止船舶经过中华人民共和国内水、领海转移危险废物。

经过中华人民共和国管辖的其他海域转移危险废物的，应当事先取得国务院环境保护主管部门的书面同意，并按照海事管理机构指定的航线航行，定时报告船舶所处的位置。

第三十二条 使用船舶向海洋倾倒废弃物的，应当向驶出港所在地的海事管理机构提交海洋主管部门的批准文件，经核实方可办理船舶出港签证。

船舶向海洋倾倒废弃物，应当如实记录倾倒情况。返港后，应当向驶出港所在地的海事管理机构提交书面报告。

第三十三条　载运散装液体污染危害性货物的船舶和 1 万总吨以上的其他船舶，其经营人应当在作业前或者进出港口前与取得污染清除作业资质的单位签订污染清除作业协议，明确双方在发生船舶污染事故后污染清除的权利和义务。

与船舶经营人签订污染清除作业协议的污染清除作业单位应当在发生船舶污染事故后，按照污染清除作业协议及时进行污染清除作业。

第三十四条　申请取得污染清除作业资质的单位应当向海事管理机构提出书面申请，并提交其符合下列条件的材料：

（一）配备的污染清除设施、设备、器材和作业人员符合国务院交通运输主管部门的规定；

（二）制定的污染清除作业方案符合防治船舶及其有关作业活动污染海洋环境的要求；

（三）污染物处理方案符合国家有关防治污染的规定。

海事管理机构应当自受理申请之日起 30 个工作日内完成审查，并对符合条件的单位颁发资质证书；对不符合条件的，书面通知申请单位并说明理由。

第五章　船舶污染事故应急处置

第三十五条　本条例所称船舶污染事故，是指船舶及其有关作业活动发生油类、油性混合物和其他有毒有害物质泄漏造成的海洋环境污染事故。

第三十六条　船舶污染事故分为以下等级：

（一）特别重大船舶污染事故，是指船舶溢油 1000 吨以上，或者造成直接经济损失 2 亿元以上的船舶污染事故；

（二）重大船舶污染事故，是指船舶溢油 500 吨以上不足 1000 吨，或者造成直接经济损失 1 亿元以上不足 2 亿元的船舶污染事故；

（三）较大船舶污染事故，是指船舶溢油 100 吨以上不足 500 吨，或者造成直接经济损失 5000 万元以上不足 1 亿元的船舶污染事故；

（四）一般船舶污染事故，是指船舶溢油不足 100 吨，或者造成直接经济损失不足 5000 万元的船舶污染事故。

第三十七条　船舶在中华人民共和国管辖海域发生污染事故，或者在中华人民共和国管辖海域外发生污染事故造成或者可能造成中华人民共和国管辖海域污染的，应当立即启动相应的应急预案，采取措施控制和消除污染，并就近向有关海事管理机构报告。

发现船舶及其有关作业活动可能对海洋环境造成污染的，船舶、码头、装卸站应当立即采取相应的应急处置措施，并就近向有关海事管理机构报告。

接到报告的海事管理机构应当立即核实有关情况，并向上级海事管理机构或者国务院交通运输主管部门报告，同时报告有关沿海设区的市级以上地方人民政府。

第三十八条 船舶污染事故报告应当包括下列内容：

（一）船舶的名称、国籍、呼号或者编号；

（二）船舶所有人、经营人或者管理人的名称、地址；

（三）发生事故的时间、地点以及相关气象和水文情况；

（四）事故原因或者事故原因的初步判断；

（五）船舶上污染物的种类、数量、装载位置等概况；

（六）污染程度；

（七）已经采取或者准备采取的污染控制、清除措施和污染控制情况以及救助要求；

（八）国务院交通运输主管部门规定应当报告的其他事项。

作出船舶污染事故报告后出现新情况的，船舶、有关单位应当及时补报。

第三十九条 发生特别重大船舶污染事故，国务院或者国务院授权国务院交通运输主管部门成立事故应急指挥机构。

发生重大船舶污染事故，有关省、自治区、直辖市人民政府应当会同海事管理机构成立事故应急指挥机构。

发生较大船舶污染事故和一般船舶污染事故，有关设区的市级人民政府应当会同海事管理机构成立事故应急指挥机构。

有关部门、单位应当在事故应急指挥机构统一组织和指挥下，按照应急预案的分工，开展相应的应急处置工作。

第四十条 船舶发生事故有沉没危险，船员离船前，应当尽可能关闭所有货舱（柜）、油舱（柜）管系的阀门，堵塞货舱（柜）、油舱（柜）通气孔。

船舶沉没的，船舶所有人、经营人或者管理人应当及时向海事管理机构报告船舶燃油、污染危害性货物以及其他污染物的性质、数量、种类、装载位置等情况，并及时采取措施予以清除。

第四十一条 发生船舶污染事故或者船舶沉没，可能造成中华人民共和国管辖海域污染的，有关沿海设区的市级以上地方人民政府、海事管理机构根据应急处置的需要，可以征用有关单位或者个人的船舶和防治污染设施、设备、器材以及其他物资，有关单位和个人应当予以配合。

被征用的船舶和防治污染设施、设备、器材以及其他物资使用完毕或者应急处置工作结束，应当及时返还。船舶和防治污染设施、设备、器材以及其他物资被征用或者征用后毁损、灭失的，应当给予补偿。

第四十二条 发生船舶污染事故，海事管理机构可以采取清除、打捞、拖航、引航、过驳等必要措施，减轻污染损害。相关费用由造成海洋环境污染的船舶、有关作业单位承担。

需要承担前款规定费用的船舶，应当在开航前缴清相关费用或者提供相应的财务担保。

第四十三条 处置船舶污染事故使用的消油剂，应当符合国家有关标准。

海事管理机构应当及时将符合国家有关标准的消油剂名录向社会公布。

船舶、有关单位使用消油剂处置船舶污染事故的，应当依照《中华人民共和国海洋环境保护法》有关规定执行。

第六章 船舶污染事故调查处理

第四十四条 船舶污染事故的调查处理依照下列规定进行：

（一）特别重大船舶污染事故由国务院或者国务院授权国务院交通运输主管部门等部门组织事故调查处理；

（二）重大船舶污染事故由国家海事管理机构组织事故调查处理；

（三）较大船舶污染事故和一般船舶污染事故由事故发生地的海事管理机构组织事故调查处理。

船舶污染事故给渔业造成损害的，应当吸收渔业主管部门参与调查处理；给军事港口水域造成损害的，应当吸收军队有关主管部门参与调查处理。

第四十五条 发生船舶污染事故，组织事故调查处理的机关或者海事管理机构应当及时、客观、公正地开展事故调查，勘验事故现场，检查相关船舶，询问相关人员，收集证据，查明事故原因。

第四十六条 组织事故调查处理的机关或者海事管理机构根据事故调查处理的需要，可以暂扣相应的证书、文书、资料；必要时，可以禁止船舶驶离港口或者责令停航、改航、停止作业直至暂扣船舶。

第四十七条 事故调查处理需要委托有关机构进行技术鉴定或者检验、检测的，应当委托国务院交通运输主管部门认定的机构进行。

第四十八条 组织事故调查处理的机关或者海事管理机构开展事故调查时，船舶污染事故的当事人和其他有关人员应当如实反映情况和提供资料，不得伪造、隐匿、毁灭证据或者以其他方式妨碍调查取证。

第四十九条 组织事故调查处理的机关或者海事管理机构应当自事故调查结束之日起 20 个工作日内制作事故认定书，并送达当事人。

事故认定书应当载明事故基本情况、事故原因和事故责任。

第七章 船舶污染事故损害赔偿

第五十条 造成海洋环境污染损害的责任者，应当排除危害，并赔偿损失；完全由于第三者的故意或者过失，造成海洋环境污染损害的，由第三者排除危害，并承担赔偿责任。

第五十一条 完全属于下列情形之一，经过及时采取合理措施，仍然不能避免对海洋环境造成污染损害的，免予承担责任：

（一）战争；

（二）不可抗拒的自然灾害；

（三）负责灯塔或者其他助航设备的主管部门，在执行职责时的疏忽，或者其他过失行为。

第五十二条 船舶污染事故的赔偿限额依照《中华人民共和国海商法》关于海事赔偿责任限制的规定执行。但是，船舶载运的散装持久性油类物质造成中华人民共和国管辖海域污染的，赔偿限额依照中华人民共和国缔结或者参加的有关国际条约的规定执行。

前款所称持久性油类物质，是指任何持久性烃类矿物油。

第五十三条 在中华人民共和国管辖海域内航行的船舶，其所有人应当按照国务院交通运输主管部门的规定，投保船舶油污损害民事责任保险或者取得相应的财务担保。但是，1000总吨以下载运非油类物质的船舶除外。

船舶所有人投保船舶油污损害民事责任保险或者取得的财务担保的额度应当不低于《中华人民共和国海商法》、中华人民共和国缔结或者参加的有关国际条约规定的油污赔偿限额。

承担船舶油污损害民事责任保险的商业性保险机构和互助性保险机构，由国家海事管理机构征求国务院保险监督管理机构意见后确定并公布。

第五十四条 已依照本条例第五十三条的规定投保船舶油污损害民事责任保险或者取得财务担保的中国籍船舶，其所有人应当持船舶国籍证书、船舶油污损害民事责任保险合同或者财务担保证明，向船籍港的海事管理机构申请办理船舶油污损害民事责任保险证书或者财务保证证书。

第五十五条 发生船舶油污事故，国家组织有关单位进行应急处置、清除污染所发生的必要费用，应当在船舶油污损害赔偿中优先受偿。

第五十六条 在中华人民共和国管辖水域接收海上运输的持久性油类物质货物的货物所有人或者代理人应当缴纳船舶油污损害赔偿基金。

船舶油污损害赔偿基金征收、使用和管理的具体办法由国务院财政部门会同国务院交通运输主管部门制定。

国家设立船舶油污损害赔偿基金管理委员会，负责处理船舶油污损害赔偿基金的赔偿等事务。船舶油污损害赔偿基金管理委员会由有关行政机关和缴纳船舶油污损害赔偿基金的主要货主组成。

第五十七条 对船舶污染事故损害赔偿的争议，当事人可以请求海事管理机构调解，也可以向仲裁机构申请仲裁或者向人民法院提起民事诉讼。

第八章 法律责任

第五十八条 船舶、有关作业单位违反本条例规定的，海事管理机构应当责令改正；拒不改正的，海事管理机构可以责令停止作业、强制卸载，禁止船舶进出港口、靠泊、过境停留，或者责令停航、改航、离境、驶向指定地点。

第五十九条 违反本条例的规定，船舶的结构不符合国家有关防治船舶污染海洋环境的技术规范或者有关国际条约要求的，由海事管理机构处10万元以上30万元以下的罚款。

第六十条 违反本条例的规定，有下列情形之一的，由海事管理机构依照《中华人民共和国海洋环境保护法》有关规定予以处罚：

（一）船舶未取得并随船携带防治船舶污染海洋环境的证书、文书的；

（二）船舶、港口、码头、装卸站未配备防治污染设备、器材的；

（三）船舶向海域排放本条例禁止排放的污染物的；

（四）船舶未如实记录污染物处置情况的；

（五）船舶超过标准向海域排放污染物的；

（六）从事船舶水上拆解作业，造成海洋环境污染损害的。

第六十一条 违反本条例的规定，船舶未按照规定在船舶上留存船舶污染物处置记录，或者船舶污染物处置记录与船舶运行过程中产生的污染物数量不符合的，由海事管理机构处2万元以上10万元以下的罚款。

第六十二条 违反本条例的规定，船舶污染物接收单位未经海事管理机构批准，擅自从事船舶垃圾、残油、含油污水、含有毒有害物质污水接收作业的，由海事管理机构处1万元以上5万元以下的罚款；造成海洋环境污染的，处5万元以上25万元以下的罚款。

第六十三条 违反本条例的规定，船舶未按照规定办理污染物接收证明，或者船舶污染物接收单位未按照规定将船舶污染物的接收和处理情况报海事管理机构备案的，由海事管理机构处2万元以下的罚款。

第六十四条 违反本条例的规定，有下列情形之一的，由海事管理机构处2000元以上1万元以下的罚款：

（一）船舶未按照规定保存污染物接收证明的；

（二）船舶燃油供给单位未如实填写燃油供受单证的；

（三）船舶燃油供给单位未按照规定向船舶提供燃油供受单证和燃油样品的；

（四）船舶和船舶燃油供给单位未按照规定保存燃油供受单证和燃油样品的。

第六十五条 违反本条例的规定，有下列情形之一的，由海事管理机构处2万元以上10万元以下的罚款：

（一）载运污染危害性货物的船舶不符合污染危害性货物适载要求的；

（二）载运污染危害性货物的船舶未在具有相应安全装卸和污染物处理能力的码头、装卸站进行装卸作业的；

（三）货物所有人或者代理人未按照规定对污染危害性不明的货物进行危害性评估的。

第六十六条 违反本条例的规定，未经海事管理机构批准，船舶载运污染危害性货物进出港口、过境停留、进行装卸或者过驳作业的，由海事管理机构处 1 万元以上 5 万元以下的罚款。

第六十七条 违反本条例的规定，有下列情形之一的，由海事管理机构处 2 万元以上 10 万元以下的罚款：

（一）船舶发生事故沉没，船舶所有人或者经营人未及时向海事管理机构报告船舶燃油、污染危害性货物以及其他污染物的性质、数量、种类、装载位置等情况的；

（二）船舶发生事故沉没，船舶所有人或者经营人未及时采取措施清除船舶燃油、污染危害性货物以及其他污染物的。

第六十八条 违反本条例的规定，有下列情形之一的，由海事管理机构处 1 万元以上 5 万元以下的罚款：

（一）载运散装液体污染危害性货物的船舶和 1 万总吨以上的其他船舶，其经营人未按照规定签订污染清除作业协议的；

（二）未取得污染清除作业资质的单位擅自签订污染清除作业协议并从事污染清除作业的。

第六十九条 违反本条例的规定，发生船舶污染事故，船舶、有关作业单位未立即启动应急预案的，对船舶、有关作业单位，由海事管理机构处 2 万元以上 10 万元以下的罚款；对直接负责的主管人员和其他直接责任人员，由海事管理机构处 1 万元以上 2 万元以下的罚款。直接负责的主管人员和其他直接责任人员属于船员的，并处给予暂扣适任证书或者其他有关证件 1 个月至 3 个月的处罚。

第七十条 违反本条例的规定，发生船舶污染事故，船舶、有关作业单位迟报、漏报事故的，对船舶、有关作业单位，由海事管理机构处 5 万元以上 25 万元以下的罚款；对直接负责的主管人员和其他直接责任人员，由海事管理机构处 1 万元以上 5 万元以下的罚款。直接负责的主管人员和其他直接责任人员属于船员的，并处给予暂扣适任证书或者其他有关证件 3 个月至 6 个月的处罚。瞒报、谎报事故的，对船舶、有关作业单位，由海事管理机构处 25 万元以上 50 万元以下的罚款；对直接负责的主管人员和其他直接责任人员，由海事管理机构处 5 万元以上 10 万元以下的罚款。直接负责的主管人员和其他直接责任人员属于船员的，并处给予吊销适任证书或者其他有关证件的处罚。

第七十一条 违反本条例的规定，未经海事管理机构批准使用消油剂的，由海事管理机构对船舶或者使用单位处 1 万元以上 5 万元以下的罚款。

第七十二条 违反本条例的规定，船舶污染事故的当事人和其他有关人员，未如实向组织事故调查处理的机关或者海事管理机构反映情况和提供资料，伪造、隐匿、毁灭证据或者以其他方式妨碍调查取证的，由海事管理机构处 1 万元以上 5 万元以下的罚款。

第七十三条 违反本条例的规定，船舶所有人有下列情形之一的，由海事管理机构责令改正，可以处 5 万元以下的罚款；拒不改正的，处 5 万元以上 25 万元以下的罚款：

（一）在中华人民共和国管辖海域内航行的船舶，其所有人未按照规定投保船舶油污损害民事责任保险或者取得相应的财务担保的；

（二）船舶所有人投保船舶油污损害民事责任保险或者取得的财务担保的额度低于《中华人民共和国海商法》、中华人民共和国缔结或者参加的有关国际条约规定的油污赔偿限额的。

第七十四条 违反本条例的规定，在中华人民共和国管辖水域接收海上运输的持久性油类物质货物的货物所有人或者代理人，未按照规定缴纳船舶油污损害赔偿基金的，由海事管理机构责令改正；拒不改正的，可以停止其接收的持久性油类物质货物在中华人民共和国管辖水域进行装卸、过驳作业。

货物所有人或者代理人逾期未缴纳船舶油污损害赔偿基金的，应当自应缴之日起按日加缴未缴额的万分之五的滞纳金。

第九章 附 则

第七十五条 中华人民共和国缔结或者参加的国际条约对防治船舶及其有关作业活动污染海洋环境有规定的，适用国际条约的规定。但是，中华人民共和国声明保留的条款除外。

第七十六条 县级以上人民政府渔业主管部门负责渔港水域内非军事船舶和渔港水域外渔业船舶污染海洋环境的监督管理，负责保护渔业水域生态环境工作，负责调查处理《中华人民共和国海洋环境保护法》第五条第四款规定的渔业污染事故。

第七十七条 军队环境保护部门负责军事船舶污染海洋环境的监督管理及污染事故的调查处理。

第七十八条 本条例自 2010 年 3 月 1 日起施行。1983 年 12 月 29 日国务院发布的《中华人民共和国防止船舶污染海域管理条例》同时废止。

中华人民共和国国务院令

第551号

《废弃电器电子产品回收处理管理条例》已经2008年8月20日国务院第23次常务会议通过，现予公布，自2011年1月1日起施行。

总　理　温家宝
二○○九年二月二十五日

废弃电器电子产品回收处理管理条例

第一章　总　则

第一条　为了规范废弃电器电子产品的回收处理活动，促进资源综合利用和循环经济发展，保护环境，保障人体健康，根据《中华人民共和国清洁生产促进法》和《中华人民共和国固体废物污染环境防治法》的有关规定，制定本条例。

第二条　本条例所称废弃电器电子产品的处理活动，是指将废弃电器电子产品进行拆解，从中提取物质作为原材料或者燃料，用改变废弃电器电子产品物理、化学特性的方法减少已产生的废弃电器电子产品数量，减少或者消除其危害成分，以及将其最终置于符合环境保护要求的填埋场的活动，不包括产品维修、翻新以及经维修、翻新后作为旧货再使用的活动。

第三条　列入《废弃电器电子产品处理目录》（以下简称《目录》）的废弃电器电子产品的回收处理及相关活动，适用本条例。

国务院资源综合利用主管部门会同国务院环境保护、工业信息产业等主管部门制订和调整《目录》，报国务院批准后实施。

第四条　国务院环境保护主管部门会同国务院资源综合利用、工业信息产业主管部门负责组织拟订废弃电器电子产品回收处理的政策措施并协调实施，负责废弃电器电子产品处理的监督管理工作。国务院商务主管部门负责废弃电器电子产品回收的管理工作。国务院财政、工商、质量监督、税务、海关等主管部门在各自职责范围内负责相关管理工作。

第五条　国家对废弃电器电子产品实行多渠道回收和集中处理制度。

第六条 国家对废弃电器电子产品处理实行资格许可制度。设区的市级人民政府环境保护主管部门审批废弃电器电子产品处理企业（以下简称处理企业）资格。

第七条 国家建立废弃电器电子产品处理基金，用于废弃电器电子产品回收处理费用的补贴。电器电子产品生产者、进口电器电子产品的收货人或者其代理人应当按照规定履行废弃电器电子产品处理基金的缴纳义务。

废弃电器电子产品处理基金应当纳入预算管理，其征收、使用、管理的具体办法由国务院财政部门会同国务院环境保护、资源综合利用、工业信息产业主管部门制订，报国务院批准后施行。

制订废弃电器电子产品处理基金的征收标准和补贴标准，应当充分听取电器电子产品生产企业、处理企业、有关行业协会及专家的意见。

第八条 国家鼓励和支持废弃电器电子产品处理的科学研究、技术开发、相关技术标准的研究以及新技术、新工艺、新设备的示范、推广和应用。

第九条 属于国家禁止进口的废弃电器电子产品，不得进口。

第二章 相关方责任

第十条 电器电子产品生产者、进口电器电子产品的收货人或者其代理人生产、进口的电器电子产品应当符合国家有关电器电子产品污染控制的规定，采用有利于资源综合利用和无害化处理的设计方案，使用无毒无害或者低毒低害以及便于回收利用的材料。

电器电子产品上或者产品说明书中应当按照规定提供有关有毒有害物质含量、回收处理提示性说明等信息。

第十一条 国家鼓励电器电子产品生产者自行或者委托销售者、维修机构、售后服务机构、废弃电器电子产品回收经营者回收废弃电器电子产品。电器电子产品销售者、维修机构、售后服务机构应当在其营业场所显著位置标注废弃电器电子产品回收处理提示性信息。

回收的废弃电器电子产品应当由有废弃电器电子产品处理资格的处理企业处理。

第十二条 废弃电器电子产品回收经营者应当采取多种方式为电器电子产品使用者提供方便、快捷的回收服务。

废弃电器电子产品回收经营者对回收的废弃电器电子产品进行处理，应当依照本条例规定取得废弃电器电子产品处理资格；未取得处理资格的，应当将回收的废弃电器电子产品交有废弃电器电子产品处理资格的处理企业处理。

回收的电器电子产品经过修复后销售的，必须符合保障人体健康和人身、财产安全等国家技术规范的强制性要求，并在显著位置标识为旧货。具体管理办法由国务院商务主管部门制定。

第十三条 机关、团体、企事业单位将废弃电器电子产品交有废弃电器电子产品处理资格的处理企业处理的，依照国家有关规定办理资产核销手续。

处理涉及国家秘密的废弃电器电子产品，依照国家保密规定办理。

第十四条 国家鼓励处理企业与相关电器电子产品生产者、销售者以及废弃电器电子产品回收经营者等建立长期合作关系，回收处理废弃电器电子产品。

第十五条 处理废弃电器电子产品，应当符合国家有关资源综合利用、环境保护、劳动安全和保障人体健康的要求。

禁止采用国家明令淘汰的技术和工艺处理废弃电器电子产品。

第十六条 处理企业应当建立废弃电器电子产品处理的日常环境监测制度。

第十七条 处理企业应当建立废弃电器电子产品的数据信息管理系统，向所在地的设区的市级人民政府环境保护主管部门报送废弃电器电子产品处理的基本数据和有关情况。废弃电器电子产品处理的基本数据的保存期限不得少于3年。

第十八条 处理企业处理废弃电器电子产品，依照国家有关规定享受税收优惠。

第十九条 回收、储存、运输、处理废弃电器电子产品的单位和个人，应当遵守国家有关环境保护和环境卫生管理的规定。

第三章　监督管理

第二十条 国务院资源综合利用、质量监督、环境保护、工业信息产业等主管部门，依照规定的职责制定废弃电器电子产品处理的相关政策和技术规范。

第二十一条 省级人民政府环境保护主管部门会同同级资源综合利用、商务、工业信息产业主管部门编制本地区废弃电器电子产品处理发展规划，报国务院环境保护主管部门备案。

地方人民政府应当将废弃电器电子产品回收处理基础设施建设纳入城乡规划。

第二十二条 取得废弃电器电子产品处理资格，依照《中华人民共和国公司登记管理条例》等规定办理登记并在其经营范围中注明废弃电器电子产品处理的企业，方可从事废弃电器电子产品处理活动。

除本条例第三十四条规定外，禁止未取得废弃电器电子产品处理资格的单位和个人处理废弃电器电子产品。

第二十三条 申请废弃电器电子产品处理资格，应当具备下列条件：

（一）具备完善的废弃电器电子产品处理设施；

（二）具有对不能完全处理的废弃电器电子产品的妥善利用或者处置方案；

（三）具有与所处理的废弃电器电子产品相适应的分拣、包装以及其他设备；

（四）具有相关安全、质量和环境保护的专业技术人员。

第二十四条 申请废弃电器电子产品处理资格，应当向所在地的设区的市级人民政府环境保护主管部门提交书面申请，并提供相关证明材料。受理申请的环境保护主管部门应当自收到完整的申请材料之日起60日内完成审查，作出准予许可或者不予许可的决定。

第二十五条 县级以上地方人民政府环境保护主管部门应当通过书面核查和实地检查等方式，加强对废弃电器电子产品处理活动的监督检查。

第二十六条 任何单位和个人都有权对违反本条例规定的行为向有关部门检举。

有关部门应当为检举人保密，并依法及时处理。

第四章 法律责任

第二十七条 违反本条例规定，电器电子产品生产者、进口电器电子产品的收货人或者其代理人生产、进口的电器电子产品上或者产品说明书中未按照规定提供有关有毒有害物质含量、回收处理提示性说明等信息的，由县级以上地方人民政府产品质量监督部门责令限期改正，处5万元以下的罚款。

第二十八条 违反本条例规定，未取得废弃电器电子产品处理资格擅自从事废弃电器电子产品处理活动的，由工商行政管理机关依照《无照经营查处取缔办法》的规定予以处罚。

环境保护主管部门查出的，由县级以上人民政府环境保护主管部门责令停业、关闭，没收违法所得，并处5万元以上50万元以下的罚款。

第二十九条 违反本条例规定，采用国家明令淘汰的技术和工艺处理废弃电器电子产品的，由县级以上人民政府环境保护主管部门责令限期改正；情节严重的，由设区的市级人民政府环境保护主管部门依法暂停直至撤销其废弃电器电子产品处理资格。

第三十条 处理废弃电器电子产品造成环境污染的，由县级以上人民政府环境保护主管部门按照固体废物污染环境防治的有关规定予以处罚。

第三十一条 违反本条例规定，处理企业未建立废弃电器电子产品的数据信息管理系统，未按规定报送基本数据和有关情况或者报送基本数据、有关情况不真实，或者未按规定期限保存基本数据的，由所在地的设区的市级人民政府环境保护主管部门责令限期改正，可以处5万元以下的罚款。

第三十二条 违反本条例规定，处理企业未建立日常环境监测制度或者未开展日常环境监测的，由县级以上人民政府环境保护主管部门责令限期改正，可以处 5 万元以下的罚款。

第三十三条 违反本条例规定，有关行政主管部门的工作人员滥用职权、玩忽职守、徇私舞弊，构成犯罪的，依法追究刑事责任；尚不构成犯罪的，依法给予处分。

第五章 附 则

第三十四条 经省级人民政府批准，可以设立废弃电器电子产品集中处理场。废弃电器电子产品集中处理场应当具有完善的污染物集中处理设施，确保符合国家或者地方制定的污染物排放标准和固体废物污染环境防治技术标准，并应当遵守本条例的有关规定。

废弃电器电子产品集中处理场应当符合国家和当地工业区设置规划，与当地土地利用规划和城乡规划相协调，并应当加快实现产业升级。

第三十五条 本条例自2011年1月1日起施行。

国务院批转发展改革委等部门关于抑制部分行业产能过剩和重复建设引导产业健康发展若干意见的通知

国发[2009]38 号

各省、自治区、直辖市人民政府，国务院各部委、各直属机构：

国务院同意发展改革委等部门《关于抑制部分行业产能过剩和重复建设引导产业健康发展的若干意见》，现转发给你们，请认真贯彻执行。

为应对国际金融危机的冲击和影响，党中央、国务院审时度势，及时制定和实施了扩大内需、促进经济增长的一揽子计划。按照“保增长、扩内需、调结构”的总体要求，出台了钢铁等十个重点产业调整和振兴规划，在推动结构调整方面提出了控制总量、淘汰落后、兼并重组、技术改造、自主创新等一系列对策措施，各地也相继出台了一些扶持产业发展的政策措施。目前，政策效应已初步显现，企业生产经营困难情况有所缓解，产业发展总体向好。但从当前产业发展状况看，结构调整虽取得一定进展，但总体进展不快，各地区、各行业也不平衡。不少领域产能过剩、重复建设问题仍很突出，有的甚至还在加剧。特别需要关注的是，不仅钢铁、水泥等产能过剩的传统产业仍在盲目扩张，风电设备、多晶硅等新兴产业也出现了重复建设倾向，一些地区违法、违规审批，未批先建、边批边建现象又有所抬头。

对于部分行业出现的产能过剩和重复建设，如不及时加以调控和引导，任其发展，市场恶性竞争难以避免，经济效益难以提高，并将导致企业倒闭或开工不足、人员下岗失业、银行不良资产大量增加等一系列问题，不仅严重影响国家扩大内需一揽子计划的实施效果和来之不易的企稳向好的形势，而且将错失利用国际金融危机形成的市场形势推动结构调整的历史机遇。

各地区、各部门要根据本通知精神，切实把思想和行动统一到党中央、国务院的决策部署上来，认真贯彻落实科学发展观，进一步增强大局意识、责任意识和忧患意识，在保增长中更加注重推进结构调整，坚持产业政策导向，严格执行环境监管、用地管理、金融政策和项目投资管理有关规定，将坚决抑制部分行业产能过剩和重复建设作为结构调整的重点工作抓紧抓好。要大力发展符合市场需求的高新技术产业和服务业，把握好调整的方向、力度和节奏，切实转变经济发展方式，提高经济发展的质量和效益，促进经济社会全面协调可持续发展。

国务院

二〇〇九年九月二十六日

关于抑制部分行业产能过剩和重复建设引导产业健康发展的若干意见

发展改革委　工业和信息化部　监察部　财政部　国土资源部　环境保护部
人民银行　质检总局　银监会　证监会

为切实将党中央、国务院应对国际金融危机的一揽子计划落到实处，巩固和发展当前经济企稳向好的势头，加快推动结构调整，坚决抑制部分行业的产能过剩和重复建设，引导新兴产业有序发展，现提出以下意见：

一、部分行业产能过剩和重复建设问题需引起高度重视

为应对国际金融危机的冲击和影响，党中央、国务院审时度势，及时制定和实施了扩大内需、促进经济增长的一揽子计划。按照“保增长、扩内需、调结构”的总体要求，出台了钢铁等十个重点产业调整和振兴规划，在推动结构调整方面提出了控制总量、淘汰落后、兼并重组、技术改造、自主创新等一系列对策措施，各地也相继出台了一些扶持产业发展的政策措施。目前政策效应已初步显现，工业增速稳中趋升，企业生产经营困难情况有所缓解，产业发展总体向好。

但从当前产业发展状况看，结构调整虽取得一定进展，但总体进展不快，各地区、各行业也不平衡。不少领域产能过剩、重复建设问题仍很突出，有的甚至还在加剧。特别需要关注的是，不仅钢铁、水泥等产能过剩的传统产业仍在盲目扩张，风电设备、多晶硅等新兴产业也出现了重复建设倾向，一些地区违法、违规审批，未批先建、边批边建现象又有所抬头。

（一）钢铁。2008 年我国粗钢产能 6.6 亿吨，需求仅 5 亿吨左右，约四分之一的钢铁及制成品依赖国际市场。2009 年上半年全行业完成投资 1405.5 亿元，目前在建项目粗钢产能 5800 万吨，多数为违规建设，如不及时加以控制，粗钢产能将超过 7 亿吨，产能过剩矛盾将进一步加剧。

（二）水泥。2008 年我国水泥产能 18.7 亿吨，其中新型干法水泥 11 亿吨，特种水泥与粉磨站产能 2.7 亿吨，落后产能约 5 亿吨，当年水泥产量 14 亿吨。目前在建水泥生产线 418 条，产能 6.2 亿吨，另外还有已核准尚未开工的生产线 147 条，产能 2.1 亿吨。这些产能全部建成后，水泥产能将达到 27 亿吨，市场需求仅为 16 亿吨，产能将严重过剩。

（三）平板玻璃。2008 年全国平板玻璃产能 6.5 亿重箱，产量 5.74 亿重箱，约占全

球产量的 50%，其中浮法玻璃产量为 4.79 亿重箱，占平板玻璃总量的 80%。2009 年上半年新投产 13 条生产线，新增产能 4848 万重箱，目前各地还有 30 余条在建和拟建浮法玻璃生产线，平板玻璃产能将超过 8 亿重箱，产能明显过剩。

（四）煤化工。近年来，一些煤炭资源产地片面追求经济发展速度，不顾生态环境、水资源承载能力和现代煤化工工艺技术仍处于示范阶段的现实，不注重能源转化效率和全生命周期能效评价，盲目发展煤化工。传统煤化工重复建设严重，产能过剩 30%，在进口产品的冲击下，2009 年上半年甲醇装置开工率只有 40%左右。目前煤制油示范工程正处于试生产阶段，煤制烯烃等示范工程尚处于建设或前期工作阶段，但一些地区盲目规划现代煤化工项目，若不及时合理引导，势必出现“逢煤必化、遍地开花”的混乱局面。

（五）多晶硅。多晶硅是信息产业和光伏产业的基础材料，属于高耗能和高污染产品。从生产工业硅到太阳能电池全过程综合电耗约 220 万千瓦时/兆瓦。2008 年我国多晶硅产能 2 万吨，产量 4000 吨左右，在建产能约 8 万吨，产能已明显过剩。我国光伏发电市场发展缓慢，国内太阳能电池 98%用于出口，相当于大量输出国内紧缺的能源。

（六）风电设备。风电是国家鼓励发展的新兴产业。2008 年底已安装风电机组 11638 台，总装机容量 1217 万千瓦。近年来风电产业快速发展，出现了风电设备投资一哄而上、重复引进和重复建设现象。目前，我国风电机组整机制造企业超过 80 家，还有许多企业准备进入风电装备制造业，2010 年我国风电装备产能将超过 2000 万千瓦，而每年风电装机规模为 1000 万千瓦左右，若不及时调控和引导，产能过剩将不可避免。

此外，电解铝、造船、大豆压榨等行业产能过剩矛盾也十分突出，一些地区和企业还在规划新上项目。目前，全球范围内电解铝供过于求，我国电解铝产能为 1800 万吨，占全球 42.9%，产能利用率仅为 73.2%；我国造船能力为 6600 万载重吨，占全球的 36%，而 2008 年国内消费量仅为 1000 万载重吨左右，70%以上产量靠出口；大型锻件存在着产能过剩的隐忧；化肥行业氮肥和磷肥自给有余，钾肥严重短缺，产业结构亟待进一步优化。

必须清醒地认识到，2008 年第四季度以来我国工业生产经营出现的困难，一方面是国际金融危机冲击的外因影响，另一方面也有我国经济发展方式粗放的内因，不少行业重复建设、盲目扩张，在外需严重萎缩的情况下产能过剩矛盾加剧。当前我国经济回升的基础还不够稳固，应对国际金融危机取得的成果还是初步的、阶段性的。对于部分行业出现的产能过剩和重复建设，如不及时加以调控和引导，任其发展，市场恶性竞争难以避免，经济效益难以提高，并将导致企业倒闭或开工不足、人员下岗失业、银行不良资产大量增加等一系列问题，不仅严重影响国家扩大内需一揽子计划的实施效果和来之不易的企稳向好的形势，而且将错失利用国际金融危机形成的市场形势推动结构调整的历史机遇。因此，尽快抑制产能过剩和重复建设，把有限的要素资源引导和配置到优化存量、培育新的增长点上来，大力发展符合市场需求的高新技术产业和服务业，不仅对实现产业的良性发展，而且对转变发展方式，实现经济社会可持续发展具有重要的意义。

二、正确把握抑制产能过剩和重复建设的政策导向

当前，我国经济正处于企稳回升的关键时期，必须认真贯彻落实科学发展观，进一步统一思想，增强忧患意识，在保增长中更加注重推进结构调整，将坚决抑制部分行业产能过剩和重复建设作为结构调整的重点工作抓紧、抓实，抓出成效。抑制产能过剩和重复建设所涉及的行业具有很强的市场性和全球资源配置特点，既要充分发挥市场机制的作用，又要辅之必要的调控措施，注意把握好以下原则和产业政策导向：

（一）主要原则。

一是控制增量和优化存量相结合。严格控制产能过剩行业盲目扩张和重复建设，推进企业兼并重组和联合重组，加快淘汰落后产能；结合实施“走出去”战略，支持有条件的企业转移产能，形成参与国际产业竞争的新格局；依靠技术进步，优化存量，调整产品结构，谋求有效益、有质量、可持续的发展。

二是分类指导和有保有压相结合。对钢铁、水泥等高耗能、高污染产业，要坚决控制总量、抑制产能过剩；鼓励发展高技术、高附加值、低消耗、低排放的新工艺和新产品，延长产业链，形成新的增长点。对多晶硅、风电设备等新兴产业，要集中有效资源，支持企业提高关键环节和关键部件自主创新能力，积极开展产业化示范，防止投资过热和重复建设，引导有序发展。

三是培育新兴产业和提升传统产业相结合。立足于新一轮国际竞争和可持续发展的需要，尽快培育一批科技含量高、发展潜力大、带动作用强的新兴产业，及时制定出台专项产业政策和规划，明确技术装备路线，建立和完善准入标准；抓紧改造提升传统产业，及时修订产业政策，提高准入标准，对结构调整给予明确产业政策引导。

四是市场引导和宏观调控相结合。加强行业产销形势的监测、分析和国内外市场需求的信息发布，发挥市场配置资源的基础性作用；综合运用法律、经济、技术、标准以及必要的行政手段，协调产业、环保、土地和金融政策，形成抑制产能过剩、引导产业健康发展的合力；同时，坚持深化改革，标本兼治，通过体制机制创新解决重复建设的深层次矛盾。

（二）产业政策导向。

钢铁：充分利用当前市场倒逼机制，在减少或不增加产能的前提下，通过淘汰落后、联合重组和城市钢厂搬迁，加快结构调整和技术进步，推动钢铁工业实现由大到强的转变。不再核准和支持单纯新建、扩建产能的钢铁项目。严禁各地借等量淘汰落后产能之名，避开国家环保、土地和投资主管部门的监管、审批，自行建设钢铁项目。重点支持有条件的大型钢铁企业发展百万千瓦火电及核电用特厚板和高压锅炉管、25万千伏安以上变压器用高磁感低铁损取向硅钢、高档工模具钢等关键品种。尽快完善建筑用钢标准及设计规范，加快淘汰强度 335 兆帕以下热轧带肋钢筋，推广强度 400 兆帕及以上钢筋，促进建筑钢材升级换代。2011 年底前，坚决淘汰 400 立方米及以下

高炉、30 吨及以下转炉和电炉，碳钢企业吨钢综合能耗应低于 620 千克标准煤，吨钢耗用新水量低于 5 吨，吨钢烟粉尘排放量低于 1.0 千克，吨钢二氧化硫排放量低于 1.8 千克，二次能源基本实现 100%回收利用。

水泥：严格控制新增水泥产能，执行等量淘汰落后产能的原则，对 2009 年 9 月 30 日前尚未开工水泥项目一律暂停建设并进行一次认真清理，对不符合上述原则的项目严禁开工建设。各省（区、市）必须尽快制定三年内彻底淘汰落后产能时间表。支持企业在现有生产线上进行余热发电、粉磨系统节能改造和处置工业废弃物、城市污泥及垃圾等。新项目水泥熟料烧成热耗要低于 105 公斤标煤/吨熟料，水泥综合电耗小于 90 千瓦时/吨水泥；石灰石储量服务年限必须满足 30 年以上；废气粉尘排放浓度小于 50 毫克/标准立方米。落后水泥产能比较多的省份，要加大对企业联合重组的支持力度，通过等量置换落后产能建设新线，推动淘汰落后工作。

平板玻璃：严格控制新增平板玻璃产能，遵循调整结构、淘汰落后、市场导向、合理布局的原则，发展高档用途及深加工玻璃。对现有在建项目和未开工项目进行认真清理，对所有拟建的玻璃项目，各地方一律不得备案。各省（区、市）要制定三年内彻底淘汰“平拉法”（含格法）落后平板玻璃产能时间表。新项目能源消耗应低于 16.5 公斤标煤/重箱；硅质原料的选矿回收率要达到 80%以上；严格环保治理措施，二氧化硫排放浓度低于 500 毫克/标准立方米、氮氧化物排放浓度低于 700 毫克/标准立方米、颗粒物排放浓度低于 50 毫克/标准立方米。鼓励企业联合重组，在符合规划的前提下，支持大企业集团发展电子平板显示玻璃、光伏太阳能玻璃、低辐射镀膜等技术含量高的玻璃以及优质浮法玻璃项目。

煤化工：要严格执行煤化工产业政策，遏制传统煤化工盲目发展，今后三年停止审批单纯扩大产能的焦炭、电石项目。禁止建设不符合《焦化行业准入条件（2008 年修订）》和《电石行业准入条件（2007 年修订）》的焦化、电石项目。综合运用节能环保等标准提高准入门槛，加强清洁生产审核，实施差别电价等手段，加快淘汰落后产能。对焦炭和电石实施等量替代方式，淘汰不符合准入条件的落后产能。对合成氨和甲醇实施上大压小、产能置换等方式，降低成本、提高竞争力。稳步开展现代煤化工示范工程建设，今后三年原则上不再安排新的现代煤化工试点项目。

多晶硅：研究扩大光伏市场国内消费的政策，支持用国内多晶硅原料生产的太阳能电池以满足国内需求为主，兼顾国际市场。严格控制在能源短缺、电价较高的地区新建多晶硅项目，对缺乏配套综合利用、环保不达标的多晶硅项目不予核准或备案；鼓励多晶硅生产企业与下游太阳能电池生产企业加强联合与合作，延伸产业链。新建多晶硅项目规模必须大于 3000 吨/年，占地面积小于 6 公顷/千吨多晶硅，太阳能级多晶硅还原电耗小于 60 千瓦时/千克，还原尾气中四氯化硅、氯化氢、氢气回收利用率不低于 98.5%、99%、99%；引导、支持多晶硅企业以多种方式实现多晶硅—电厂—化工联营，支持节能环保太阳能级多晶硅技术开发，降低生产成本。到 2011 年前，淘汰综合电耗大于 200 千瓦时/千克的多晶硅产能。

风电设备：抓住大力发展风电等可再生能源的历史机遇，把我国的风电装备制造业培育成具有自主创新能力和国际竞争力的新兴产业。严格控制风电装备产能盲目扩张，鼓励优势企业做大做强，优化产业结构，维护市场秩序。原则上不再核准或备案建设新的整机制造厂；严禁风电项目招标中设立要求投资者使用本地风电装备，在当地投资建设风电装备制造项目的条款；建立和完善风电装备标准、产品检测和认证体系，禁止落后技术产品和非准入企业产品进入市场。依托优势企业和科研院所，加强风电技术路线和海上风电技术研究，重点支持自主研发 2.5 兆瓦及以上风电整机和轴承、控制系统等关键零部件及产业化示范，完善质量控制体系。积极推进风电装备产业大型化、国际化，培育具有国际竞争力的风电装备制造业。

此外，严格执行国家产业政策，今后三年原则上不再核准新建、扩建电解铝项目。现有重点骨干电解铝厂吨铝直流电耗要下降到 12500 千瓦时以下，吨铝外排氟化物量大幅减少，到 2010 年底淘汰落后小预焙槽电解铝产能 80 万吨。要严格执行船舶工业调整和振兴规划及船舶工业中长期发展规划，今后三年各级土地、海洋、环保、金融等相关部门不再受理新建船坞、船台项目的申请，暂停审批现有造船企业船坞、船台的扩建项目，要优化存量，引导企业利用现有造船设施发展海洋工程装备。

三、坚决抑制产能过剩和重复建设的对策措施

各地区、各部门要认真贯彻落实《中共中央国务院转发〈国家发展和改革委员会关于上半年经济形势和做好下半年经济工作的建议〉的通知》（中发[2009]8 号）以及重点产业调整和振兴规划中关于坚决抑制产能过剩行业盲目重复建设的有关要求，把思想和行动统一到党中央、国务院的决策部署上来，把握好调整的方向、力度和节奏，切实转变经济发展方式，进一步增强大局意识、责任意识，各司其职，密切配合，采取措施坚决抑制产能过剩和重复建设势头。

（一）严格市场准入。相关行业管理部门要切实履行职责，抓紧制定、完善相关产业政策，尽快修订发布《产业结构调整指导目录》，进一步提高钢铁、水泥、平板玻璃、传统煤化工等产业的能源消耗、环境保护、资源综合利用等方面的准入门槛。加快编制或修订专项规划，对多晶硅、风电设备等新兴产业要及时建立和完善准入标准，避免盲目和无序建设。质量管理部门要切实负起监管责任，按照产业政策的要求和企业的质量保证能力，严格核发螺纹钢、线材、水泥等产品生产许可证，坚决查处无证生产。依法加强产品质量监督，加大处罚力度。建设主管部门要禁止落后水泥进入重点建设工程和建筑结构工程。

（二）强化环境监管。推进开展区域产业规划的环境影响评价。区域内的钢铁、水泥、平板玻璃、传统煤化工、多晶硅等高耗能、高污染项目环境影响评价文件必须在产业规划环评通过后才能受理和审批。未通过环境评价审批的项目一律不准开工建设。环保部门要切实负起监管责任，定期发布环保不达标的生产企业名单。对使用有毒、有害原料进行生产或者在生产中排放有毒、有害物质的企业限期完成清洁生产审核，

对达不到排放标准或超过排污总量指标的生产企业实行限期治理，未完成限期治理任务的，依法予以关闭。对主要污染物排放超总量控制指标的地区，要暂停增加主要污染物排放项目的环评审批。

（三）依法依规供地用地。切实加强对各类建设项目用地监管。对不符合产业政策和供地政策、未达到现行《工业项目建设用地控制指标》或相关工程建设项目用地指标要求的项目，一律不批准用地；对未按规定履行审批或核准手续的项目，一律不得供应土地。国土资源部门要切实负起监管责任。对未经依法批准擅自占地开工建设的，要依法从重处理；对有关责任人要追究政纪法律责任，构成犯罪的，依法追究刑事责任。

（四）实行有保有控的金融政策。要加强宏观信贷政策指导和监管，引导和督促金融机构改进和完善信贷审核。对不符合重点产业调整和振兴规划以及相关产业政策要求，未按规定程序审批或核准的项目，金融机构一律不得发放贷款，已发放贷款的要采取适当方式予以纠正。严格发债、资本市场融资审核程序。对不符合重点产业调整和振兴规划以及相关产业政策要求，不按规定程序审批或核准的项目及项目发起人，一律不得通过企业债、项目债、短期融资券、中期票据、可转换债、首次公开发行股票、增资扩股等方式进行融资。人民银行、银监会、证监会、发展改革委要对违反规定的金融机构和有关单位予以严肃处理。

（五）严格项目审批管理。各级投资主管部门要进一步加强钢铁、水泥、平板玻璃、煤化工、多晶硅、风电设备等产能过剩行业项目审批管理，原则上不再批准扩大产能的项目，不得下放审批权限，严禁化整为零、违规审批。严格防止各级政府的财政性资金流向产能过剩行业的扩大产能项目。尽快修订完善政府投资项目核准目录，在新的核准目录出台前，上述产能过剩行业确有必要建设的项目，需报国家发展改革委组织论证和核准。

（六）做好企业兼并重组工作。产能过剩行业企业兼并和联合重组的任务十分紧迫和艰巨，结构调整、控制总量和淘汰落后产能均需要企业组织结构进行相应的调整。要抓紧建立科学规范、行之有效的工作程序，同时要扎实做好企业改组、改制中的思想政治工作，切实维护群众利益，保持社会稳定，防止国有资产流失。按照重点产业调整和振兴规划要求，尽快制定出台加快企业兼并重组的指导意见。

（七）建立信息发布制度。发展改革委会同有关部门，建立部门联合发布信息制度，加强行业产能及产能利用率的统一监测，适时向社会发布产业政策导向及产业规模、社会需求、生产销售库存、淘汰落后、企业重组、污染排放等信息。充分发挥行业协会作用，及时反映行业问题和企业诉求，为企业提供信息服务，引导企业和投资者落实国家产业政策和行业发展规划，加强行业自律，提高行业整体素质。

（八）实行问责制。地方各级人民政府不得强制企业投资低水平产能过剩行业。政府各有关部门及金融机构要认真履行职责，依法依纪把好土地关、环保关、信贷关、产业政策关和项目审批（核准）关，并加强政策研究、信息共享和工作协调，形成合力，有效抑制部分行业产能过剩和重复建设，引导产业健康发展，促进结构调整和发展方式转变。要按照《中共中央办公厅国务院办公厅印发〈关于实行党政领导干部问责的暂行规定〉的通知》（中办发[2009]25 号）的有关要求，对违反国家土地、环保法律法规和信贷政策、产业政策规定，工作严重失职或失误造成重大损失或恶劣影响的行为要进行问责，严肃处理。

（九）深化体制改革。要着眼于推进产业结构调整以及解决长期困扰我国产业良性发展的深层次矛盾，进一步深化财税体制、投融资体制、价格体制、社会保障体制等方面的改革，完善干部考核制度，形成有力促进经济结构战略性调整，推动我国工业实现由大到强转变的体制环境。

船舶工业调整和振兴规划

船舶工业是为航运业、海洋开发及国防建设提供技术装备的综合性产业，对钢铁、石化、轻工、纺织、装备制造、电子信息等重点产业发展和扩大出口具有较强的带动作用。为应对国际金融危机影响，落实党中央、国务院关于保增长、扩内需、调结构的总体要求，加快船舶工业结构调整，增强自主开发能力，推动产业升级，促进我国船舶工业持续、健康、稳定发展，特制定本规划，作为船舶工业综合性应对措施的行动方案。规划期为2009—2011年。

一、船舶工业现状及面临的形势

2003年以来，我国船舶工业进入了快速发展轨道。产业规模不断扩大，造船产量快速增长，造船完工量、新接订单量、手持订单量已连续多年居世界前列。综合实力稳步提升，已经具备散货船、油船、集装箱船（以下称三大主流船型）自主开发能力，在高技术高附加值船舶、海洋工程装备领域也实现了突破，大型船舶企业造船周期和质量管理达到国际先进水平。我国已经成为世界造船大国。但是，船舶工业在高速发展的同时，自主创新能力不强、增长方式粗放、低水平重复投资、产能严重过剩、船用配套设备发展滞后、海洋工程装备开发进展缓慢等矛盾日益显现。2008年下半年以来，受国际金融危机影响，国际航运市场急剧下滑，造船市场受到很大冲击，新船订单大幅减少、企业融资出现困难、履约交船风险加大，我国船舶工业发展面临严峻形势。

应该看到，经过多年的发展，我国船舶工业已经形成了原材料配套强、劳动力素质高、制造业体系完备等综合竞争优势，世界造船业正逐步向我国转移，我国船舶工业发展前景依然十分广阔。当前，我国船舶工业正处在由大到强转变的关键时期，必须抓住机遇，积极采取综合措施，加快结构调整和产业升级，巩固和提升我国船舶工业的国际地位，为经济平稳较快发展作出积极贡献。

二、指导思想、基本原则和目标

（一）指导思想。

全面贯彻落实党的十七大精神，以邓小平理论和“三个代表”重要思想为指导，深入贯彻落实科学发展观，按照保增长、扩内需、调结构的总体要求，通过采取积极的信贷措施，稳定造船订单，化解经营风险，确保船舶工业平稳较快发展；通过控制新增造船能力，推进产业结构调整，提高大型船舶企业综合实力，形成新的竞争优势；

通过加快自主创新，开发高技术高附加值船舶，发展海洋工程装备，培育新的经济增长点，为建设造船强国和实施海洋战略奠定坚实基础。

（二）基本原则。

稳定造船订单，保持生产增长。积极应对推迟接船和弃船风险，防止出现大量撤单问题，力争船舶企业按期完成订单任务，保持生产平稳较快增长。

加强政策引导，扩大船舶需求。调整优化运力结构，淘汰落后老旧船舶，扩大船舶市场需求。

推进结构调整，整合造船资源。实施兼并重组，整合造船、修船、海洋工程装备生产资源，发展大型企业集团，促进船舶制造业和配套业协调发展。

加快自主创新，发展海洋工程装备。加大技术改造力度，加强关键技术和新产品研究开发，提高船用配套设备水平，发展海洋工程装备，提高国际竞争力。

（三）规划目标。

1. 船舶生产稳定增长。今后三年船舶工业保持平稳较快增长，力争 2011 年造船产量达到 5000 万吨，船用低速柴油机产量达到 1200 万马力。

2. 市场份额逐步扩大。2011 年造船完工量占世界造船完工量的 35%以上，高技术高附加值船舶市场占有率达到 20%，海洋工程装备市场占有率达到 10%。

3. 配套能力明显增强。三大主流船型本土生产的船用配套设备的平均装船率达到 65%以上，船用低速柴油机、中速柴油机、甲板机械等配套设备的国内市场满足率达到 80%以上。

4. 结构调整取得进展。大型船舶企业集团在高端船舶市场具备较强国际竞争力，若干个专业化海洋工程装备制造基地初具规模，一批船用配套设备生产企业发展壮大，环渤海湾、长江口和珠江口成为世界级造船基地。

5. 研发水平显著提高。三大主流船型研发设计实现系列化、标准化，形成一批具有国际竞争力的品牌船型，高技术高附加值船舶和海洋工程装备开发取得突破。

6. 发展质量明显改善。骨干船舶企业基本建立现代造船模式，三大主流船型平均建造周期缩短到 10 个月以内，单位工业增加值能耗三年累计降低 15%，钢材利用率显著提高。

三、产业调整和振兴的主要任务

（一）稳定船舶企业生产。

采取有效措施，支持大型船舶企业和航运企业按期履行合同，积极应对推迟接船、撤单、弃船等经营风险。指导船舶企业加强生产管理，合理安排生产计划，确保造船质量和进度，保持生产连续性。

（二）扩大船舶市场需求。

加快报废更新老旧船舶和淘汰单壳油轮，积极发展远洋渔船、特种船、工程船、工作船等专用船舶。

（三）发展海洋工程装备。

支持造船企业研究开发新型自升式钻井平台、深水半潜式钻井平台和生产平台、浮式生产储卸装置、海洋工程作业船及大型模块、综合性一体化组块等海洋工程装备，鼓励研究开发海洋工程动力及传动系统、单点系泊系统、动力定位系统、深潜水装备、甲板机械、油污水处理及海水淡化等海洋工程关键系统和配套设备。

（四）支持企业兼并重组。

支持大型船舶企业集团及其他骨干船舶企业实施兼并重组。推动大型船舶企业与上下游企业组成战略联盟，相互支持，共同发展。引导中小船舶企业调整业务结构，发展中间产品制造、船舶修理、特种船舶制造等业务，开拓非船产品市场。支持有条件的企业并购境外知名船用配套设备企业、研发机构和营销网络。

（五）提高自主创新能力。

制定《船舶工业科研开发重点项目目录》，支持优化升级三大主流船型，开发适应新规范、新标准和节能环保要求的船舶，提高大型液化天然气船、大型液化石油气船、大型汽车运输船、科学考察船等高技术高附加值船舶的设计开发能力，加快新型船用柴油机及其关键零部件、甲板机械、舱室设备、通信导航自动化设备的自主研发，加快现代造船技术、船舶和海洋工程装备基础共性技术研究。

（六）加强企业技术改造。

制定《船舶工业技术改造项目及产品目录》，支持高技术高附加值船舶和海洋工程装备专用生产设施项目建设，支持填补国内空白、节能环保效果显著以及产能不能满足市场需求的船舶和海洋工程装备及配套产品的技术改造。

（七）积极发展修船业务。

鼓励造船企业利用现有造船设施开展修船业务。加强修船技术研究，增强大型船舶、特种船舶、海洋工程装备修理和改装能力。规范发展拆船业，实行定点拆解。

（八）努力开拓国际市场。

制定并完善相关措施，巩固我国船舶工业在三大主流船型国际市场的竞争优势，扩大高技术高附加值船舶、海洋工程装备的国际市场份额；鼓励船用配套设备企业建立境外营销网络和售后服务体系，带动产品出口。

（九）加强船舶企业管理。

引导船舶企业加快建立现代企业制度，深化内部改革，推进管理信息化，全面提高科学决策和管理水平；加快建立现代造船模式，推进数字化造船；加强国际造船新规范、新公约、新标准的研究，积极做好相关准备工作；推广节能节材新技术、新工艺，提高能源使用效率和钢材利用率，降低能耗物耗；增强市场分析和预测能力，加强合同管理，提高资金使用效率，控制财务成本，增强企业参与国际竞争和防范市场风险的能力；加强创新型研发设计人才、开拓型经营管理人才、高级技能人才等专业人才培养，强化职工培训，优化人才队伍结构，满足企业可持续发展需要。

四、政策措施

（一）加大生产经营信贷融资支持。

各相关银行对船舶企业在建船舶和有效合同所需的流动资金贷款要确保按期到位；对船东推迟接船的，要适当给予船舶企业贷款展期支持；对信誉良好的船东和船舶企业要及时开具付款和还款保函。加强银企合作，对在建船舶实行抵押融资。支持符合条件的船舶企业上市和发行债券。加快建立船舶产业投资基金。

（二）增加船舶出口买方信贷投放。

鼓励金融机构增加船舶出口买方信贷资金投放，帮助大型船舶企业集团和其他骨干造船企业稳定现有出口船舶订单。

（三）鼓励购买弃船。

研究制定相关政策措施，鼓励骨干航运企业购买远洋船舶的弃船，鼓励金融租赁公司购买出口船舶的弃船。

（四）努力扩大国内船舶市场需求。

对国内企业向国内海上石油天然气开采企业销售海洋工程结构物，继续实行增值税退税政策。加大预算内资金投入，提前实施纳入国家规划的政府公务性、公益性船舶建造。

（五）加快淘汰老旧船舶和单壳油轮。

研究鼓励老旧船舶报废更新政策。抓紧出台单壳（包括单壳双底和双壳单底）油轮强制淘汰政策，严禁超龄船舶改造、运营。

（六）严格控制新增产能。

除《船舶工业中长期发展规划（2006—2015 年）》内的造船项目外，各级土地、海洋、环保、金融等相关部门不再受理其他新建船坞、船台项目的申请。新建大型海洋工程装备专用基础设施项目需报国家核准。今后三年，暂停审批现有造船企业船坞、船台的扩建项目。

（七）完善企业兼并重组政策措施。

制定出台鼓励企业兼并重组的政策措施，妥善解决富余人员安置、企业资产划转、债务合并与处置、财税利益分配等问题；采取资本金注入、融资信贷等方式支持大型船舶企业集团实施兼并重组。支持骨干船舶企业兼并重组其他船舶企业，优先核准其技术改造项目，鼓励进行产品结构调整。

（八）加大科研开发和技术改造投入。

增加高技术船舶科研经费投入，支持高技术新型船舶、海洋工程装备及重点配套设备研发，支持关键共性技术和先进制造技术研究，加快船舶工业标准体系建设。支持开展船用配套设备、海洋工程装备以及特种船舶制造专业化设施设备等方面的技术改造，支持大型船舶企业兼并重组后进行信息化建设和流程再造，支持中小型造船企业符合相关产业政策要求的调整转型。支持船舶企业和科研机构研发条件建设。

五、规划实施

国务院有关部门要按照《规划》分工，加强沟通协商，密切配合，尽快制定和完善各项配套政策措施，确保《规划》顺利实施。要适时开展《规划》的后评价工作，及时提出评价意见。

有关地区要按照《规划》确定的目标、任务和政策措施，结合当地实际抓紧制订具体落实方案，确保取得实效。具体工作方案和实施过程中出现的新情况、新问题要及时报送发展改革委、工业和信息化部等有关部门。

石化产业调整和振兴规划

石化产业是国民经济的支柱产业，资源资金技术密集，产业关联度高，经济总量大，产品广泛应用于国民经济、人民生活、国防科技等各个领域，对促进相关产业升级和拉动经济增长具有举足轻重的作用。为应对国际金融危机的影响，落实党中央、国务院关于保增长、扩内需、调结构的总体要求，确保石化产业稳定发展，加快结构调整，推动产业升级，特编制本规划，作为石化产业综合性应对措施的行动方案。规划期为2009—2011年。

一、石化产业现状及面临的形势

我国是石化产品生产和消费大国。进入21世纪以来，石化产业保持快速增长，产业规模不断扩大，综合实力逐步提高。工业增加值年均增长20%左右，拉动国民经济增长约1个百分点。化肥、农药、成品油、乙烯、合成树脂等产品产量位居世界前列。相继建成了14个千万吨级炼油、3个百万吨级乙烯生产基地，云南、贵州、湖北三大磷肥产区，青海、新疆百万吨钾肥工程。但是，石化产业在快速发展过程中，长期积累的矛盾和问题也日益凸现，主要表现为：集约发展程度偏低，产业布局分散；创新能力不强，高端产品生产技术和大型成套技术装备主要依赖进口；产品结构不尽合理，中低端产品比重较大；资源环境约束加大，产业发展与环境保护的矛盾加剧；农资供给需要加强，低成本产品产能不足，市场调控体系不完善；一些地区不顾资源、环境条件，不注重能源转换效率，盲目发展煤化工。2008年下半年以来，受国际金融危机影响，石化产业受到较大冲击，国内外市场萎缩，生产持续下降，企业库存增加、价格大幅下跌，行业经济效益下滑、生产经营困难。当前，我国石化产品消费仍处于增长期，油品、化肥、农药刚性需求长期存在，高端石化产品市场潜力巨大，必须抓住机遇，加快石化产业的调整和振兴，促进产业平稳运行和健康发展。

二、指导思想、基本原则和目标

（一）指导思想。

全面贯彻落实党的十七大精神，以邓小平理论和“三个代表”重要思想为指导，深入贯彻落实科学发展观，按照保增长、扩内需、调结构的总体要求，稳定石化产品市场，保持产业平稳增长；依托大型企业和产业基地，按照炼化一体化、园区化、集约化模式和发展循环经济、保护生态环境、促进安全生产的要求，优化石化产业布局；统筹国内外资源，保障农资供给；推进自主创新，实施技术改造，发展高端产品，着力提高创新能力和管理水平；加快结构调整和产业升级，不断增强产业竞争能力，进一步增强石化产业的支柱产业地位。

（二）基本原则。

坚持稳定生产运行与促进产业振兴相结合。既要着力解决当前石化产业面临的突出问题，保障产业平稳运行，又要着眼长远，加快转变增长方式，促进产业升级，增强发展后劲。

坚持调整产品结构与增加有效供给相结合。抓住有利时机，优化资源配置，降低生产成本，提高中高档产品比重，促进产品升级换代，增加有效供给能力，满足市场需求。

坚持加快技术改造与推进自主创新相结合。加大引进技术的消化吸收力度，推动产业技术进步；强化技术改造，促进石化产业技术的系统化和集成化；加强关键和前沿技术研发，增强自主创新对产业发展的支撑能力。

坚持实施重大项目与调整产业布局相结合。加快重大项目建设，严格控制炼油乙烯新布点，统筹考虑对外合作项目规划布局。推动大型企业兼并重组，优化资源配置，促进产业集中布局、集约发展。

（三）规划目标。

2009—2011 年，石化产业保持平稳较快增长。2009 年力争实现平稳运行，经过三年调整和振兴，到 2011 年，产业结构趋于合理，发展方式明显转变，综合实力显著提高。

1. 产量保持稳步增长。到 2011 年，原油加工量达到 40 500 万吨，成品油、乙烯产量分别达到 24 750 万吨、1 550 万吨。

2. 农资保障能力增强。到 2011 年，化肥产量达到 6 250 万吨（折纯），钾肥产量达到 400 万吨（折纯），高浓度化肥比重提高到 80%；在原料产地生产的化肥比重提高到 60%，生产成本大幅下降；化肥储备基本满足市场调控需要。高效低毒低残留农药比重显著提高，县乡农用柴油供应网络不断完善。

3. 产业布局趋于合理。成品油“北油南运”的状况得到改善。长三角、珠三角、环渤海地区产业集聚度进一步提高，建成 3～4 个 2 000 万吨级炼油、200 万吨级乙烯生产基地。煤化工盲目发展的势头得到遏制。

4. 产品结构显著改善。2009 年车用汽油全部达到国Ⅲ标准，2010 年车用柴油全部达到国Ⅲ标准，2011 年轻质油品收率达到 75%。高端石化产品自给率明显提高。

5. 技术进步明显加快。丁基橡胶等产业化技术取得突破，千万吨级以上炼油、百万吨级乙烯、大型粉煤制合成氨等成套技术装备实现本地化，煤制油、烯烃、乙二醇等示范工程建成投产。

6. 节能减排取得成效。到 2011 年，石化产业单位工业增加值能耗下降 12%以上，污水、二氧化硫和粉尘等污染物排放量减少 6%以上，行业特征污染物排放得到控制。综合能耗普遍降低，大型炼油装置吨原油加工耗标准油低于 63 千克，大型乙烯装置吨乙烯耗标准油低于 640 千克，大型煤制合成氨装置吨氨综合能耗低于 1.8 吨标准煤。

三、产业调整和振兴的主要任务

（一）保持产业平稳运行。

加快实施国家扩大内需、调整和振兴重点产业、增产千亿斤粮食等各项综合措施，拉动石化产品消费。落实有利于石化产业发展的税收和加工贸易政策，扩大石化产品市场。加强对进口石化产品的监测预警，防止境外产品倾销。打击石化产品走私，维护市场秩序。严格执行油品质量标准，严禁达不到国家规定标准的油品进入市场。扩大油品和化肥储备，减轻企业库存压力。采取积极的信贷措施，缓解企业流动资金困难。

（二）提高农资保障能力。

采用洁净煤气化和能源梯级利用技术，对现有氮肥生产企业进行原料和动力结构调整，实现原料煤多元化，降低成本；在能源产地适当建设大型氮肥生产装置，替代落后产能。优化磷肥资源配置，推广硫和中低品位磷矿综合利用等技术，继续建设好云南、贵州、湖北三大磷肥基地。加大国内外钾矿资源勘探开发，科学规划青海、新疆钾肥基地发展，加强钾矿共生、伴生资源开发利用。调整农药产品结构，发展高效低毒低残留品种，推动原药集中生产。完善化肥储备制度，提高市场调控能力。加强农用柴油供应网络建设，满足季节性集中消费需要。

（三）稳步开展煤化工示范。

坚持控制产能总量、淘汰落后工艺、保护生态环境、发展循环经济以及能源化工结合、全周期能效评价的方针，坚决遏制煤化工盲目发展势头，积极引导煤化工行业健康发展。今后三年停止审批单纯扩大产能的焦炭、电石等煤化工项目，原则上不再安排新的煤化工试点项目，重点抓好现有煤制油、煤制烯烃、煤制二甲醚、煤制甲烷气、煤制乙二醇五类示范工程，探索煤炭高效清洁转化和石化原料多元化发展的新途径。

（四）抓紧实施重大项目。

抓紧组织实施好“十一五”规划内在建的 6 套炼油、8 套乙烯装置重大项目，力争 2011 年全部建成投产。在现有基础上，通过实施上述项目，形成 20 个千万吨级炼油基地、11 个百万吨级乙烯基地。炼油和乙烯企业平均规模分别提高到 600 万吨和 60 万吨。

（五）统筹重大项目布局。

坚持保护生态环境、发展循环经济、立足现有企业、靠近消费市场、方便资源吞吐、淘汰落后产能的原则，按照一体化、园区化、集约化、产业联合的发展模式，统筹重大项目布局，严格控制炼油乙烯项目新布点。做好新建重大炼油乙烯项目论证和区域环境影响评价等工作。近期重点做好利用境外资源在国内合作加工的炼化项目前期工作，选择 2～3 个条件好的现有大型炼化企业进行扩建。结合中缅原油管线的进展情况，适时开展西南地区炼化项目的布局研究。

（六）大力推动技术改造。

加快前沿技术自主化、关键技术产业化、工程技术本地化，及时研究制定相关技术和产品标准。推广资源综合利用和废弃物资源化技术，推动园区化发展和清洁生产，实现节能减排。炼油、乙烯行业重点推广液化气制高辛烷值汽油、渣油加氢处理、资源梯级使用等技术，提高石油资源利用率。氮肥行业重点推广废水闭路循环等技术，磷肥行业重点推广硫酸生产余热回收等技术。推动企业技术改造，开展炼油企业油品质量升级改扩建，乙烯装置节能降耗改扩建，氮肥企业原料路线和动力结构调整，磷肥企业优化资源配置，农药企业高效低毒低残留产品生产和农药废弃物处置能力建设，高端石化产品产能建设等工作。

（七）加快淘汰落后产能。

淘汰工艺技术落后、产品质量差、安全隐患大、环境污染严重的落后产能。对炼油行业采取区域等量替代方式，淘汰 100 万吨及以下低效低质落后炼油装置，积极引导 100 万～200 万吨炼油装置关停并转，防止以沥青、重油加工等名义新建炼油项目。对化肥行业通过上大压小，产能置换，淘汰技术落后、污染严重、资源利用不合理的产能。对农药行业依据行政法规，淘汰一批高毒高风险农药品种。加快淘汰电石、甲醇等产品的落后产能，提高污染防治和产业发展水平。

（八）加强生态环境保护。

石化产业属于资源消耗量大、废弃物排放量高的产业，生态环境保护和安全生产责任重大。要加强产业监管，促进产业发展与国家主体功能区规划相协调。加强环境容量调查和规划，引导石化产业合理布局、清洁发展。行业协会要积极配合职能部门加强产业运行的监测管理。生产企业要严格遵守国家法律法规，切实履行生态环境保护和安全生产责任，进一步增强事故应急处置能力。重点加强江河湖泊和人口密集区等敏感地区产业发展的监督指导。依法关停不符合环保和安全生产要求的企业，现有企业必须达标运行，新建项目原则上应进入合规设立、环保和安全设施齐全的产业园区。

（九）支持企业联合重组。

推动大型石化集团开展战略合作，优化产业布局和上下游资源配置，增强国际竞争力。引导大型能源企业与氮肥企业组成战略联盟，实现优势互补。支持骨干磷肥企业通过兼并重组，提高集中度。支持钾肥龙头企业开展产业整合，促进钾矿资源合理利用。鼓励优势农药企业实施跨地区整合，努力实现原药、制剂生产上下游一体化。支持有实力的企业开展兼并重组，扩大产业规模，做强高端石化产业。

（十）增强资源保障能力。

加大国内石油资源勘探开发力度，稳定石化产业原料的国内供给；开展油钾兼探，推动青海和新疆等地含钾卤水和海相钾矿资源勘察。加强石油天然气、有色金属、煤炭资源开发利用领域硫回收，增强资源保障能力。积极实施“走出去”战略，支持国内有实力的企业开展境外油气、钾矿、硫资源开发与合作。

（十一）提高企业管理水平。

石化企业要从自身实际出发，抓住产业调整和振兴的机遇，加强生产要素全球配置能力，深化企业改革，加快现代企业制度建设，完善公司治理结构，不断提高经营管理和科学决策水平，着力增强企业创新能力、风险防范能力及核心竞争力。强化质量管理和节能管理，加强安全生产监督管理，严格安全生产责任。加强环境保护，做好节能降耗和减排工作。加强职工队伍建设，培养高素质企业人才，全面履行社会责任，建设和谐企业。

四、政策措施

（一）完善化肥储备机制。

完善中央、地方两级化肥淡季商业储备制度，加强淡储化肥调运，建立健全科学合理的淡储旺供的调控体系，保障供给，稳定市场价格。支持化肥骨干生产企业储备磷铵和尿素。抓紧研究建立国家化肥储备。

（二）抓紧落实油品储备。

加快储备设施建设，抓住当前有利时机增加成品油国家储备。参照原油商业储备做法，尽快研究制定成品油商业储备办法和制度。

（三）加强信贷政策支持。

鼓励金融机构对基本面较好、信用记录较好、守法经营、有竞争力、有市场、但暂时出现经营或财务困难的石化企业给予信贷支持。

（四）完善成品油价格形成机制。

完善成品油价格政策，结合消费税制度改革，积极创造条件，加快建立有利于石化产业发展的成品油消费税征收体制。

（五）加大技术改造投入。

制定《石化产业技术进步与技术改造项目及产品目录》，设立石化产业振兴和技术改造专项，重点支持油品质量升级、化肥农药结构调整、高端石化产品发展。支持异戊橡胶等前沿技术研发和推广应用，丁基橡胶和己内酰胺等关键技术产业化，大型乙烯等工程技术本地化示范工程建设。

（六）支持境外资源开发。

加强引导，简化审批手续，完善信贷、外汇、税收等措施，支持符合条件的企业开展境外资源勘探和开发。

（七）实施公平税负政策。

统筹兼顾石化产业与下游加工贸易发展，科学制定石化产品进出口税收政策和加工贸易政策，实行国产与加工贸易进口石化产品公平税负。抓紧完善化肥出口管理政策。

（八）推进企业兼并重组。

认真落实和完善企业兼并重组的政策措施，妥善解决富余人员安置、企业资产划转、债务核定与处置、财税利益分配等问题。采取资本金注入、融资信贷（银行贷款、发行股票、企业债券、公司债券、中长期票据、吸收私募股权投资）等方式支持中央企业实施兼并重组。支持开展兼并重组的骨干企业实施技术改造，调整产品结构。

（九）完善产业发展政策。

抓紧制（修）订相关产业政策、燃油质量标准、行业污染物排放标准、能源使用和污染排放管理办法、产业准入目录、鼓励发展和研发高端石化产品和技术目录。严格控制甲醇、烧碱、纯碱等产能过剩行业项目建设和炼油乙烯项目新布点。对于没有完成小炼油等落后生产装置关停并转任务的地区，禁止建设新增产能的项目。综合运用提高准入门槛、加强清洁生产审核、实施差别电价等手段，加快淘汰落后产能。建立产业退出机制，完善和落实配套政策措施。加快重点项目的环境评价、用地审核及项目核准工作。

（十）依法做好反倾销和反走私等工作。

完善石化产业损害预警机制，加强对三大合成材料和高端石化产品进出口异常情况及其对我国内产业影响的监测。依法采取反倾销等贸易救济措施，维护公平贸易秩序。加强成品油进出口监管，严厉打击成品油走私活动，防止扰乱国内市场。

五、规划实施

国务院各有关部门要按照《规划》分工，加强沟通协商，密切配合，尽快制定完善各项配套政策措施，并加强指导和监督检查。要建立部门联合发布信息制度，适时向社会发布产业调整和振兴的有关信息。有关部门要适时开展《规划》的后评价工作，及时提出评价意见。

有关地区要按照《规划》确定的目标、任务和政策措施，结合当地实际抓紧制订具体落实方案，确保取得实效。具体工作方案和实施过程中出现的新情况、新问题要及时报送发展改革委、工业和信息化部等有关部门。

轻工业调整和振兴规划

轻工业承担着繁荣市场、增加出口、扩大就业、服务“三农”的重要任务，是国民经济的重要产业，在经济和社会发展中起着举足轻重的作用。为应对国际金融危机的影响，落实党中央、国务院关于保增长、扩内需、调结构的总体要求，确保轻工业稳定发展，加快结构调整，推进产业升级，特编制本规划，作为轻工业综合性应对措施的行动方案。规划期为2009—2011年。

一、轻工业现状及面临的形势

进入21世纪以来，我国轻工业快速发展，企业规模与实力明显提高，产业竞争力不断增强，吸纳就业和惠农作用显著。2008年，我国轻工业实现增加值26235亿元，占国内生产总值的8.7%，家电、皮革、塑料、食品、家具、五金制品等行业100多种产品产量居世界第一；出口总额3092亿美元，占全国出口总额的21.7%，产品出口200多个国家和地区，家电、皮革、家具、羽绒制品、自行车等产品国际市场占有率超过50%。全行业吸纳就业3500万人。轻工业70%的行业、50%的产值涉及农副产品加工，使2亿多农民直接受益，对解决“三农”问题发挥了不可替代的作用。制浆造纸、家用电器、塑料制品、皮革等行业通过引进消化吸收国外技术和关键设备，具备了较强的集成创新能力和一定的自主创新能力。我国已成为轻工产品生产和消费大国。

但是，轻工业在快速发展的同时，长期积累的矛盾和问题也逐步显现。一是自主创新能力不强。出口产品以贴牌加工为主，产品附加值较低，关键技术装备主要依赖进口。二是产业结构亟待调整。生产能力主要分布在沿海地区，中西部地区发展滞后。出口市场主要集中在欧、美、日，尚未形成多元化格局。中低端产品多，高质量、高附加值产品少。低水平重复建设和盲目扩张严重。三是节能减排任务艰巨。化学需氧量（COD）排放占全国工业排放总量的50%，废水排放量占全国工业废水排放总量的28%。四是产品质量问题突出。产品质量保障体系不完善，企业质量安全意识不强，食品安全事件时有发生。

2008年下半年以来，国际金融危机对我国轻工业造成严重冲击，国内外市场供求失衡，产品库存积压严重，企业融资困难，生产经营陷入困境，轻工业稳定发展形势严峻。我国轻工业市场化程度较高，适应能力较强，产品在国际市场上也具有一定的比较优势，内需市场的进一步扩大，为轻工业发展提供了广阔的市场空间。只要抓住时机，充分利用市场倒逼机制，下决心积极采取综合措施，就能够实现轻工业的调整和振兴。

二、指导思想、基本原则和目标

（一）指导思想。

全面贯彻党的十七大精神，以邓小平理论和“三个代表”重要思想为指导，深入贯彻落实科学发展观，按照保增长、扩内需、调结构的总体要求，采取综合措施，扩大城乡市场需求，巩固和开拓国际市场，保持轻工业平稳发展；通过加快自主创新，实施技术改造，推进自主品牌建设，淘汰落后产能，着力推动轻工业结构调整和产业升级；走绿色生态、质量安全和循环经济的新型轻工业发展之路，进一步增强轻工业繁荣市场、扩大就业、服务“三农”的支柱产业地位。

（二）基本原则。

1. 积极扩大内需，稳定国际市场。加强消费政策引导，增加有效供给，促进轻工产品消费。巩固传统出口市场，开拓国际新兴市场。

2. 突出重点行业，培育骨干企业。将产业关联度高、吸纳就业能力强、拉动消费效果显著、结构调整带动作用大的行业作为调整和振兴的重点，支持产品质量好、市场竞争力强、具有自主品牌的骨干企业发展壮大。

3. 扶持中小企业，促进劳动就业。采取积极的金融信贷、信用担保等政策，支持业绩良好、具有发展潜质的中小企业发展，充分发挥中小企业吸纳劳动力就业的作用。

4. 加快技术进步，淘汰落后产能。提高企业自主创新能力，重点推进装备自主化和关键技术产业化；加快造纸、家电、塑料、照明电器等行业技术改造步伐，淘汰高耗能、高耗水、污染大、效率低的落后工艺和设备，严格控制新增产能。

5. 保障产品质量，强化食品安全。以食品、家具、玩具和装饰装修等涉及人民群众身体健康的行业为重点，加强质量管理，完善标准和检测体系，打击制售假冒伪劣产品的违法行为，保障产品使用和食用安全。

（三）规划目标。

1. 生产保持平稳增长。在稳定出口和扩大内需的带动下，轻工业产销稳定增长，行业效益整体回升，三年累计新增就业岗位300万个左右。

2. 自主创新取得成效。变频空调压缩机、新能源电池、农用新型塑料材料、新型节能环保光源等关键生产技术取得突破。重点行业装备自主化水平稳步提高，中型高速纸机成套装备实现自主化，食品装备自给率提高到60%。

3. 产业结构得到优化。企业重组取得进展，再形成10个年销售收入150亿元以上的大型轻工企业集团。轻工业特色区域和产业集群增加 100 个，东中西部轻工业协调发展。新增自主品牌100个左右。

4. 污染物排放明显下降。到 2011 年，主要行业 COD 排放比 2007 年减少 25.5 万吨，降低 10%，其中食品行业减少 14 万吨、造纸行业减少 10 万吨、皮革行业减少 1.5 万吨；废水排放比 2007 年减少 19.5 亿吨，降低 29%，其中食品行业减少 10 亿吨、造纸行业减少 9 亿吨、皮革行业减少 0.5 亿吨。

5. 淘汰落后取得实效。淘汰落后制浆造纸200万吨以上、低能效冰箱（含冰柜）3000万台、皮革3000万标张、含汞扣式碱锰电池90亿只、白炽灯6亿只、酒精100万吨、味精12万吨、柠檬酸5万吨的产能。

6. 安全质量全面提高。完善轻工业标准体系，制订、修订国家和行业标准1000项。生产企业资质合格，内部管理制度完善，规模以上食品生产企业普遍按照GMP（优良制造标准）要求组织生产。质量安全保障机制更加健全，产品质量全部符合法律法规以及相关标准的要求。

三、产业调整和振兴的主要任务

（一）稳定国内外市场。

1. 促进国内消费。总结“家电下乡”的试点经验，完善农村家电物流、销售、维修体系，切实做好“家电下乡”工作。加快皮革、家具、五金、家电、塑料、文体用品、缝制机械、制糖等行业重点专业市场建设，进一步发挥专业流通市场的作用。指导工商企业开展深度合作，加快市场需求信息传导，鼓励商贸企业扩大采购和销售轻工产品的规模。

2. 增加有效供给。丰富产品花色品种，研发生产满足多层次消费需求的产品。生产与安居工程、新农村建设、教育医疗、灾后重建、农村基础设施、交通设施以及放心粮油进农村、进社区示范工程等相配套的轻工产品。开发个性化的文体用品及特色旅游休闲产品。积极发展少数民族特需用品。

3. 稳定和开拓国际市场。积极应对贸易摩擦，巩固美、欧、日等传统国际市场；实施出口多元化战略，积极开拓中东、俄罗斯、非洲、北欧、东南亚、西亚等新兴市场。一是支持骨干企业通过多种方式“走出去”，在主要销售市场设立物流中心和分销中心。二是建立经贸合作区，积极推进海外工业园区和经贸合作区建设。三是继续支持外贸专业市场建设，建设针对东南亚、中亚、东北亚等地区的轻工产品边境贸易专业市场，在中东、北欧、俄罗斯等有条件的地区组建中国轻工产品贸易中心，加强对外宣传，方便货物、人员出入境。四是发挥加工贸易作用，支持企业扩大加工贸易。

4. 健全外贸服务体系。建立轻工出口产品国内外技术法规、标准管理服务平台和培训体系，以及质量安全案例通报、退货核查、预警和应急处理系统，提高企业质量管理水平，维护中国产品形象。简化轻工产品出口通关、检验手续，降低相关收费标准，提高通关效率，促进贸易便利化。

（二）增强自主创新能力。

1. 提高重点装备自主化水平。在引进消化吸收再创新的基础上，突破重点装备关键技术，加快装备自主化。造纸装备重点发展大幅宽、高车速造纸成套设备。食品装备重点发展新型绿色分离设备、节能高效蒸发浓缩设备、高速和无菌罐装设备、膜式错流过滤机、高速吹瓶设备等，自主化率由40%提高到60%。塑料成型装备重点发展全闭环伺服驱动、电磁感应加热和多层共挤技术的挤出设备。工业缝制装备重点发展电控高速多头多功能刺绣机、电控裁剪整烫设备，光机电一体化设备比重由 10%提高到 50%，生产效率提高 40%。

2. 推进关键技术创新与产业化。采取产学研结合模式，支持农用新型塑料材料、变频空调压缩机、高效节能节材型冰箱压缩机、隧道式大型连续洗涤机组、糖能联产、新型节能环保光源、新型微生物高浓废水处理复合材料、特色功能表面活性剂、新能源电池、污染物减排与废弃物资源化利用等关键技术、设备的创新与产业化。建立重点行业公共技术创新服务平台，建立粮油、电池、皮革行业国家工程技术研究中心，建立造纸、发酵、酿酒、制糖及皮革技术创新联盟。

3. 做好公共服务。完善轻工业特色区域和产业集群公共服务平台建设，为企业提供信息、技术开发、技术咨询、产品设计与开发、成果推广、产品检测、人才培训等服务。

（三）加快实施技术改造。

1. 提升行业总体技术水平。支持造纸行业应用深度脱木素、无元素氯漂白、中高浓等技术和全自动控制系统进行技术改造；支持家电行业电冰箱、空调器、洗衣机等关键部件生产线升级改造，实现高端及高效节能电冰箱、空调器、洗衣机等产品的产业化；支持塑料行业绿色塑料建材、多功能宽幅农膜生产技术升级；支持表面活性剂行业推广应用绿色表面活性剂，实现绿色功能性产品产业化；支持五金行业传统加工工艺及设备升级，提高制造水平。

2. 推进企业节能减排。重点对食品、造纸、电池、皮革等行业实施节能减排技术改造。食品行业加快应用新型清洁生产和综合利用技术。造纸行业加快应用清洁生产、非木浆碱回收、污水处理、沼气发电技术，推广污染物排放在线监测系统。电池行业重点推广无汞扣式碱锰电池技术，普通锌锰电池实现无汞、无铅、无镉化，锂离子电池替代镉镍电池。皮革行业加快推广保毛脱毛、无灰浸灰、生态鞣制等清洁生产技术和固体废弃物资源化利用技术。编制重点行业清洁生产推广规划，支持重点行业企业实施循环经济示范工程；推广《国家重点节能技术推广目录（第一批）》中的轻工行业节能技术；支持食品、造纸、电池、皮革行业节能减排计量统计监测体系软硬件建设。

3. 调整产品结构。支持发展市场短缺产品，优化产品结构，提高自给率。支持农副产品深加工，重点推进油料品种多元化，实施高效、低耗、绿色生产，促进油料作物转化增值和深度开发，新增花生油 100 万吨、菜子油 100 万吨、棉子油 50 万吨、特色油脂 100 万吨产能，保障食用植物油供给安全；继续实施《全国林纸一体化工程建设“十五”及 2010 年专项规划》，加快重点项目建设，新增木浆 220 万吨、竹浆 30 万吨产能，提高国产木浆比重，推动林纸一体化发展。

（四）实施食品加工安全专项。

1. 大力整顿食品加工企业。对全国食品加工企业在生产许可、市场准入、产品标准、质量安全管理方面逐项检查，坚决取缔无卫生许可证、无营业执照、无食品生产许可证的非法生产加工企业，严肃查处有证企业生产不合格产品、非法进出口等违法行为，严厉打击制售假冒伪劣食品、使用非食品原料和回收食品生产加工食品的违法行为。

2. 全面清理食品添加剂和非法添加物。深入开展食品添加剂、非法添加物专项检查和清理工作，按照《食品添加剂使用卫生标准》（GB 2760－2007），理清并发布违法添加的非食用物质和易被滥用的食品添加剂名单，规范食品添加剂安全使用。

3. 加强食品安全监测能力建设。督促粮油、肉及肉制品、乳制品、食品添加剂、饮料、罐头、酿酒、发酵、制糖、焙烤等行业重点企业，增加原料检验、生产过程动态监测、产品出厂检测等先进检验装备，特别是快速检验和在线检测设备。完善企业内部质量控制、监测系统和食品质量可追溯体系。

4. 提高食品行业准入门槛。明确食品加工企业在原料基地、管理规范、生产操作规程、产品执行标准、质量控制体系等方面的必备条件，加快制定和修订乳制品、肉及肉制品、水产品、粮食、油料、果蔬等重点食品加工行业产业政策和行业准入标准。

5. 建立健全食品召回及退市制度。建立和完善不合格食品主动召回、责令召回及退市制度，建立食品召回中心，明确食品召回范围、召回级别等具体规定，使食品召回及退市制度切实可行。健全食品质量安全申诉投诉处理体系，加强申诉投诉处理管理。

6. 加强食品工业企业诚信体系建设。通过政府指导、行业组织推动和企业自律，加快建立以法律法规为准绳、社会道德为基础、企业自律为重点、社会监督为约束、诚信效果可评价、诚信奖惩有制度的食品工业企业诚信体系。制定食品工业企业诚信体系建设指导意见，开展食品企业诚信体系建设试点工作。跟踪评价食品工业企业诚信体系建设指导意见贯彻实施情况，及时修改完善相关规范和标准。

（五）加强自主品牌建设。

1. 支持优势品牌企业跨地区兼并重组、技术改造和创新能力建设，推动产业整合，提高产业集中度，增强品牌企业实力。引导企业开拓国际市场，通过国际参展、广告宣传、质量认证、公共服务平台等多种形式和渠道，提高自主品牌的知名度和竞争力。

2. 支持国内有实力的企业“走出去”，实施本地化生产，拓展国际市场，扩大产品覆盖面，提高品牌影响力。

3. 完善认证和检测制度，积极开展与主要贸易伙伴国多层面的交流与合作，提高国际社会对我国检测、认证结果的认可度，树立自主品牌国际形象。

4. 加强自主品牌保护，加大宣传力度，增强企业和全社会保护自主知名品牌的意识和责任感。

（六）推动产业有序转移。

1. 结合优化区域布局，鼓励具有资源优势等条件的地区充分总结和借鉴产业集群发展经验，改善建设条件和经营环境，积极承接产业转移，着力培育发展轻工业特色区域和产业集群。

2. 根据行业特点和发展要求推进产业转移。推动冰箱、空调、洗衣机等家电行业重点产品的研发、制造、集散，逐步由珠三角、长三角和环渤海等地区向本区域内有条件地区和中西部地区转移；引导制革和制鞋行业集中的东部沿海地区，利用其优势重点从事研发、设计和贸易，将生产加工向具备资源优势的地区转移；推进陶瓷和发酵行业向有原料优势、能源丰富的地区转移。

同时，产业转移过程中要严格遵守环境保护法律法规，杜绝产业转移成为“污染转移”。

（七）提高产品质量水平。

1. 建立产品质量安全保障机制。一是切实贯彻《中华人民共和国产品质量法》，严格市场准入制度和产品质量监督抽查制度，加快建立质量安全风险监测、预警、信息通报、快速处置以及产品追溯、召回和退市制度，严惩质量违法违规企业。二是落实企业对产品质量安全的主体责任，严格执行产品质量标准，全面加强质量管理，从原料采购、生产加工、出厂检验等环节控制产品质量，确保产品质量符合标准要求。三是建立规范的企业质量信用评价制度和产品质量信用记录发布制度，加强行业自律。四是完善国家产品质量检测技术服务平台，提高检测装备水平。

2. 加快行业标准制定和修订工作。制定食品添加剂、肉品、酿酒、乳制品、饮料、家具、装饰装修材料等行业新标准 450 项，其中食品添加剂等国家标准 70 项，家具和装饰装修材料等行业国家标准 150 项。修订塑料、五金、皮革、洗涤用品、饮料等行业标龄超过 5 年的标准 550 项。完善家电、造纸、塑料、照明电器、五金、皮革等重点行业的安全标准、基础通用标准、重点产品标准和检测方法标准。制定和修订塑料降解、制浆造纸、皮革鞣制、电池回收等资源节约与环境保护方面的标准，完善相应的技术标准体系。

（八）加强企业自身管理。

加大法律宣传力度，加强企业自律，全面提高企业素质，增强企业守法经营意识和社会责任感。深化企业改革，加快现代企业制度建设，完善公司治理结构，提高企业管理的科学性。树立现代管理理念，加强企业管理，提高经营决策、产品设计、资源配置、产品生产、质量管理、市场开拓等水平，增强对市场需求的快速反应能力，努力开发适销对路产品，通过管理提高效益。重视人才培训，提高员工素质，合理配置人力资源。

（九）切实淘汰落后产能。

建立产业退出机制，明确淘汰标准，量化淘汰指标，加大淘汰力度。力争三年内淘汰一批技术装备落后、资源能源消耗高、环保不达标的落后产能。造纸行业重点淘汰年产 3.4 万吨以下草浆生产装置和年产 1.7 万吨以下化学制浆生产线，关闭排放不达标、年产 1 万吨以下以废纸为原料的造纸厂。食品行业重点淘汰年产 3 万吨以下酒精、味精生产工艺及装置。皮革行业重点淘汰年加工 3 万标张以下的生产线。家电行业重点淘汰以氯氟烃为发泡剂或制冷剂的冰箱、冰柜、汽车空调器等产能和低能效产品产能。电池行业重点淘汰汞含量高于 1ppm 的圆柱形碱锰电池和汞含量高于 5ppm 的扣式碱锰电池。加快实施节能灯替代，淘汰6亿只白炽灯产能。

四、政策措施

（一）进一步扩大“家电下乡”补贴品种。

根据农民意愿和行业发展要求，将微波炉和电磁炉纳入“家电下乡”补贴范围，并将每类产品每户只能购买一台的限制放宽到两台。中央财政加大对民族地区和地震重灾区的支持力度。

（二）提高部分轻工产品出口退税率。

进一步提高部分不属于“两高一资”的轻工产品的出口退税率，加快出口退税进度，确保及时足额退税。

（三）调整加工贸易目录。

继续禁止“两高一资”产品加工贸易。对符合国家产业政策和宏观调控要求，不属于高耗能、高污染的产品，取消加工贸易禁止。对部分劳动密集型产品以及技术含量较高、环保节能的产品，取消加工贸易限制。对全部使用进口资源且生产过程中污染和能耗较低的产品，允许开展加工贸易。

（四）解决涉农产品收储问题。

进一步扩大食糖国家储备。鼓励地方政府采取流动资金贷款贴息等措施，支持企业收储纸浆及纸、浓缩苹果汁等涉农产品，缓解产品销售不畅、积压严重的状况。

（五）加强技术创新和技术改造。

支持重点装备自主化、关键技术创新与产业化，支持提高重点行业技术装备水平、推进节能减排、强化食品加工安全以及自主品牌建设等。

（六）加大金融支持力度。

尽快落实《国务院办公厅关于当前金融促进经济发展的若干意见》（国办发[2008]126号），鼓励金融机构加大对轻工企业信贷支持力度，对一些基本面较好、带动就业明显、信用记录较好但暂时出现经营困难的企业给予信贷支持，允许将到期的贷款适当展期；简化税务部门审核金融机构呆账核销手续和程序，对中小企业贷款实行税前全额拨备损失准备金；支持符合条件的企业发行公司债券、企业债券、中小企业集合债券、短期融资券等，拓展企业融资渠道；中央和地方财政要加大对资质好、管理规范的中小企业信用担保机构的支持力度，鼓励担保机构为中小型轻工企业提供信用担保和融资服务；利用出口信贷、出口信用保险等金融工具，帮助轻工企业便利贸易融资，防范国际贸易风险。鼓励保险公司开展产品质量保险和出口信用保险，为轻工企业提供风险保障。建立和完善中央集中式的、以互联网为基础的动产和权利担保登记中心，简化登记手续，降低登记收费，落实债权人的担保权益。

（七）大力扶持中小企业。

现有支持中小企业发展的专项资金（基金）等向轻工企业倾斜，中央外贸发展基金加大对符合条件的轻工企业巩固和开拓国外市场的支持力度；按照有关规定，对中小型轻工企业实施缓缴社会保险费或降低相关社会保险费率等政策。

（八）加强产业政策引导。

尽快研究制定发酵、粮油、皮革、电池、照明电器、日用玻璃、农膜等产业政策以及准入条件，研究完善重污染企业和落后产能退出机制，适时调整《产业结构调整指导目录》和《外商投资产业指导目录》。环保、土地、信贷、工商登记等相关政策要与产业政策相互衔接配合，充分体现有保有压的调控作用。

（九）鼓励兼并重组和淘汰落后。

认真落实有关兼并重组的政策，在流动资金、债务核定、职工安置等方面给予支持；对于实施兼并重组企业的技术创新、技术改造给予优先支持。各级政府要加大轻工业重点行业淘汰落后产能力度，解决好职工安置、企业转产、债务化解等问题，促进社会和谐稳定。

（十）发挥行业协会作用。

充分发挥行业协会在产业发展、技术进步、标准制定、贸易促进、行业准入和公共服务等方面的作用。建立轻工业经济运行及预测预警信息平台，及时反映行业情况和问题，引导企业落实产业政策，加强行业自律。

五、规划实施

国务院有关部门要按照《规划》分工，尽快制定完善相关政策措施，加强沟通，密切配合，确保《规划》顺利实施。要适时开展《规划》的后评价工作，及时提出评价意见。

各地区要按照《规划》确定的目标、任务和政策措施，结合当地实际抓紧制定具体落实方案，确保取得实效。具体工作方案和实施过程中出现的新情况、新问题要及时报送发展改革委、工业和信息化部等有关部门。

装备制造业调整和振兴规划

装备制造业是为国民经济各行业提供技术装备的战略性产业，产业关联度高、吸纳就业能力强、技术资金密集，是各行业产业升级、技术进步的重要保障和国家综合实力的集中体现。

为应对国际金融危机的影响，落实党中央、国务院关于保增长、扩内需、调结构的总体要求，确保装备制造业平稳发展，加快结构调整，增强自主创新能力，提高自主化水平，推动产业升级，特编制本规划，作为装备制造业综合性应对措施的行动方案。规划期为2009—2011年。

一、装备制造业现状及面临的形势

经过多年发展，我国装备制造业已经形成门类齐全、规模较大、具有一定技术水平的产业体系，成为国民经济的重要支柱产业。特别是《国务院关于加快振兴装备制造业的若干意见》（国发[2006]8号）实施以来，装备制造业发展明显加快，重大技术装备自主化水平显著提高，国际竞争力进一步提升，部分产品技术水平和市场占有率跃居世界前列。我国已经成为装备制造业大国，但产业大而不强、自主创新能力薄弱、基础制造水平落后、低水平重复建设、自主创新产品推广应用困难等问题依然突出。同时，受国际金融危机影响，2008年下半年以来，国内外市场装备需求急剧萎缩，我国装备制造业持续多年的高速增长势头明显趋缓，企业生产经营困难、经济效益下滑，可持续发展面临挑战。

应该看到，我国目前正处于扩大内需、加快基础设施建设和产业转型升级的关键时期，对先进装备有着巨大的市场需求；金融危机加快了世界产业格局的调整，为我国提供了参与产业再分工的机遇，装备制造业发展的基本面没有改变。必须采取有效措施，抓住机遇，加快产业结构调整，推动产业优化升级，加强技术创新，促进装备制造业持续稳定发展，为经济平稳较快发展作出贡献。

二、指导思想、基本原则和目标

（一）指导思想。

全面贯彻落实党的十七大精神，以邓小平理论和“三个代表”重要思想为指导，深入贯彻落实科学发展观，依托国家重点建设工程，大规模开展重大技术装备自主化工作；通过加大技术改造投入，增强企业自主创新能力，大幅度提高基础配套件和基础工艺水平；通过加快企业兼并重组和产品更新换代，促进产业结构优化升级，全面提升产业竞争力，努力推进装备制造业由大到强的转变。

（二）基本原则。

坚持装备自主化与重点建设工程相结合。加强政策支持和市场引导，充分利用实施重点建设工程和调整振兴重点产业形成的市场需求，加快推进装备自主化，保障工程需要，带动产业发展。

坚持自主开发与引进消化吸收相结合。支持企业自主开发新产品，鼓励开展引进消化吸收再创新，引导企业逐步由依赖引进技术向自主创新转变，大力推进技术产业化。

坚持发展整机与提高基础配套水平相结合。努力实现重大技术装备自主化，带动基础配套产品发展。提高基础件技术水平，开发特种原材料，扭转基础配套产品主要依赖进口的局面。

坚持发展企业集团与扶持专业化企业相结合。支持装备制造骨干企业通过兼并重组发展大型综合性企业集团，鼓励主机生产企业由单机制造为主向系统集成为主转变，引导专业化零部件生产企业向“专、精、特”方向发展，形成优势互补、协调发展的产业格局。

（三）规划目标。

1. 产业实现平稳增长。保持装备制造业生产经营稳定，增加值占全国工业增加值的比重逐步上升，为扩大内需、转变发展方式、确保国民经济稳定增长提供保障。

2. 市场份额逐步扩大。提高国产装备质量水平，扩大国内市场，国产装备国内市场满足率稳定在70%左右，巩固出口产品竞争优势，稳定出口市场。

3. 重大装备研制取得突破。全面提高重大装备技术水平，满足国家重大工程建设和重点产业调整振兴需要，百万千瓦级核电设备、新能源发电设备、高速动车组、高档数控机床与基础制造装备等一批重大装备实现自主化。

4. 基础配套水平提高。基础件制造水平得到提高，通用零部件基本满足国内市场需求，关键自动化测控部件填补国内空白，特种原材料实现重点突破。

5. 组织结构优化升级。形成若干家具有国际竞争力的科工贸一体化大型企业集团，形成一批参与国际分工的“专、精、特”专业化零部件生产企业。

6. 增长方式明显转变。生产组织方式和重要生产工艺得到改进，现代制造服务业得到发展，单位工业增加值能耗、物耗和污染物排放显著降低，劳动生产率显著提高，大型企业集团的现代制造服务收入占销售收入比重达到20%以上。

三、产业调整和振兴的主要任务

（一）依托十大领域重点工程，振兴装备制造业。

1. 高效清洁发电。以辽宁红沿河、福建宁德和福清、广东阳江、浙江方家山和三门、山东海阳以及后续核电站建设工程为依托，推进二代改进型、AP1000 核电设备自主化，重点实现压力容器、蒸汽发生器、控制棒驱动机构、核级泵阀、应急柴油机等主要设备的国内制造。以东北、西北、华北北部和沿海地区大型风电场工程为依托，推进风电设备自主化，重点实现变频控制系统、风电轴承、碳纤维叶片等产品的国内制造。进一步提高 70 万千瓦以上水电设备、大型抽水蓄能机组、百万千瓦级超临界/超超临界火电设备、大型燃气机组、垃圾焚烧发电设备等技术装备的性能质量。开发太阳能发电设备。发展大型火电、核电站辅机。

2. 特高压输变电。以特高压交直流输电示范工程为依托，以交流变压器、直流换流变压器、电抗器、电流互感器、电压互感器、全封闭组合电器等为重点，推进 750 千伏、1000 千伏交流和±800 千伏直流输变电设备自主化。

3. 煤矿与金属矿采掘。以平朔东、胜利东二号、白音华、朝阳等十个千万吨级大型露天煤矿，酸刺沟等十个深井煤矿，以及大型金属矿建设为依托，大力发展新型采掘、提升、洗选设备，重点实现电牵引采煤机、液压支架、大型矿用电动轮自卸车、大型露天矿用挖掘机等设备的国内制造。

4. 天然气管道输送和液化储运。以西气东输二线、陕京三线等天然气管道输送工程为依托，发展长距离输送管道燃压机组、大型管线球阀和控制系统等装备；以浙江、江苏、珠海、青岛等液化天然气接收站工程为依托，发展大型液化天然气运输船及接收站等设备。

5. 高速铁路。以在建的京沪、京广、京沈、沪昆等约 1 万公里高速铁路客运专线，以及西部干线铁路、煤运通道建设项目为依托，组织实施铁路交通设备自主化，实现高速动车组、大功率交流传动电力/内燃机车、重载货车、大型养护机械等装备的国内制造。

6. 城市轨道交通。以北京、上海、广州、深圳等 17 个城市近 70 条线路工程项目为依托，重点实施城市轨道交通车辆、信号系统、列车网络控制系统、制动系统、主辅逆变器等机电设备自主化。

7. 农业和农村。以国家新增千亿斤粮食工程为依托，大力发展大功率拖拉机及配套农机具、节能环保中型拖拉机等耕作机械，通用型谷物联合收割机、新型半喂入式水稻联合收割机、高效玉米联合收割机、自走式采棉机等收获机械，免耕播种机，节水型喷灌设备等。适应新农村建设、农业现代化的需要，重点发展农产品精深加工成套设备、灌溉和排涝设备、沼气除料设备、农村安全饮水净化设备等。

8. 基础设施。适应交通、能源、水利、房地产等行业发展需要，以大型隧道全断面掘进机、大型履带吊和全路面起重机、架桥机、沥青混凝土搅拌和再生成套设备等为重点，发展大型、新型施工机械；以空管设备和空管自动化系统、行李和货物高速分拣系统、安检设备与智能化监测系统、航显综合系统及设备、机场信息集成系统及设备等为重点，发展机场专用装备；以大型斗轮堆取料机、翻车机、装卸船机等为重点，发展港口机械。

9. 生态环境和民生。适应环境保护和社会民生需要，大力发展污水污泥处理设备、脱硝脱硫设备、余热余气循环再利用设备、环境在线监测仪器仪表，食品、药品、煤矿瓦斯等安全检测设备，重大事故应急救援设备，数字化医疗设备等。

10. 科技重大专项。加快实施高档数控机床与基础制造装备科技重大专项，重点研发高速精密复合数控金切机床、重型数控金切机床、数控特种加工机床、大型数控成形冲压设备、重型锻压设备、清洁高效铸造设备、新型焊接设备与自动化生产设备、大型清洁热处理与表面处理设备八类主机产品，基本掌握高档数控装置、电机及驱动装置、数控机床功能部件、关键部件等的核心技术。

（二）抓住九大产业重点项目，实施装备自主化。

1. 钢铁产业。以钢铁产业调整和振兴规划确定的工程为依托，以冷热连轧宽带钢成套设备、大型板坯连铸机、彩色涂层钢板生产设备、大型制氧机、大型高炉风机、余热回收装置等为重点，推进大型冶金成套设备自主化。

2. 汽车产业。结合实施汽车产业调整和振兴规划，重点提高汽车冲压、装焊、涂装、总装四大工艺装备水平，实现发动机、变速器、新能源汽车动力模块等关键零部件制造所需装备的自主化。

3. 石化产业。以石化产业调整和振兴规划确定的工程为依托，以千万吨级炼油、百万吨级大型乙烯、对苯二甲酸（PTA）、大化肥、大型煤化工和天然气输送液化储运等成套设备，大型离心压缩机组、大型容积式压缩机组、关键泵阀、反应热交换器、挤压造粒机、大型空分设备、低温泵等为重点，推进石化装备自主化。

4. 船舶工业。结合实施船舶工业调整和振兴规划，重点提高焊接、涂装工艺装备水平，实现船用柴油机、曲轴、推进器、舱室设备、甲板机械等关键零部件制造所需装备的自主化。

5. 轻工业。结合实施轻工业调整和振兴规划，以食品机械、制浆造纸机械、塑料成型机械、制革制鞋机械、光机电一体化缝制机械、包装设备以及食品安全检测设备等为重点，推进轻工机械自主化。

6. 纺织工业。结合实施纺织工业调整和振兴规划，以粗细联、细络联、高速织造设备，非织造成套设备、专用织造成套设备，高效、连续、短流程染整设备等为重点，推进纺织机械自主化。

7. 有色金属产业。结合实施有色金属产业调整和振兴规划，以高精度轧机、大断面及复杂截面挤压机等为重点，推进有色冶金设备自主化。

8. 电子信息产业。结合实施电子信息产业调整和振兴规划，以集成电路关键设备、平板显示器件生产设备、新型元器件生产设备、表面贴装及无铅工艺整机装联设备、电子专用设备仪器及工模具等为重点，推进电子信息装备自主化。

9. 国防军工。结合国防军工发展需要，以航空、航天、舰船、兵器、核工业等需要的关键技术装备，以及试验、检测设备为重点，推进国防军工装备自主化。发挥军工技术优势，促进军民结合。

（三）提升四大配套产品制造水平，夯实产业发展基础。

1. 大型铸锻件。重点发展大型核电设备铸锻件，百万千瓦级超临界/超超临界火电机组铸锻件，70 万千瓦以上等级大型混流式水轮机组铸锻件，石化、煤化工重型容器锻件，冷热连轧机铸锻件，大型船用曲轴、螺旋桨轴锻件，大型轴承圈锻件等。

2. 基础部件。重点发展大功率电力电子元件、功能模块，大型、精密轴承，高精度齿轮传动装置，高强度紧固件，高压柱塞泵/电动机、液压阀、液压电子控制器、液力变速箱，气动元件，轴承密封系统、橡塑密封件等。加快发展工业自动化控制系统及仪器仪表、中高档传感器等。

3. 加工辅具。重点发展大型精密型腔模具、精密冲压模具、高档模具标准件，高效、高性能、精密复杂刀具，高精度、智能化、数字化量仪，高档精密磨料磨具等。

4. 特种原材料。重点发展耐高温、耐高压、耐腐蚀电站用钢（钢管），大型变压器用高磁感取向硅钢，高压、特高压输变电设备用绝缘材料，高速列车转向架、轮对用特种钢，飞机用高档铝型材，轴承、齿轮、模具、量具、刃具、高强度紧固件用特种钢，机床滚珠丝杠和直线导轨专用钢材，高耐磨钢，高强度、耐高温、低磨损、长寿命复合密封材料等。

（四）推进七项重点工作，转变产业发展方式。

1. 加快产业组织结构调整。重点支持装备制造骨干企业跨行业、跨地区、跨所有制重组，逐步形成具有工程总承包、系统集成、国际贸易和融资能力的大型企业集团。加大对重点基础配套企业的投入力度，引导民营资本和外资投向基础零部件、加工辅具等领域，发展一批高起点、大规模、专业化企业，健全产业配套体系。

2. 增强自主创新能力。加大科研投入力度，集中攻克一批长期困扰产业发展的共性技术。加快建设一批带动性强的国家级工程研究中心、工程技术研究中心、工程实验室等，提升企业产品开发、制造、试验、检测能力。推进以企业为主体的产学研结合，鼓励科研院所走进企业，支持企业培养壮大研发队伍。

3. 提高专业化生产水平。改进企业生产组织方式，合理配置资源，整合区域内铸造、锻造、热处理、表面处理四大基础工艺能力，建设专业化生产中心。加大技术改造投入力度，推广先进制造技术和清洁生产方式，提高材料利用率和生产效率，降低能耗，减少污染物排放。

4. 加快完善产品标准体系。加快制（修）订装备产品技术标准，提高标准水平，促进新技术、新工艺、新设备、新材料的推广应用，淘汰落后产品。跟踪国际先进技术发展趋势，注重与国际标准接轨，积极参与国际标准制（修）订工作，促进自主创新产品进入国际市场。

5. 利用境外资源和市场。充分吸收借鉴境外先进管理经验，有选择地引进先进技术，为海外专业技术人才回国工作创造良好条件，提高我国装备制造业技术水平。支持有条件的企业兼并重组境外企业和研发机构。稳定和扩大装备产品出口，提高出口产品技术含量、附加值和成套水平。

6. 发展现代制造服务业。围绕产业转型升级，支持装备制造骨干企业在工程承包、系统集成、设备租赁、提供解决方案、再制造等方面开展增值服务，逐步实现由生产型制造向服务型制造转变。鼓励有条件的企业，延伸扩展研发、设计、信息化服务等业务，为其他企业提供社会化服务。

7. 加强企业管理和人才队伍建设。引导装备制造企业加快改革步伐，优化产权结构，转换经营机制，建立现代企业制度，加强企业管理，全面提高科学决策和生产、经营水平，增强参与国际竞争和防范市场风险的能力。改进企业生产组织方式，加强产品质量管理，落实各项安全生产措施，提高生产效率和产品质量。加强人才队伍建设，重点引进和培养创新型研发设计人才、开拓型经营管理人才、高级技能人才等专业人才，强化职工培训，提高职工队伍素质，满足企业可持续发展需要。

四、政策措施

（一）发挥增值税转型政策的作用。

充分发挥增值税转型政策对企业技术进步的促进作用，鼓励企业加大技术改造力度，加快装备更新，调整产品结构，推动企业技术进步。

（二）加强投资项目的设备采购管理。

中央预算内投资项目要支持自主创新的技术装备。项目申报文件中须附有设备采购清单，项目咨询评估阶段需对设备采购方案进行评估，项目实施阶段要加强对设备招投标的监督和指导，确保自主创新设备采购方案的落实。

（三）鼓励使用国产首台（套）装备。

建立使用国产首台（套）装备的风险补偿机制。鼓励保险公司开展国产首台（套）重大技术装备保险业务。

（四）加大技术进步和技术改造投资力度。

制定《装备制造业技术进步和技术改造项目及产品目录》，支持使用国产首台（套）重大技术装备，支持目录内装备的自主化、节能节材减排改造、企业兼并重组后内部资源整合、区域性四大基础工艺中心建设、发展现代制造服务业等。

（五）支持装备产品出口。

完善出口退税政策，适当提高部分高技术、高附加值装备产品的出口退税率。鼓励金融机构增加出口信贷资金投放，支持国内企业承揽国外重大工程，带动成套设备和施工机械出口。

（六）调整税收优惠政策。

鼓励开展引进消化吸收再创新，对生产国家支持发展的重大技术装备和产品，确有必要进口的关键部件及原材料，免征关税和进口环节增值税。在对铸件、锻件、模具、数控机床产品增值税实行先征后返的政策到期后，研究制定新的税收扶持政策，调整政策适用范围，引导发展高技术、高附加值产品。

（七）推进企业兼并重组。

制定鼓励境内企业跨地区、跨行业、跨所有制重组的政策措施，妥善解决富余人员安置、债务核定与处置、财税利益分配等问题；对重组企业发行股票、企业债券、公司债券、中长期票据、短期融资券以及申请贷款等予以支持；对境内企业并购境外制造企业和研发机构，可给予相关项目贷款贴息支持。鼓励金融机构在风险可控的条件下开展境内外并购贷款业务。

（八）落实节能产品补贴和农机具购置补贴政策。

用好节能产品补贴资金，对购买高效节能装备产品的终端用户给予补贴，2009 年先行开展对高效电机推广应用的补贴。抓紧落实好农机具购置补贴政策，及早兑现到户。

（九）建立产业信息披露制度。

适时向社会发布产业政策导向、项目核准、企业重组、产能利用、进出口、生产销售库存等信息，为企业投资决策、银行贷款、土地预审等提供信息指导。

（十）支持产品检验检测和认证机构建设。

加强产品质量检验检测能力建设，提高质量检测水平。建设高速铁路、城市轨道交通等新型装备产品检验检测和认证机构，完善国家强制性产品认证体系。

五、规划实施

国务院有关部门要根据《规划》分工，尽快制定完善相关政策措施，密切配合，形成合力，确保《规划》顺利实施。要适时开展《规划》的后评价工作，及时提出评价意见。

各地区要按照《规划》确定的目标、任务和政策措施，结合当地实际抓紧制定具体落实方案，确保取得实效。具体工作方案和实施过程中出现的新情况、新问题要及时报送发展改革委、工业和信息化部等有关部门。

有色金属产业调整和振兴规划

有色金属产业是重要的基础原材料产业，产品种类多、应用领域广、产业关联度高，在经济建设、国防建设、社会发展以及稳定就业等方面发挥着重要作用。为应对国际金融危机的影响，落实党中央、国务院关于保增长、扩内需、调结构的总体要求，确保有色金属产业平稳运行，加快产业结构调整，推动产业升级，特编制本规划，作为有色金属产业综合性应对措施的行动方案。规划期为2009—2011年。

一、有色金属产业现状及面临的形势

进入21世纪以来，我国有色金属产业迅速发展，在技术进步、改善品种质量、淘汰落后产能、开发利用境外资源方面取得明显成效，生产和消费规模不断扩大，已成为全球最大的有色金属生产和消费国。2008年，全国十种有色金属总产量2520万吨，总消费量2517万吨；其中铜、铝、铅、锌、镍总产量分别占全球产量的20%、32.7%、37.8%、33%、9.5%，总消费量分别占全球消费量的27.2%、32%、35.7%、31.7%、23.5%。规模以上企业完成工业增加值5766亿元，占全国GDP的1.9%，直接从事有色金属生产的就业人数300万人。

2008年下半年以来，随着国际金融危机对实体经济的影响不断加深，我国有色金属产业受到较大冲击，产品价格大幅下跌，产量不断下降，国内消费疲软，企业流动资金紧张，行业全面亏损，产业平稳发展面临严峻挑战。同时，我国有色金属产业存在的深层次矛盾仍很突出，部分产品产能过剩，产业布局亟待调整，产业集约化程度低，资源保障程度不高，自主创新能力不强，再生利用水平较低，淘汰落后产能任务艰巨。

应该看到，有色金属产业在经历了多年的高速增长之后，客观上必然要进行一次大的调整。现阶段，有色金属产业在我国实现城镇化、工业化、信息化中的重要作用没有改变，作为现代高新技术产业发展关键支撑材料的地位没有改变，产业发展的基本面没有改变。要充分利用当前的有利时机，加快淘汰落后产能，推动企业兼并重组，提高工艺技术水平和关键材料加工能力，促进增长方式转变，实现产业结构优化升级。同时，引导企业“走出去”，积极利用境外矿产资源。

二、指导思想、基本原则和目标

（一）指导思想。

全面贯彻落实党的十七大精神，以邓小平理论和“三个代表”重要思想为指导，深入贯彻落实科学发展观，按照保增长、扩内需、调结构的总体要求，采取综合措施，稳定和扩大国内市场；以控制总量、淘汰落后产能、加强技术改造、推进企业重组为重点，推动有色金属产业结构调整和优化升级；充分利用境内外两种资源，着力抓好再生利用，大力发展循环经济，提高资源保障能力，促进有色金属产业可持续发展。

（二）基本原则。

坚持应对危机与产业振兴相结合。着力解决当前有色金属产业当前面临的困难，保市场稳定，保先进生产力，保重点企业，保主要品种，促进产业平稳运行；利用市场机制，充分发挥各种有利因素的作用，加快产业结构调整，提高产业竞争力。

坚持控制总量与优化布局相结合。根据能源、资源、环境、市场等条件，严格控制产能扩张，加快淘汰落后产能，推动上下游企业重组，支持在具有资源、能源优势的中西部地区发展深加工，优化产业布局。

坚持自主创新与技术改造相结合。加快关键技术由引进向消化吸收再创新转变，由注重单项技术研究开发向集成创新转变。积极采用先进适用技术，加快技术改造，提高工艺装备水平和产品质量，增加产品品种，降低资源和能源消耗。

坚持企业重组与体制创新相结合。加强体制创新，消除影响企业重组的体制性障碍，为推动有色金属企业集团化发展和实现跨地区、跨行业的重组创造良好的体制环境。

坚持资源开发与节约利用相结合。合理开发利用国内有色金属资源，注重开发国内市场，控制初级产品出口，鼓励深加工产品出口，支持企业“走出去”，大力发展循环经济，提高资源再生利用水平，加强资源节约和综合利用。

（三）规划目标。

力争有色金属产业 2009 年保持稳定运行，到 2011 年步入良性发展轨道，产业结构进一步优化，增长方式明显转变，技术创新能力显著提高，为实现有色金属产业可持续发展奠定基础。

1. 生产恢复正常水平。2009 年，采取综合措施稳定市场需求和生产运行，企业生产经营状况好转，主要财务指标明显改善。

2. 按期淘汰落后产能。2009 年，淘汰落后铜冶炼产能 30 万吨、铅冶炼产能 60 万吨、锌冶炼产能 40 万吨。到 2010 年底，淘汰落后小预焙槽电解铝产能 80 万吨。

3. 节能减排取得积极成效。重点骨干电解铝厂吨铝直流电耗下降到 12500 千瓦时以下，粗铅冶炼综合能耗低于每吨 380 千克标准煤、硫利用率达到 97%以上，余热基本 100%回收利用，废渣 100%无害化处置。每年节能约 170 万吨标准煤，节电约 60 亿千瓦时，减少二氧化硫排放约 85 万吨。

4. 企业重组取得进展。形成 3～5 个具有较强实力的综合性企业集团，到 2011 年，国内排名前十位的铜、铝、铅、锌企业的产量占全国总产量的比重分别提高到 90%、70%、60%、60%。

5. 创新能力明显增强。力争在关键工艺技术、节能减排技术，以及高端产品研发、生产和应用技术等方面取得突破，推动产业技术进步，提高产品质量，优化品种结构。采用富氧底吹等先进技术的铅冶炼能力达 70%，框架材料、无氧铜材、中厚板等高档铜、铝深加工产品基本能够满足国内需求。

6. 资源保障能力进一步提高。2011 年，铜、铝、镍原料保障能力分别提高到 40%、56%、38%；加强煤铝共生矿资源开发利用，形成 100 万吨氧化铝生产规模；再生铜、再生铝占铜、铝产量的比例分别提高到 35%、25%，比 2008 年分别提高 6 个和 4 个百分点。

三、产业调整和振兴的主要任务

（一）稳定国内市场，改善出口环境。

积极落实国家扩大内需措施，改善产品结构，增加有效供给，满足电力、交通、建筑、机械、轻工等下游行业对有色金属产品的需求。适应航空航天、国防军工、高新技术等领域的需要，大力开发新产品和新材料，培育新的消费增长点，稳定和扩大国内市场。

在继续严格控制“两高一资”产品出口的同时，实施适度灵活的出口税收政策，支持技术含量和附加值高的深加工产品出口。对符合铜冶炼行业准入条件的大型铜冶炼企业开展加工贸易试点。加快转变出口方式，鼓励出口机械装备、运输工具、电子电器、仪器仪表等终端产品，带动有色金属间接出口。积极应对国外反倾销等贸易摩擦。

（二）严格控制总量，加快淘汰落后产能。

严格执行国家产业政策，今后三年原则上不再核准新建、改扩建电解铝项目。严格执行准入标准和备案制，严格控制铜、铅、锌、钛、镁新增产能。按期完成淘汰反射炉及鼓风炉炼铜产能、烧结锅炼铅产能、落后锌冶炼产能和落后小预焙槽电解铝产能。逐步淘汰能耗高、污染重的落后烧结机铅冶炼产能。

（三）加强技术改造，推动技术进步。

实施技术改造和技术研发专项，重点支持符合国家产业政策并按规定核准或备案建设的骨干企业，以及国防军工、航空航天、电子信息关键材料生产企业。加强对铜铅锌冶炼短流程工艺、共伴生矿高效利用、尾矿和赤泥综合利用，高性能专用铜铝材生产工艺，再生金属保持性能，吨铝直流电耗低于 12000 千瓦时的电解铝关键工艺等前沿共性技术的研发。支持填补国内空白、满足国民经济重点领域需要的高精尖深加工项目。采用先进适用的冶炼技术改造和淘汰落后产能，提高工艺装备水平。

（四）促进企业重组，调整产业布局。

鼓励有实力的铜、铝、铅锌等企业以多种方式进行重组，实现规模化、集团化，提高产业竞争力。支持大型骨干企业实施跨地区兼并重组、区域内重组和企业集团之间的重组；支持铝企业与煤炭、电力企业进行跨行业的重组；鼓励再生金属企业间重组。

严格控制资源、能源和环境容量不具备条件地区的有色金属产能；在能源丰富的中西部，特别是具有水电优势的地区，推进铝电联营方式；在资源、能源和环境容量好的地区经核准建设的铝工业基地，要延伸产业链，发展高水平深加工，增强竞争力。抓紧实施汶川地震灾区重建生产力布局和产业调整专项规划确定的有色金属项目。

（五）开发境内外资源，增强资源保障能力。

加大国内短缺的有色金属资源地质勘探力度，增加资源储量及矿产地储备。鼓励大型有色金属企业投资矿山勘探与开发，提高资源自给率。

加大境外资源开发力度，支持具备条件的企业到境外独资或合资办矿。引导企业遵守所在国的法律法规，尊重所在国的文化传统和生活习惯，履行必要的社会责任，促进当地就业和经济社会发展，实现互利共赢。组织实施好有关境外投资项目。

（六）发展循环经济，搞好再生利用。

支持采用先进适用工艺技术，开发利用铜、铅锌低品位矿、共伴生矿、难选冶矿、尾矿和熔炼渣等，提高资源综合利用水平；制定煤铝共生资源利用专项规划，抓好高铝粉煤灰利用示范工程；搞好铜、铅、锌冶炼余热利用；推广废渣、赤泥等固体废弃物的应用，实现生产“零排放”。

加快建设覆盖全社会的有色金属再生利用体系，支持具备条件的地区建设有色金属回收交易市场、拆解市场。支持有条件的企业采用高效、低耗、低污染的工艺装备，建设若干年产 30 万吨以上的再生铜、铝等生产线，促进资源化利用上规模、技术上水平、产品上档次，减少矿产资源消耗。

（七）加强企业管理和安全监管，注重人才培养。

有色金属企业要加快建立现代企业制度，完善公司治理结构，严格执行产业政策；增强对市场的预见和判断能力，增强风险防范意识，增强国际竞争能力；加快推进管理创新，加强质量管理，强化安全生产监管，切实落实安全生产责任制，健全管理制度和安全操作规范；加强节能管理和成本管理；加强企业文化和人才队伍建设，注重培养高素质的经营管理和技术人才，促进企业持续健康发展。

四、政策措施

（一）完善出口税收政策。

在继续控制“两高一资”产品出口的同时，进一步调整有色金属产品出口退税率结构，研究适当调整技术含量高、高附加值产品的出口退税率。

（二）抓紧建立国家收储机制。

根据形势需要，研究进一步扩大有色金属国家收储规模的方案，抓紧建立和完善国家收储机制。

（三）加大技术进步及技术改造投入。

在新增中央投资中安排专项资金，以贷款贴息形式支持有色金属产业技术研发和技术改造。加大节能技术改造财政奖励支持力度，鼓励、引导企业积极推进节能技术改造。

（四）推进直购电试点。

抓紧推进直购电试点，重点支持符合国家环保、土地法律法规以及投资管理规定，有利于产业结构调整的骨干电解铝企业降低生产成本，增强企业活力。根据情况，逐步扩大直购电试点企业范围。

（五）完善企业重组政策。

进一步完善政策措施，妥善解决人员安置、企业资产划转、债务核定与处置、财税利益分配等问题，推进企业重组，完善公司治理结构，提高企业管理水平。对大型企业跨省区联合重组的技术进步和技术改造项目给予优先支持。

（六）支持企业“走出去”。

支持骨干企业通过多种方式，按照互利共赢原则，加强国际合作，提高资源保障能力；简化境外项目审批程序，完善信贷、外汇、保险、财税、人员出入境等政策措施；加强境外资产的经营管理，切实防范和化解风险；严格境外资源开发企业准入条件，对符合准入条件的骨干企业，在境外资源开发项目的资本金注入、外汇使用等方面给予支持。

（七）修订完善产业政策。

根据产业发展状况，修订完善《产业结构调整指导目录》及相关产业发展政策，重点提高技术装备、能耗、水耗、污染物排放、资源利用率等准入条件，严格用地标准，制定深加工产品分类细则等。

（八）合理配置资源。

进一步规范矿权市场，制定矿权人资质条件，提高矿权市场准入标准。明确矿山资源配置的具体要求，大型矿区要列入国家矿产资源开发规划，优先配置给重点骨干企业，确保矿产资源的合理、集约、高效利用。

（九）继续实施有保有压的融资政策。

加大对有色金属骨干企业的融资支持力度，对符合产业政策与环保、土地法律法规以及投资管理规定的项目，以及实施并购、重组、“走出去”和技术改造的企业，在发行股票、企业债券、公司债券以及银行贷款等方面给予支持。对违法违规建设、越权审批的项目和产能落后企业，继续实施限制融资等措施。

（十）严格执行节能减排淘汰落后产能问责制。

进一步研究完善落后产能退出机制，妥善解决好职工安置、企业转产、债务化解等问题，促进社会和谐稳定。严格执行节能减排淘汰落后产能问责制，对未完成节能减排、淘汰落后产能任务的地区，暂停投资项目的核准和审批。地方各级政府要对限期淘汰的落后装备严格监管，禁止擅自扩容改造和异地转移。对擅自扩容改造或异地转移落后装备的，金融机构不提供任何形式的信贷支持，国土资源部门不予办理用地手续。

（十一）建立产业信息的交流和披露制度。

建立部门联合信息发布制度，适时向社会发布有色金属产业政策、项目核准、生产销售库存、产能利用、淘汰落后产能、企业重组、污染排放、贷款、产业损害预警等信息，为企业投资决策提供信息服务。

（十二）发挥行业协会（商会）作用。

充分发挥行业协会（商会）的桥梁和纽带作用，及时反映行业存在的问题与企业诉求，积极为企业提供服务，引导企业落实国家产业政策，推广运用先进适用技术，加强行业自律，维护市场秩序，提高行业整体素质。

五、规划实施

国务院各有关部门要按照《规划》分工，加强沟通协商，密切配合，尽快制定完善各项政策措施，并加强指导和监督检查。有关部门要适时开展《规划》的后评价工作，及时提出评价意见。

各地区要按照《规划》确定的目标、任务和政策措施，结合当地实际抓紧制定具体落实方案，确保取得实效。具体工作方案和实施过程中出现的新情况、新问题及时报送发展改革委、工业和信息化部等有关部门。

纺织工业调整和振兴规划

纺织工业是我国国民经济的传统支柱产业和重要的民生产业，也是国际竞争优势明显的产业，在繁荣市场、扩大出口、吸纳就业、增加农民收入、促进城镇化发展等方面发挥着重要作用。

为应对国际金融危机的影响，落实党中央、国务院关于保增长、扩内需、调结构的总体要求，确保纺织工业稳定发展，加快结构调整，推动产业升级，特编制本规划，作为纺织工业综合性应对措施的行动方案，规划期为2009—2011年。

一、纺织工业现状及面临的形势

进入21世纪以来，我国纺织工业快速发展，形成了从上游纤维原料加工到服装、家用、产业用终端产品制造不断完善的产业体系。生产持续较快增长，产品出口大幅增加，结构调整取得进展，对就业和惠农的贡献突出。2007年，纺织工业实现工业增加值8 126亿元，占全部工业增加值的6.9%，占全国GDP的3.3%。纺织工业约30%的产品销往国际市场，国际市场占有率连续十余年位居全球首位；2007年纺织品服装出口总额1 756亿美元，比2000年增长2.3倍，年均增长18.7%，占全国出口总额的14.4%，占国际纺织品服装贸易额的30%。产品应用范围已扩大到航空、航天、水利、农业、交通、医疗等众多领域。全行业吸纳就业人数超过2 000万人，其中80%为农民工；消化农业提供的棉、毛、麻、丝天然纤维近1 000万吨，惠及1亿农民。我国已经成为世界纺织服装生产大国。但是，纺织工业在快速发展的过程中，长期积累的矛盾和问题也日渐凸显。主要表现在：自主创新能力薄弱，高技术、功能性纤维和复合材料开发滞后，高性能纺织机械装备主要依靠进口；产业布局不尽合理，纺织工业能力的80%集中在沿海地区，出口市场近50%集中在欧盟、美国和日本，尚未形成多元化格局；节能减排任务艰巨，纺织工业能耗、水耗、废水排放量分别占全国工业总能耗、总水耗、总废水排放量的4.3%、8.5%和10%；产能规模盲目扩张，部分行业产能过剩。2008年下半年以来，国际金融危机对我国纺织工业造成严重影响，市场供求失衡，企业经营困难、亏损增加，吸纳就业人数下降，我国纺织工业陷入多年未见的困境。

应该看到，我国纺织工业具备较强的适应能力，产品在国际市场具有比较优势，国内市场需求还有很大潜力，纺织工业发展仍具有广阔的市场空间。必须采取有效措施，稳定国内外市场，提高自主创新能力，淘汰落后产能，优化产业布局，加快自主品牌建设，促进纺织工业持续健康运行，为经济平稳较快发展作出贡献。

二、指导思想、基本原则与目标

（一）指导思想。

全面贯彻落实党的十七大精神，以邓小平理论和“三个代表”重要思想为指导，深入贯彻落实科学发展观，按照保增长、扩内需、调结构的总体要求，稳定纺织工业国际市场份额，扩大国内市场消费需求，以自主创新、技术改造、淘汰落后、优化布局为重点，推动纺织工业结构调整和产业升级，巩固和加强纺织工业就业惠农的支撑地位，推进我国纺织工业实现由大到强的转变。

（二）基本原则。

坚持开拓国际市场与扩大内需相结合。统筹兼顾国际、国内两个市场，采取综合措施，在巩固和开拓国际市场、保持出口份额基本稳定的同时，努力培育和扩大国内消费需求。

坚持扶持骨干企业与带动中小企业相结合。发挥骨干优势企业在产业调整和振兴中的带动作用，支持优势企业兼并重组、做大做强，积极帮助中小企业应对危机，增强具有良好业绩和发展潜质的中小企业抵御风险的能力。

坚持自主创新、技术改造与淘汰落后相结合。抓住对行业科技进步带动明显的关键环节和重要领域，加快技术研发及产业化步伐，推动棉纺、印染、化纤、针织等行业的技术改造，加快淘汰落后工艺和产能。

坚持发挥市场机制作用与加强政策引导相结合。充分发挥市场配置资源的基础性作用，促进产业结构调整和企业加强管理，实现优胜劣汰。加强政策支持和引导，保持行业稳定发展，推动产业结构优化升级。

（三）规划目标。

2009—2011 年，纺织工业生产保持平稳增长，产业结构进一步优化，自主创新能力、技术装备水平、品种质量有明显提高，产业布局趋于合理，自主品牌建设取得较大突破，落后产能逐步退出，由纺织大国向纺织强国转变迈出实质性步伐。

1. 总量保持稳定增长。到 2011 年，规模以上企业实现工业增加值 12 000 亿元，年均增长 10%；出口总额 2 400 亿美元，年均增长 8%。

2. 产业结构明显优化。纤维加工量过快增长的态势得到明显控制。服装、家用、产业用三大终端产品纤维消耗比例调整至 49∶32∶19；中西部纺织工业产值所占比重提高到 20%左右。培育 100 家左右具有较强影响力的自主知名品牌企业，自主品牌产品出口比重提高到 20%。

3. 科技支撑力显著提高。高新技术产品的产业化及应用取得显著进展，具有国际先进水平的纺织技术装备比重提高到 50%左右，新产品产值率不断提高，全行业劳动生产率年均提高 10%。

4. 节能减排取得明显成效。全行业实现单位增加值能耗年均降低 5%、水耗年均降低 7%、废水排放量年均降低 7%。

5. 淘汰落后取得实质性进展。到 2011 年，淘汰 75 亿米高能耗、高水耗、技术水平低的印染能力，淘汰 230 万吨化纤落后产能，加速淘汰棉纺、毛纺落后产能。

三、产业调整和振兴的主要任务

（一）稳定国内外市场。

1. 稳定和开拓出口市场。在不违反 WTO 规则的前提下，实施灵活的出口税收政策，积极应对贸易摩擦，稳定纺织品国际市场份额。实施出口市场多元化战略，积极开拓新兴市场，培育新的增长点；鼓励有实力的纺织企业“走出去”，在具有相对优势的国家和地区投资设厂；鼓励企业在主销市场设立物流中心和分销中心；下大力气打造国际知名品牌，在全球范围内实现销售、研发、生产各个环节的优化配置，提高我国纺织工业在全球价值链中的地位。

2. 促进国内纺织品服装消费。引导纺织企业大力开发新产品，满足不同消费者需求；优化和创新商业模式，加强营销网络建设，减少流通环节；积极开拓农村市场，增加对边远乡村的销售，便利农民消费。

3. 扩大国内产业用纺织品的应用。结合实施扩大内需促进经济增长的政策措施，通过完善相关标准规范，促进产业用纺织品在水利、交通、建筑、新能源、农业、环保和医疗等领域的应用。

（二）提高自主创新能力。

1. 推进高新技术纤维产业化和应用。加速实现高性能碳纤维、芳纶、聚苯硫醚、超高分子量聚乙烯、玄武岩纤维、聚酰亚胺、新型聚酯等高新技术纤维和复合材料的产业化，总产量由目前的 7 万吨提高到 14 万吨。充分利用农产品、农作物废弃物和竹、速生林等资源，实现可降解、可再生生物质纤维及综合开发利用的产业化，溶剂法纤维素纤维实现万吨级产业化，生物法生产多元醇实现千吨级产业化，生物质纤维素纤维比例由目前的 6.3%提高到 8%。

2. 加快产业用纺织品的开发应用。加快推进产业用纺织品新产品的开发和产业化，满足水利、交通、建筑、新能源、农业、环保和医疗等新领域的需求。重点发展以宽幅高强工艺技术为主的土工格栅、土工布、防水卷材等多功能复合材料，高端土工布材料国内市场占有率由 20%提高到 50%；加快推进针刺、水刺、纺粘等先进工艺和高性能纤维在环保过滤用纺织材料生产上的应用，新材料比重由 20%提高到 50%；支持多功能篷盖材料、膜结构材料等轻量化特殊装饰用纺织材料的开发应用；支持采用高性能纤维开发风力发电机叶片、航空和航天器预制件等高性能增强复合材料，年产量达到 5 000 万平方米；开发节水灌溉、储水材料和缓释包装材料等农用纺织材料；加快手术衣、隔离服、仿生器官等医用纺织材料及制品的开发和应用；推广纺粘、熔喷、水刺及其复合非织造工艺技术，突破“三抗”（抗微生物、抗血液、抗酒精）手术衣、隔离服等科技攻关项目的产业化难题。

3. 提高纺织装备自主化水平。通过加强自主研发和引进消化国际先进技术，实现具有自主知识产权的新型纺织机械技术的重大突破，加快纺织机械技术装备自主化。国产纺织机械市场占有率由目前的 60%提高到 70%。一是提高传统纺织关键整机的技术水平；二是加快产业用纺织品机械开发和产业化；三是加强高效、连续、短流程等节能减排染整设备和能源、资源回收利用技术的研发和应用；四是以提高专用基础件、配套件可靠性为切入点，加大纺织机械专用基础件、配套件的研发和产业化力度。

4. 加强标准化体系建设。尽快制定碳纤维等高性能纤维、生态纺织品、功能性纺织品和新型成套装备的产业技术标准；制定和完善航空、航天、水利、农业、交通、建筑、新能源、环保和医疗等领域产业用纺织品的标准和使用规范；修订和完善纺织工业资源节约和综合利用标准，建立和完善进出口产品检验检测体系。

（三）加快实施技术改造。

以技术改造为抓手，采用先进适用技术改造传统产业，提高纺织行业生产效率，改善产品结构，增强市场有效供给能力。

1. 纺纱织造行业。推行原料精细化、仪器化检测，提高企业电子配棉能力；推广高档精梳纱线、多种纤维混纺纱线和差别化、功能化化纤混纺、交织针织、机织面料的生产工艺；加大高支毛精纺面料、半精纺面料以及真丝、麻类高附加值产品开发力度；大力提高无卷、无接头纱、无梭布、精梳纱产品的比重，形成一批品牌效应好、市场占有率高的优质产品，进一步缩小与世界先进水平的差距。

2. 印染行业。以现代电子信息技术、自动化技术、生物技术为手段，推广高效短流程、无水或少水印染技术和设备，提高生产自动控制水平。重点解决印染行业自动化程度低、能耗和水耗高、环境污染严重等问题，增加新产品和高附加值产品的开发生产。企业单位增加值能耗降低 10%以上，中水回用率达到 35%以上；新型纤维面料、功能整理产品等高档产品比重由目前的 20%提高到 30%左右。

3. 化纤行业。采用先进适用技术提升传统化纤工艺、装备及生产控制水平，实现聚酯、涤纶、粘胶、锦纶、腈纶等产品柔性化、多样化、高效生产，提高产品附加值。加快多功能、差别化纤维的研发和纺织产品一条龙的应用开发，化纤差别化率由目前的 36%提高到 50%左右。

（四）淘汰落后产能。

进一步加大对高能耗、高污染等落后生产工艺和设备的淘汰力度。棉纺行业重点淘汰建国前生产的以及所有“1”字头纺纱和织造设备，A512 型、A513 型系列细纱机；毛纺行业重点淘汰 B250 型毛精纺机、H212 型毛织机等落后设备；印染行业重点淘汰 74 型染整生产线、落后型号的平网印花机、热熔染色机、热风布铗拉幅机、短环烘燥定型机及其他高能耗、高水耗的落后生产工艺设备；化纤行业重点淘汰 R531 型酸性老式粘胶纺丝机、湿法氨纶生产工艺，限制使用 2 万吨/年以下粘胶生产线、二甲基甲酰胺（DMF）溶剂法腈纶和氨纶生产工艺、涤纶长丝锭轴长 900 mm 以下的半自动卷绕装置及间歇法聚合聚酯生产工艺设备。

（五）优化区域布局。

东部沿海纺织工业发达地区充分利用技术、资金、研发、品牌、营销渠道的优势，跟踪国际最新技术和产品，重点发展技术含量高、附加值高、资源消耗低的纺织行业和产品。鼓励中西部地区发挥资源优势，积极承接产业转移，发展纺织服装加工基地，形成东中西部优势互补的区域布局，严防低水平产能的转移和扩张。加强内地与新疆的合作，建设优质棉纱、棉布和棉纺织品生产基地。支持大企业集团将其产业链的一端移入新疆发展，构建跨区域上下游紧密联系、协同发展的产业链，把新疆建成依托内地面向中亚乃至欧洲的纺织品服装出口加工基地和区域性国际商贸中心。

继续推进和深化“东桑西移”。重点巩固提高现有200个中西部地区蚕桑生产基地，推广规模化、标准化种桑养蚕模式；延伸中西部地区缫丝、织绸产业链，提高企业加工水平。在全国发展 50 家以“公司加农户”为主要形式、具备自主创新能力和自主品牌的丝绸企业。

（六）完善公共服务体系。

建立纺织重点行业和企业运行情况、质量等跟踪监测制度，加强产业信息平台与预警机制建设；建立出口纺织产品国内外技术法规、标准和管理服务体系，以及产品质量安全通报、退货核查等应急处理系统；建设 30 个面向中小企业、功能完善、服务能力较强的公共服务平台，提供信息咨询、产品设计开发、社会责任推广、市场开拓、人才培训等方面的服务；加快产品质量检测体系建设，提升实验室和装备水平，完善检测标准和手段。大力推动企业信息化建设，推广适合化纤、纺织、印染和服装等重点行业特点的企业资源计划（ERP）管理系统、电子商务系统等。

（七）加快自主品牌建设。

实施自主品牌建设工程，培育形成若干个具有国际影响力的自主知名品牌，提高纺织服装自有品牌出口比重 10 个百分点，提升我国纺织业在全球产业分工中的地位。以服装、家用等终端产品自主品牌建设为突破口，选择 100 家左右具有自主知识产权的优势品牌企业，加强技术进步，提高质量水平，建设和完善设计创意中心、技术研发中心、品牌推广中心，提高信息化管理水平和市场快速反应能力。支持优势品牌企业跨地区兼并重组、加强产业整合，提高产业集中度，增强品牌企业的市场控制力。

鼓励和引导品牌企业“走出去”，通过收购、入股等形式进行境外投资、品牌收购、设立境外合作区、设置销售网络等，建立为扩大自主品牌产品出口提供信息、政策、贸易等服务的咨询机构。建立和推行生态纺织品认证制度。积极开展与主要贸易伙伴间的多层面交流与合作，建立检测、认证结果的互认机制。

（八）提升企业竞争实力。

纺织企业要从自身实际出发，抓住产业调整和振兴的机遇，深化企业改革，加快现代企业制度建设步伐，完善公司治理结构，不断提升企业管理和科学决策水平，提高核心竞争能力；加强企业自律，强化质量管理，落实安全生产措施；加大产品研发和技术进步投入，增强新技术产品、高附加值产品的开发能力和生产能力，进一步提高产品的档次和水平；把握国内外市场形势变化，努力开发适销对路产品，提高对市场需求的快速反应能力，使产品开发、品牌培育与市场紧密结合；坚决淘汰高能耗、高污染、低效率的落后生产能力，加强节能管理和成本管理；优势企业可利用自身规模、技术和品牌优势，通过兼并重组进一步做大做强；坚持以人为本，做好员工培训，全面履行社会责任，建立和谐企业。

四、政策措施及保障条件

（一）继续提高纺织品服装出口退税率。认真落实提高部分轻纺产品出口退税率的政策措施；加快出口退税进度，确保及时足额退税。

（二）加大棉花、厂丝收购力度。为保护棉农、蚕农利益，通过增加中央储备或其他办法，加大棉花、厂丝收购力度。

（三）加大技术进步和技术改造投资力度。支持企业技术进步和技术改造，重点支持高新技术纤维产业化及应用、产业用纺织品开发应用、新型纺织装备自主化，支持纺纱织造、印染、化纤等行业的技术改造，以及自主品牌建设等。

（四）进一步扩大国内消费。优化商业环境，扩大营销网络，减少流通费用，制定加快推进我国服装自主品牌建设的指导意见，推进名品进名店、名牌产品下乡，扩大纺织品服装消费；营造统一规范的市场环境，推进异地质检互认制度，减少重复检测；制定和完善产业用纺织品的相关技术标准和使用规范，提高产业技术水平和产品质量；鼓励国内基础设施建设项目采用符合质量要求的土工布材料、过滤用纺织材料、装饰装修用纺织品、高性能增强复合材料等产业用纺织品。

（五）鼓励企业实施兼并重组。鼓励纺织服装行业优势骨干企业对困难企业进行兼并重组；兼并重组过程中，在流动资金、债务核定、人员安置等方面给予支持，妥善安置企业职工的，可按有关规定减免契税；对实施兼并重组企业符合条件的技术改造项目给予优先支持。

（六）加大对纺织企业的金融支持。对一些基本面较好、带动就业明显、信用记录较好、无严重环境违法行为、有竞争力、有市场、有订单但暂时出现经营和财务困难的纺织企业，金融机构要加大信贷支持力度，允许将到期的贷款适当展期；认真落实《国务院办公厅关于当前金融促进经济发展的若干意见》（国办发[2008]126 号），放宽中小纺织企业贷款呆账核销条件，简化税务部门审核金融机构呆账核销手续和程序，对中小纺织企业贷款实行税前全额拨备和提供风险补偿。支持符合条件的企业发行公司债券、企业债券、中小企业集合债券、短期融资券等，简化审批程序，拓展企业融资渠道；中央和地方财政要加大对资质好、管理规范的中小企业信用担保机构的支持力度，鼓励担保机构为中小纺织企业提供信用担保和融资服务。

（七）减轻纺织企业负担。对受金融危机影响较大、暂时遇到经营困难的企业，按照有关规定，实施缓缴社会保险费或降低相关社会保险费率等政策。对采取在岗培训、轮班工作、协商薪酬等办法稳定员工队伍，并保证不裁员或少裁员的困难企业，允许使用失业保险基金支付社会保险补贴和岗位补贴。地方政府制定的产业扶持政策，应适当向纺织企业倾斜。加快清理各种不合理收费。

（八）加大对中小纺织企业扶持力度。现有支持中小企业发展的专项资金（基金）等向纺织企业适当倾斜，支持纺织企业巩固和开拓国内外市场；支持面向中小企业的公共服务平台建设，完善环保、检测、信息等公共服务体系，推进纺织企业园区化、集群化发展；加大对纺织应用基础研究及技术创新的支持力度。

（九）加强产业政策引导。制定并完善印染、粘胶行业准入条件，指导行业规范发展；调整淘汰落后工艺技术目录，研究完善高污染企业和落后产能退出机制和保障措施；环保、土地、信贷等相关政策要与产业政策相互配合，体现区别对待、有保有压；研究制定产业转移指导意见；积极创造条件，引导外商投资企业将结算中心、成本和利润核算中心设在境内，以企业在岸资产进行担保并落实抵押担保条件。

（十）发挥行业协（商）会作用。行业协（商）会要充分发挥桥梁和纽带作用，在政府指导下，组织应对国际贸易中的反倾销、反补贴诉讼；及时反映行业情况、问题和企业诉求，引导企业落实产业政策，加强行业自律，促进行业有序发展。

五、规划实施

国务院各有关部门要按照《规划》分工，加强沟通协商，密切配合，尽快制定完善各项配套政策措施，并加强指导和监督检查。有关部门要适时开展《规划》的后评价工作，及时提出评价意见。

各地区要按照《规划》确定的目标、任务和政策措施，结合当地实际抓紧制定具体落实方案，确保取得实效。具体工作方案和实施过程中出现的新情况、新问题要及时报送发展改革委、工业和信息化部等有关部门。

电子信息产业调整和振兴规划

信息技术是当今世界经济社会发展的重要驱动力，电子信息产业是国民经济的战略性、基础性和先导性支柱产业，对于促进社会就业、拉动经济增长、调整产业结构、转变发展方式和维护国家安全具有十分重要的作用。为应对国际金融危机的影响，落实党中央、国务院保增长、扩内需、调结构的总体要求，确保电子信息产业稳定发展，加快结构调整，推动产业升级，特制定本规划，作为电子信息产业综合性应对措施的行动方案。规划期为 2009—2011 年。《规划》的主要内容是：

一、电子信息产业现状及面临的形势

改革开放以来，我国电子信息产业实现了持续快速发展，特别是进入 21 世纪以来，产业规模、产业结构、技术水平得到大幅提升。2001—2007 年销售收入年均增长 28%，2008 年实现销售收入约 6.3 万亿元，工业增加值约 1.5 万亿元，占 GDP 比重约 5%，对当年 GDP 增长的贡献超过 0.8 个百分点，出口额达 5 218 亿美元，占全国外贸出口总额的 36.5%。我国已成为全球最大的电子信息产品制造基地，在通信、高性能计算机、数字电视等领域也取得一系列重大技术突破。但是，受国际金融危机影响，2008 年下半年以来，电子信息产品出口增速不断下滑，销售收入增速大幅下降，重点领域和骨干企业经营出现困难，利用外资额明显减少，电子信息产业发展面临严峻挑战。同时，我国电子信息产业深层次问题仍很突出。必须采取有效措施，加快产业结构调整，推动产业优化升级，加强技术创新，促进电子信息产业持续稳定发展，为经济平稳较快发展作出贡献。

二、指导思想、基本原则和目标

（一）指导思想。

全面贯彻落实党的十七大精神，以邓小平理论和“三个代表”重要思想为指导，深入贯彻落实科学发展观，围绕保增长、扩内需、调结构的主线，坚持改革开放，强化自主创新，加快信息化与工业化融合，以优化环境巩固规模优势，以重大工程带动技术突破，以新的应用推动产业发展。稳定出口，拓展内需，满足人民群众的消费需求，保持电子信息产业平稳较快增长；集聚资源，重点突破，提高关键技术和核心产业的自主发展能力；以用促业、融合发展，加快培育新的增长点；在发展中保稳定，在稳定中谋转型，加快调整电子信息产业组织结构、产品结构和区域结构，实现产业持续健康发展。

（二）基本原则。

坚持立足当前与谋划长远相结合。针对当前外部市场需求急剧下降、全球电子信息产业深度调整的形势，采取积极措施，保持产业的稳定增长。同时，着眼长远发展，集中优势资源，在重点领域取得突破，促进产业结构调整，加快发展模式向质量效益型转变。

坚持市场运作与政府引导相结合。充分发挥市场配置资源的基础性作用，加快完善体制机制，改善投融资环境，培育骨干企业，扶持中小创新型企业，促进产业持续健康发展。同时，国家加大财税、金融政策支持力度，增强集成电路、新型显示器件、软件等核心产业的自主发展能力。

坚持自主创新与国际合作相结合。加快自主创新步伐，以系统应用为牵引，加速技术自主开发。同时，继续加大力度吸引国际电子信息制造业和服务业向我国转移，提高利用外资水平，拓展企业海外发展空间，提高电子信息产业在国际分工中的地位。

（三）规划目标。

促增长、保稳定取得显著成效。未来三年，电子信息产业销售收入保持稳定增长，产业发展对 GDP 增长的贡献不低于 0.7 个百分点，三年新增就业岗位超过 150 万个，其中新增吸纳大学生就业近 100 万人。保持外贸出口稳定。新型电子信息产品和相关服务培育成为消费热点，信息技术应用有效带动传统产业改造，信息化与工业化进一步融合。

调结构、谋转型取得明显进展。骨干企业国际竞争力显著增强，自主品牌市场影响力大幅提高。软件和信息服务收入在电子信息产业中的比重从 12%提高到 15%。稳步推进电子信息加工贸易转型升级，鼓励加工贸易企业延长产业链，促进国内产业升级。形成一批具有国际影响力、特色鲜明的产业聚集区。产业创新体系进一步完善。核心技术有所突破，新一代移动通信、下一代互联网、数字广播电视等领域的应用创新带动形成一批新的增长点，产业发展模式转型取得明显进展。

三、产业调整和振兴的主要任务

今后三年，电子信息产业要围绕九个重点领域，完成确保骨干产业稳定增长、战略性核心产业实现突破、通过新应用带动新增长三大任务。

（一）确保计算机、电子元器件、视听产品等骨干产业稳定增长。

完善产业体系，保持出口稳定，拓展城乡市场，提高利用外资水平，发挥产业集聚优势，实现计算机、电子元器件、视听产品等骨干产业平稳发展。

增强计算机产业竞争力。加快提高产品研发和工业设计能力，积极发展笔记本电脑、高端服务器、大容量存储设备、工业控制计算机等重点产品，构建以设计为核心、以制造为基础，关键部件配套能力较强的计算机产业体系。大力开拓个人计算机消费市场，积极拓展行业应用市场，推广基于自主设计 CPU 的低成本计算机和具有自主知识产权的打印机、税控收款机等产品。支持骨干企业“走出去”，进一步开拓全球特别是新兴国家和发展中国家市场。

加快电子元器件产品升级。充分发挥整机需求的导向作用，围绕国内整机配套调整元器件产品结构，提高片式元器件、新型电力电子器件、高频频率器件、半导体照明、混合集成电路、新型锂离子电池、薄膜太阳能电池和新型印刷电路板等产品的研发生产能力，初步形成完整配套、相互支撑的电子元器件产业体系。加快发展无污染、环保型基础元器件和关键材料，提高产品性能和可靠性，提高电子元器件和基础材料的回收利用水平，降低物流和管理成本，进一步提高出口产品竞争力，保持国际市场份额。

推进视听产业数字化转型。支持彩电企业与芯片设计、显示模组企业的纵向整合，促进整机企业的强强联合，加大创新投入，提高国际竞争力。加快4C（计算机、通信、消费电子、内容）融合，促进数字家庭产品和新型消费电子产品大发展。推进体制机制创新，加快模拟电视向数字电视过渡，推动全国有线、地面、卫星互为补充的数字化广播电视网络建设，丰富数字节目资源，推动高清节目播出，促进数字电视普及，带动数字演播室设备、发射设备、卫星接收设备的升级换代，加快电影数字化进程，实现视听产业链的整体升级。

（二）突破集成电路、新型显示器件、软件等核心产业的关键技术。

抓住全球产业竞争格局加快调整的机遇，立足自主创新，强化国际合作，统筹资源、环保、市场、技术、人才等各种要素，合理布局重大项目建设，实现集成电路、新型显示器件、软件等核心产业关键技术的突破。

完善集成电路产业体系。支持骨干制造企业整合优势资源，加大创新投入，推进工艺升级。继续引导和支持国际芯片制造企业加大在我国投资力度，增设生产基地和研发中心。完善集成电路设计支撑服务体系，促进产业集聚。引导芯片设计企业与整机制造企业加强合作，依靠整机升级扩大国内有效需求。支持设计企业间的兼并重组，培育具有国际竞争力的大企业。支持集成电路重大项目建设与科技重大专项攻关相结合，推动高端通用芯片的设计开发和产业化，实现部分专用设备的产业化应用，形成较为先进完整的集成电路产业链。

突破新型显示产业发展“瓶颈”。统筹规划、合理布局，以面板生产为重点，完善新型显示产业体系。国家安排引导资金和企业资本市场筹资相结合，拓宽融资渠道，增强企业创新发展能力。成熟技术的产业化与前瞻性技术研究开发并举，逐步掌握显示产业发展主动权。充分利用全球产业资源，重点加强海峡两岸产业合作，努力在新型显示面板生产、整机模组一体化设计、玻璃基板制造等领域实现关键技术突破。

提高软件产业自主发展能力。依托国家科技重大专项，着力提高国产基础软件的自主创新能力。支持中文处理软件（含少数民族语言软件）、信息安全软件、工业软件等重要应用软件和嵌入式软件技术、产品研发，实现关键领域重要软件的自主可控，促进基础软件与CPU的互动发展。加强国产软件和行业解决方案的推广应用，推动软件产业与传统产业的融合发展。鼓励大型骨干企业整合优势资源，增强企业实力和国际竞争力。

引导中小软件企业向产业基地集聚和联合发展，提高软件行业国际合作水平。

（三）在通信设备、信息服务、信息技术应用等领域培育新的增长点。

加速信息基础设施建设，大力推动业务创新和服务模式创新，强化信息技术在经济社会领域的运用，积极采用信息技术改造传统产业，以新应用带动新增长。

加速通信设备制造业大发展。以新一代网络建设为契机，加强设备制造企业与电信运营商的互动，推进产品和服务的融合创新，以规模应用促进通信设备制造业发展。加快第三代移动通信网络、下一代互联网和宽带光纤接入网建设，开发适应新一代移动通信网络特点和移动互联网需求的新业务、新应用，带动系统和终端产品的升级换代。支持IPTV（网络电视）、手机电视等新兴服务业发展。建立内容、终端、传输、运营企业相互促进、共赢发展的新体系。

加快培育信息服务新模式新业态。把握软件服务化趋势，促进信息服务业务和模式创新，综合利用公共信息资源，进一步开发适应我国经济社会发展需求的信息服务业务。积极承接全球离岸服务外包业务，引导公共服务部门和企事业单位外包数据处理、信息技术运行维护等非核心业务，建立基于信息技术和网络的服务外包体系。提高信息服务业支撑服务能力，初步形成功能完善、布局合理、结构优化、满足产业国际化发展要求的公共服务体系。

加强信息技术融合应用。以研发设计、流程控制、企业管理、市场营销等关键环节为突破口，推进信息技术与传统工业结合，提高工业自动化、智能化和管理现代化水平。加速行业解决方案的开发和推广，组织开展行业应用试点示范工程，支持RFID（电子标签）、汽车电子、机床电子、医疗电子、工业控制及检测等产品和系统的开发和标准制定。支持信息技术企业与传统工业企业开展多层次的合作，进一步促进信息化与工业化融合。结合国家改善民生相关工程的实施，加强信息技术在教育、医疗、社保、交通等领域应用。提高信息技术服务“三农”水平，加速推进农业和农村信息化，发展壮大涉农电子产品和信息服务产业。

四、政策措施

（一）落实扩大内需措施。

结合国民经济和社会信息化建设以及家电下乡、其他重点产业调整和振兴规划的实施，进一步拓展电子信息产业的发展空间，引导推进第三代移动通信网络、下一代互联网、数字广播电视网络、宽带光纤接入网络和数字化影院建设，拉动国内相关产业发展。完善普遍服务机制，推进农村信息化建设，加强农村电信和广播电视覆盖，加速实现“村村通”。支持国内光伏发电市场发展和LED（发光二极管）节能照明产品推广。建立国家资金支持的重大工程配套保障协调机制，带动电子信息产品以及相关服务发展，引导国内企业互相配套。

（二）加大国家投入。

国家新增投资向电子信息产业倾斜，加大引导资金投入，实施集成电路升级、新型显示和彩电工业转型、TD-SCDMA 第三代移动通信产业新跨越、数字电视电影推广、计算机提升和下一代互联网应用、软件及信息服务培育六项重大工程，支持自主创新和技术改造项目建设。鼓励地方对专项支持的关键领域和重点项目给予资金支持，引导社会资源投向电子信息产业领域。加大信息技术改造传统产业的投入。

（三）加强政策扶持。

继续实施《国务院关于印发鼓励软件产业和集成电路产业发展若干政策的通知》（国发[2000]18 号）明确的政策，抓紧研究进一步支持软件产业和集成电路产业发展的政策措施。进一步完善并适当延长液晶等新型显示器件优惠政策。落实数字电视产业政策，推进“三网融合”。在高新技术企业认定工作中，根据电子信息产业发展状况适时调整认定目录和标准。研究出台光伏发电和半导体照明推广应用的鼓励政策。

（四）完善投融资环境。

落实金融促进经济发展的有关政策措施，加大对电子信息产业的信贷支持。引导地方政府加大投入，有效发挥信用担保体系功能，支持金融机构为中小电子信息企业提供更多融资服务。依托产业基地、企业孵化器等产业集聚区，扩大电子信息中小企业集合发债试点。对符合条件的电子信息企业引进先进技术和产品更新换代的外汇资金需求，通过进出口银行提供优惠利率进口信贷方式给予支持。积极发展风险创业投资，大力支持海外归国人才在国内创业发展。落实优惠条件，降低商检和物流费用，支持国外企业稳定在我国的生产规模，扩大投资。加强产业基地公共基础设施和支撑服务体系建设，优化产业集聚区发展环境。发挥海关特殊监管区域的政策和功能优势，加大打击走私力度，促进电子信息产品研发、维修、配送及服务外包业务的发展。

（五）支持优势企业并购重组。

在集成电路、软件、通信、新型显示器件等重点领域，鼓励优势企业整合国内资源，支持企业“走出去”兼并或参股信息技术企业，提高管理水平，增强国际竞争力。鼓励金融机构对电子信息企业重组给予支持。

（六）进一步开拓国际市场。

继续保持并适当加大部分电子信息产品出口退税力度，发挥出口信用保险支持电子信息产品出口的积极作用，强化出口信贷对中小电子信息企业的支持。落实科技兴贸规划。采取综合措施为企业拓展新兴市场创造条件，支持企业“走出去”设立研发、生产基地，建立境外营销网络。拓展与国外政府、企业间的合作，大力推动 TD-SCDMA 等标准技术在海外市场的拓展和商用。落实促进离岸服务外包产业发展的扶持政策，推动软件外包企业加快发展。

（七）强化自主创新能力建设。

加快实施国家科技重大专项，推动产业创新发展。加强移动通信、笔记本电脑、软件、新型显示器件等领域创新能力建设，完善公共技术服务平台。支持电子元器件、系统整机、软件和信息服务企业组成各种形式的产业联盟，促进联合协同创新。大力推进 TD-SCDMA、地面数字电视、手机电视、数字音视频编解码、中文办公文档格式、

WAPI（无线局域网安全标准）、数字设备信息资源共享等标准产业化进程，加强 RFID、数字版权管理、数字家庭产品等关键标准的制定和推广工作，加快制定工业软件、信息安全、信息技术服务标准和规范。加强对电子信息产品和服务的知识产权保护。将集成电路升级等六项重大工程所需高端人才引进列入国家高层次海外人才的相关计划，提高国内研发水平。

五、规划实施

各地区要按照《规划》确定的目标、任务和政策措施，结合当地实际抓紧制定具体落实方案，确保取得实效。具体工作方案和实施过程中出现的新情况、新问题要及时报送发展改革委、工业和信息化部等有关部门。

汽车产业调整和振兴规划

汽车产业是国民经济重要的支柱产业，产业链长、关联度高、就业面广、消费拉动大，在国民经济和社会发展中发挥着重要作用。

为应对国际金融危机的影响，落实党中央、国务院保增长、扩内需、调结构的总体要求，稳定汽车消费，加快结构调整，增强自主创新能力，推动产业升级，促进我国汽车产业持续、健康、稳定发展，特制定本规划，作为汽车产业综合性应对措施的行动方案。规划期为2009—2011年。

一、汽车产业现状及面临的形势

进入21世纪以来，我国汽车产业高速发展，形成了多品种、全系列的各类整车和零部件生产及配套体系，产业集中度不断提高，产品技术水平明显提升，已经成为世界汽车生产大国。但是，产业结构不合理、技术水平不高、自主开发能力薄弱、消费政策不完善等问题依然突出，能源、环保、城市交通等制约日益显现。2008年下半年以来，随着国际金融危机的蔓延、加深和国际汽车市场的严重萎缩，国内汽车市场受到严重冲击，导致全行业产销负增长、重点企业经济效益下滑、自主品牌轿车发展乏力，我国汽车产业发展形势严峻。

应该看到，结构调整是产业进一步发展的必然要求。汽车产业在经历了多年的高速增长后，必然要进行一次大的调整，以解决内部结构和外部环境积累的诸多矛盾，国际金融危机只是引发了结构调整期的提前到来。目前，我国汽车市场正处在增长期，城乡市场需求潜力巨大，汽车产业发展的基本面没有改变。为积极应对国际金融危机，保持经济平稳较快发展，必须加快汽车产业调整和振兴。

二、指导思想、基本原则和目标

（一）指导思想。

全面贯彻落实党的十七大精神，以邓小平理论和“三个代表”重要思想为指导，深入贯彻落实科学发展观，通过实施积极的消费政策，开拓城乡市场，稳定和扩大汽车消费需求；以结构调整为主线，推进汽车企业兼并重组，加强关键技术研发，加快技术改造，提升企业素质；以新能源汽车为突破口，加强自主创新，培育自主品牌，形成新的竞争优势，促进汽车产业持续、健康、稳定发展。

（二）基本原则。

坚持扩大内需，注重财税政策激励与消费环境改善相结合。既要立足当前，采取财政激励措施，扩大国内汽车市场需求，确保经济增长，又要着眼长远，完善消费政策，培育消费市场。

坚持结构调整，注重发挥市场作用与加强政府引导相结合。利用市场机制和宏观调控手段，推动企业兼并重组，整合要素资源，提高产业集中度，实现汽车产业组织结构优化升级。

坚持自主创新，注重改造传统产品与推广新能源汽车相结合。加强技术改造，提高研发水平，加快产品升级换代和结构调整，着力培育自主品牌，积极发展节能环保的新能源汽车。

坚持产业升级，注重工业发展与服务增值相结合。汽车生产企业既要增强制造实力，又要拓展汽车金融业务和产品售后服务，强化生产与服务的纽带联系，促进相互支撑，实现汽车制造业和汽车服务业协调发展。

（三）规划目标。

1. 汽车产销实现稳定增长。2009 年汽车产销量力争超过 1 000 万辆，三年平均增长率达到 10%。

2. 汽车消费环境明显改善。建立完整的汽车消费政策法规框架体系、科学合理的汽车税费制度、现代化的汽车服务体系和智能交通管理系统，建立电动汽车基础设施配套体系，为汽车市场稳定发展提供保障。

3. 市场需求结构得到优化。1.5 升以下排量乘用车市场份额达到 40%以上，其中 1.0 升以下小排量车市场份额达到 15%以上。重型货车占载货车的比例达到 25%以上。

4. 兼并重组取得重大进展。通过兼并重组，形成 2～3 家产销规模超过 200 万辆的大型汽车企业集团，4～5 家产销规模超过 100 万辆的汽车企业集团，产销规模占市场份额 90%以上的汽车企业集团数量由目前的 14 家减少到 10 家以内。

5. 自主品牌汽车市场比例扩大。自主品牌乘用车国内市场份额超过 40%，其中轿车超过 30%。自主品牌汽车出口占产销量的比例接近 10%。

6. 电动汽车产销形成规模。改造现有生产能力，形成 50 万辆纯电动、充电式混合动力和普通型混合动力等新能源汽车产能，新能源汽车销量占乘用车销售总量的 5%左右。主要乘用车生产企业应具有通过认证的新能源汽车产品。

7. 整车研发水平大幅提高。自主研发整车产品尤其是小排量轿车的节能、环保和安全指标力争达到国际先进水平。主要轿车产品满足发达国家法规要求，重型货车、大型客车的安全性和舒适性接近国际水平，新能源汽车整体技术达到国际先进水平。

8. 关键零部件技术实现自主化。发动机、变速器、转向系统、制动系统、传动系统、悬挂系统、汽车总线控制系统中的关键零部件技术实现自主化，新能源汽车专用零部件技术达到国际先进水平。

三、产业调整和振兴的主要任务

（一）培育汽车消费市场。

采取有力措施，遏制汽车产销下滑势头，确保 2009 年稳定增长。在汽车购买、使用、报废更新等环节，调整和出台鼓励汽车消费、恢复市场信心的政策措施。清理取消各种不利于小排量汽车发展的规定，通过税收等经济手段引导增加小排量汽车消费。

（二）推进汽车产业重组。

鼓励一汽、东风、上汽、长安等大型汽车企业在全国范围内实施兼并重组。支持北汽、广汽、奇瑞、重汽等汽车企业实施区域性兼并重组。支持汽车零部件骨干企业通过兼并重组扩大规模，提高国内外汽车配套市场份额。

（三）支持企业自主创新。

以企业为主体，加强产品开发能力建设。一是建立整车设计开发流程，掌握车身、底盘开发技术及整车、发动机、变速器的匹配技术和排气净化技术；突破碰撞安全性、NVH（振动、噪声、平顺性）等关键技术；控制新能源汽车的设计和制造成本。二是提高传统乘用车的节能、环保和安全技术水平。重点支持排量 1.5 升以下、满足国 IV 排放标准的车用直喷汽油机和排量 3 升以下、升功率达到 45 千瓦以上柴油机的研制。突破重型商用车底盘集成关键技术，提高整车驾驶舒适性和操控稳定性。重点支持大功率柴油机及其高压燃油喷射电控系统、后处理系统和商用车自动换挡机械变速器（AMT）等关键技术研发。三是建立汽车产业战略联盟，形成产、学、研长效合作机制。

（四）实施技术改造专项。

制定《汽车产业技术进步和技术改造项目及产品目录》，支持汽车产业技术进步和结构调整，加大技术改造力度。重点支持新能源汽车动力模块产业化、内燃机技术升级、先进变速器产业化、关键零部件产业化以及独立公共检测机构和“产、学、研”相结合的汽车关键零部件技术中心建设。

发展提升整车性能的关键零部件。重点支持研发车身稳定、悬架控制、驱动防滑控制、电子液压制动、车身总线、数字化仪表等电子控制系统，以及六挡以上的手动和自动变速器、双离合器式自动变速器和无级自动变速器、商用车自动控制机械变速器等产品。

（五）实施新能源汽车战略。

推动纯电动汽车、充电式混合动力汽车及其关键零部件的产业化。掌握新能源汽车的专用发动机和动力模块（电机、电池及管理系统等）的优化设计技术、规模生产工艺和成本控制技术。建立动力模块生产体系，形成 10 亿安时（Ah）车用高性能单体动力电池生产能力。发展普通型混合动力汽车和新燃料汽车专用部件。

（六）实施自主品牌战略。

在技术开发、政府采购、融资渠道等方面制定相应政策，引导汽车生产企业将发展自主品牌作为企业战略重点，支持汽车生产企业通过自主开发、联合开发、国内外并购等多种方式发展自主品牌。

（七）实施汽车产品出口战略。

加快国家汽车及零部件出口基地建设。建设汽车出口信息、产品认证、共性技术研发、试验检测、培训等公共服务平台。

（八）发展现代汽车服务业。

加快发展汽车研发、生产性物流、汽车零售和售后服务、汽车租赁、二手车交易、汽车保险、消费信贷、停车服务、报废回收等服务业，完善相关的法规、规章和管理制度。支持骨干汽车生产企业加快建立汽车金融公司，开展汽车消费信贷等业务。

四、政策措施

（一）减征乘用车购置税。

自 2009 年 1 月 20 日至 12 月 31 日，对 1.6 升及以下小排量乘用车减按 5%征收车辆购置税。

（二）开展“汽车下乡”。

在新增中央投资中安排 50 亿元资金，自 2009 年 3 月 1 日至 12 月 31 日，对农民购买 1.3 升及以下排量的微型客车，以及将三轮汽车或低速货车报废换购轻型载货车的，给予一次性财政补贴。

（三）加快老旧汽车报废更新。

调整老旧汽车报废更新财政补贴政策，加大补贴支持力度，提高补贴标准，加快淘汰老旧汽车。2009 年老旧汽车报废更新补贴资金总额由 2008 年的 6 亿元增加到 10 亿元。

（四）清理取消限购汽车的不合理规定。

各地区、各部门要认真清理取消现行限制汽车购置的不合理规定，包括牌照注册数量、车型限制、各种区域市场保护措施、各类行政事业性收费、外地汽车进城收费，以及其他直接或间接影响汽车购置的措施，并于 2009 年 3 月底前将清理情况报国家发展改革委。对确需继续保留的限购规定，自 2009 年 4 月 1 日至 12 月 31 日应暂停执行，不能暂停执行的，应于 2009 年 3 月 10 日之前报国务院批准。

（五）促进和规范汽车消费信贷。

修改和完善汽车消费信贷制度，抓紧制定汽车消费信贷管理条例，使资信调查、信贷办理、车辆抵押、贷款担保、违约处置等汽车消费信贷全过程实现规范化、法制化。

支持符合条件的国内骨干汽车生产企业建立汽车金融公司。促进汽车消费信贷模式的多元化，推动信贷资产证券化规范发展，支持汽车金融公司发行金融债券等。

（六）规范和促进二手车市场发展。

建立二手车鉴定评估国家标准和临时产权登记制度，调整二手车交易的增值税征收方式。大力发展专业的二手车经销企业，倡导汽车品牌经销商开展以旧换新、以旧换旧等汽车置换业务。取消二手车交易市场的不合理收费，降低交易成本。

加强二手车市场监管，严格经营主体市场准入，规范二手车交易行为，维护市场秩序。积极推广二手车交易合同示范文本，保护消费者合法权益。充分发挥行业组织作用，加强行业自律，促进企业诚信经营。

（七）加快城市道路交通体系建设。

发展现代化城市综合交通运输体系，提高综合管理效率和现代化水平。实施交通畅通工程，鼓励加快城市轨道交通设施建设。各城市人民政府要采取积极措施推动停车场建设，规范停车收费。交通换乘枢纽应建设大型停车场所，方便换乘公共交通工具，减轻交通拥堵压力。

（八）完善汽车企业重组政策。

制定支持汽车企业重组的政策措施，妥善解决富余人员安置、企业资产划转、债务核定与处置、财税利益分配等问题。支持汽车生产企业通过兼并重组整合产品资源，开发新产品；鼓励汽车生产企业联合开发和制造《汽车产业技术进步和技术改造项目及产品目录》内的汽车新产品和关键总成。新建汽车生产企业和异地设立分厂，必须在兼并现有汽车生产企业的基础上进行。

（九）加大技术进步和技术改造投资力度。

今后三年在新增中央投资中安排 100 亿元作为技术进步、技术改造专项资金，重点支持汽车生产企业进行产品升级，提高节能、环保、安全等关键技术水平；开发填补国内空白的关键总成产品；建设汽车及零部件共性技术研制和检测平台；发展新能源汽车及专用零部件。

（十）推广使用节能和新能源汽车。

启动国家节能和新能源汽车示范工程，由中央财政安排资金给予补贴，支持大中城市示范推广混合动力汽车、纯电动汽车、燃料电池汽车等节能和新能源汽车。县级以上城市人民政府要制订规划，优先在城市公交、出租、公务、环卫、邮政、机场等领域推广使用新能源汽车；建立电动汽车快速充电网络，加快停车场等公共场所公用充电设施建设。

（十一）落实和完善《汽车产业发展政策》。

抓紧制订道路机动车辆管理条例，完善机动车辆管理法规体系。启动对产业有重要提升和保护作用的标准的研究制订工作，抓紧制修订新能源汽车产品标准、试验方法。落实汽车整车（含摩托车、三轮汽车、低速货车）生产企业退出机制。制订新能源汽车关键总成的准入标准。研究制订三轮汽车和低速货车生产企业向相关产业转型的鼓励办法。

五、规划实施

国务院各有关部门要按照《规划》的工作分工，加强沟通协商，密切配合，尽快制订和完善各项配套政策措施，确保实现汽车产业调整和振兴三年目标。要建立部门联合发布信息制度，适时向社会发布产业调整和振兴的有关信息。有关部门要适时开展《规划》的后评价工作，及时提出评价意见。

各地区要按照《规划》确定的目标、任务和政策措施，结合当地实际抓紧制订具体落实方案，确保取得实效。各省（区、市）要将具体工作方案和实施过程中出现的新情况、新问题及时报送国家发展改革委。

钢铁产业调整和振兴规划

钢铁产业是国民经济的重要支柱产业，涉及面广、产业关联度高、消费拉动大，在经济建设、社会发展、财政税收、国防建设以及稳定就业等方面发挥着重要作用。

为应对国际金融危机的影响，落实党中央、国务院保增长、扩内需、调结构的总体要求，确保钢铁产业平稳运行，加快结构调整，推动产业升级，特编制本规划，作为钢铁产业综合性应对措施的行动方案。规划期为2009—2011年。

一、钢铁产业现状及面临的形势

我国是钢铁生产和消费大国，粗钢产量连续13年居世界第一。进入21世纪以来，我国钢铁产业快速发展，粗钢产量年均增长21.1%。2008年，粗钢产量达到5亿吨，占全球产量的38%，国内粗钢表观消费量4.53亿吨，直接出口折合粗钢6 000万吨，占世界钢铁贸易量的15%。2007年，规模以上钢铁企业完成工业增加值9 936亿元，占全国GDP的4%，实现利润2 436亿元，占工业企业利润总额的9%，直接从事钢铁生产的就业人数358万。钢铁产品基本满足国内需要，部分关键品种达到国际先进水平。钢铁产业有力支撑和带动了相关产业的发展，促进了社会就业，对保障国民经济又好又快发展作出了重要贡献。

但是，钢铁产业长期粗放发展积累的矛盾日益突出。一是盲目投资严重，产能总量过剩。截至2008年底，我国粗钢产能达到6.6亿吨，超出实际需求约1亿吨。二是创新能力不强，先进生产技术、高端产品研发和应用还主要依靠引进和模仿，一些高档关键品种钢材仍需大量进口，消费结构处于中低档水平。三是产业布局不合理，大部分钢铁企业分布在内陆地区的大中型城市，受到环境容量、水资源、运输条件、能源供应等因素的严重制约。四是产业集中度低，粗钢生产企业平均规模不足100万吨，排名前5位的企业钢产量仅占全国总量的28.5%。五是资源控制力弱，国内铁矿资源禀赋低，自给率不足50%。六是流通秩序混乱。钢铁产品经销商超过15万家，投机经营倾向较重。

2008年下半年以来，随着国际金融危机的扩散和蔓延，我国钢铁产业受到严重冲击，出现了产需陡势下滑、价格急剧下跌、企业经营困难、全行业亏损的局面，钢铁产业稳定发展面临着前所未有的挑战。应当看到，钢铁产业在经历了长期粗放型扩张后，必然要进行一次大的调整。现阶段，我国城镇化、工业化任务依然繁重，内需潜力巨大，钢铁产业发展的基本面没有改变。必须抓住机遇，制定实施钢铁产业结构调整和振兴规划，促进钢铁产业平稳运行、健康发展。

二、指导思想、基本原则及目标

（一）指导思想。

全面贯彻党的十七大精神，以邓小平理论和“三个代表”重要思想为指导，深入贯彻落实科学发展观，按照保增长、扩内需、调结构的总体要求，统筹国内外两个市场，以控制总量、淘汰落后、企业重组、技术改造、优化布局为重点，着力推动钢铁产业结构调整和优化升级，切实增强企业素质和国际竞争力，加快钢铁产业由大到强的转变。

（二）基本原则。

1. 应对危机与振兴产业相结合。立足当前，着眼长远，既要着力解决钢铁产业当前面临的主要困难，保先进生产力，保重点骨干企业，保关键品种，保市场稳定，促进产业平稳发展，又要利用市场倒逼机制，充分利用各种有利因素，加快钢铁产业结构优化升级，不断增强产业发展后劲。

2. 控制总量与优化布局相结合。按照沿海、沿江、内陆科学合理布局和与资源环境相适应的要求，结合淘汰落后、企业重组和城市钢厂搬迁，在控制总量的前提下，调整优化产业布局。

3. 自主创新与技术改造相结合。培育企业原始创新、集成创新和引进消化吸收再创新能力，着力突破制约产业转型升级的关键技术，加大技术改造力度，提高工艺装备水平，提升产品档次和质量。

4. 企业重组与体制创新相结合。通过体制创新，努力消除影响企业重组的财税利益分配、资产划拨、债务核定和处置等体制性障碍，为推动钢铁企业集团化发展和实现跨地区、跨所有制、跨行业的兼并重组创造良好的环境。

5. 内需为主与全球配置相结合。坚持充分利用两个市场、两种资源，以满足国内市场需求为主，优化直接出口，扩大间接出口，在努力加强地质勘查和合理开发利用国内铁矿资源的同时，抓住机遇，积极实施“走出去”战略。

（三）规划目标。

力争在 2009 年遏制钢铁产业下滑势头，保持总体稳定。到 2011 年，钢铁产业粗放发展方式得到明显转变，技术水平、创新能力再上新台阶，综合竞争力显著提高，支柱产业地位得到巩固和加强，步入良性发展的轨道。

1. 总量恢复到合理水平。2009 年我国粗钢产量 4.6 亿吨，同比下降 8%；表观消费量维持在 4.3 亿吨左右，同比下降 5%。到 2011 年，粗钢产量 5 亿吨左右，表观消费量 4.5 亿吨左右，工业增加值占 GDP 的比重维持在 4%的水平。

2. 淘汰落后产能有新突破。按期淘汰 300 立方米及以下高炉产能和 20 吨及以下转炉、电炉产能。提高淘汰落后产能的标准，力争三年内再淘汰落后炼铁能力 7 200 万吨、炼钢能力 2 500 万吨。

3. 联合重组取得重大进展。形成若干个具有较强自主创新能力和国际竞争力的特大型企业，国内排名前 5 位钢铁企业的产能占全国产能的比例达到 45%以上，沿海沿江钢铁企业产能占全国产能的比例达到 40%以上，产业布局明显优化，重点中心城市钢铁企业污染明显减少。

4. 技术进步得到较大提升。加强技术改造，加快技术进步，降低生产成本，提高产品质量，优化品种结构。重点大中型钢铁企业 60%以上产品实物质量达到国际先进水平，百万千瓦火电及核电用特厚钢板和高压锅炉管、25 万千伏安以上变压器用高磁感低铁损取向硅钢等产品生产实现自主化，关键钢材品种自给率达到 90%以上，400 MPa 及以上热轧带肋钢筋使用比例达到 60%以上。

5. 自主创新能力进一步增强。通过引进消化吸收和创新，提高技术装备水平，一般装备基本实现本地化、自主化，大型装备本地化率 92%以上。力争在关键工艺技术、节能减排技术，以及高端产品研发、生产和应用技术等方面取得新突破。

6. 节能减排取得明显成效。重点大中型企业吨钢综合能耗不超过 620 千克标准煤，吨钢耗用新水量低于 5 吨，吨钢烟粉尘排放量低于 1.0 千克，吨钢二氧化碳排放量低于 1.8 千克，二次能源基本实现 100%回收利用，冶金渣近 100%综合利用，污染物排放浓度和排放总量双达标。

三、产业调整和振兴的重点任务

按照上述指导思想、基本原则和规划目标，当前和今后一个时期，要着力做好以下八个方面工作。

（一）保持国内市场稳定，改善出口环境。

积极落实国家扩大内需措施，稳定建筑用钢市场，保障重点工程用钢。通过调整和振兴相关产业，努力稳定和扩大汽车、造船、装备制造等产业需求，以及保障性住房等房地产建设、新农村建设、地震灾后重建和公路、铁路、机场等重大基础设施建设的用钢需求。建筑用钢占国内消费量的比重稳定在 50%左右。

改善钢铁产品进出口环境，实施适度灵活的出口税收政策，稳定国际市场份额，鼓励钢材间接出口。组织协会和企业积极应对反倾销、反补贴等贸易摩擦，争取良好的国际贸易环境。

（二）严格控制钢铁总量，加快淘汰落后。

严格控制新增产能，不再核准和支持单纯新建、扩建产能的钢铁项目，所有项目必须以淘汰落后为前提。2010 年年底前，淘汰 300 立方米及以下高炉产能 5340 万吨，20 吨及以下转炉、电炉产能 320 万吨；2011 年底前再淘汰 400 立方米及以下高炉、30 吨及以下转炉和电炉，相应淘汰落后炼铁能力 7 200 万吨、炼钢能力 2 500 万吨。实施淘汰落后、建设钢铁大厂的地区和其他有条件的地区，要将淘汰落后产能标准提高到 1 000 立方米以下高炉及相应的炼钢产能。

（三）促进企业重组，提高产业集中度。

进一步发挥宝钢、鞍本、武钢等大型企业集团的带动作用，推动鞍本集团、广东钢铁集团、广西钢铁集团、河北钢铁集团和山东钢铁集团完成集团内产供销、人财物统一管理的实质性重组；推进鞍本与攀钢、东北特钢，宝钢与包钢、宁波钢铁等跨地区的重组，推进天津钢管与天铁、天钢、天津冶金公司，太钢与省内钢铁企业等区域内的重组。力争到2011年，全国形成宝钢集团、鞍本集团、武钢集团等几个产能在5 000万吨以上、具有较强国际竞争力的特大型钢铁企业；形成若干个产能在1 000万～3 000万吨级的大型钢铁企业。

（四）加大技术改造力度，推动技术进步。

实施钢铁产业技术进步与技术改造专项，对符合国家产业政策的大型骨干企业，对实施跨区域、跨所有制、跨行业重组的龙头企业，对实施跨区域、跨所有制、跨行业重组的龙头企业，以及国防军工、航天航空关键材料生产企业，给予重点支持；对发展高速铁路用钢、高磁感取向硅钢、高强度机械用钢等关键钢材品种，推广高强度钢筋使用和节材技术，发展高温高压干熄焦、烧结余热利用、烟气脱硫等循环经济和节能减排工艺技术，以及提升开发利用低品位、难选冶铁矿等技术，给予重点支持。

（五）优化钢铁产业布局，统筹协调发展。

在减少或不增加产能的前提下，加快调整钢铁产业布局。一是建设沿海钢铁基地。按期完成首钢搬迁工程，建成曹妃甸钢铁精品基地。结合广州钢铁搬迁，推动宝钢与广东钢铁企业、武钢与广西钢铁企业兼并重组，通过淘汰或减少现有产能，适时建设湛江、防城港沿海钢铁精品基地。按照首钢在曹妃甸减少产能、发展循环经济的模式，结合济钢、莱钢、青钢压缩产能和搬迁，对山东省内钢铁企业实施重组和淘汰落后产能，推动日照钢铁精品基地建设。结合杭钢搬迁以及宝钢跨地区重组和淘汰落后、压缩产能，论证宁波钢铁续建项目。二是推进城市钢厂搬迁，引导产业有序转移和集聚发展，减少城市环境污染。组织实施好北京、广州、杭州、合肥等城市钢厂搬迁项目，统筹研究推进抚顺、青岛、重庆、石家庄等城市钢厂搬迁。三是抓紧实施《汶川地震灾后重建生产力布局和产业调整专项规划》确定的钢铁项目建设。

（六）调整钢材品种结构，提高产品质量。

重点发展高速铁路用钢、高强度轿车用钢、高档电力用钢和工模具钢、特殊大锻材等关键钢材品种，支持有条件的企业、科研单位开展百万千瓦火电及核电用特厚钢板和高压锅炉管、25 万千伏安以上变压器用高磁感低铁损取向硅钢等技术进行攻关。提高认证标准，加强政策引导，促进钢材实物质量达到国际先进水平。修改相关设计规范，淘汰强度 335 MPa 及以下热轧带肋钢筋，加快推广使用强度 400 MPa 及以上钢筋，促进建筑钢材的升级换代。

（七）保持进口铁矿石资源稳定，整顿市场秩序。

行业协（商）会通过行业协调，加强自律，规范进口铁矿石市场秩序。探索、推行代理制。抓住当前市场全面疲软时机，协调国内用户与铁矿石供应商，建立互惠互利的进口矿定价机制和长期稳定的合作关系。规范钢材销售制度，建立产销风险共担机制，发挥流通环节对稳定钢材市场的调节功能。

（八）开发国内外两种资源，保障产业安全。

加大国内铁矿资源的勘探力度，合理配置与开发国内铁矿资源，增加资源储备。鼓励大型钢铁企业开展铁矿勘探开发，适度开发利用低品位矿和尾矿，加强对共生矿、伴生矿产资源的研究、开发和综合利用。积极推进河北司家营、山西袁家村等大型铁矿资源开发，提高国产铁矿石自给率；支持邯钢中关、唐钢石人沟、通钢塔东、武钢恩施等现有矿山的深部开采，提高资源综合利用水平；鼓励四川攀西、河北承德地区钒钛资源综合利用；整合开发安徽霍丘地区和山东苍山等地区的铁矿资源。

鼓励有条件的大型企业到国外独资或合资办矿，组织实施好已经开展前期工作的境外矿产资源项目。鼓励沿海钢铁企业充分利用区位和运输优势，尽可能利用国外铁矿石、煤炭等资源。

四、政策措施

（一）调整部分产品的进出口税率。

继续坚持控制“两高一资”低附加值产品出口的政策导向，认真落实提高部分钢铁产品出口退税率的措施，适时适当提高技术含量高、附加值高的钢材产品的出口退税率。加快出口退税进度，确保及时足额退税。

（二）实施公平贸易政策。

研究国产钢材和进口钢材公平税负政策，制定具体措施，为国内钢铁企业创造公平竞争的市场环境。

（三）加大技术进步及技术改造投入。

在中央预算内基本建设投资中列支专项资金，以贷款贴息形式支持钢铁企业开展技术改造（不包括节能技术改造）、技术研发和技术引进，推动钢铁产业技术进步，调整品种结构，提升钢材质量。加大节能技术改造财政奖励支持力度，鼓励、引导钢铁企业积极推进节能技术改造。

（四）完善落后产能退出机制。

加大淘汰落后产能的财政奖励力度，支持钢铁企业在淘汰落后产能过程中妥善解决职工安置、企业转产、债务化解等问题，促进社会和谐稳定。严格实行节能减排、淘汰落后问责制，比照《国务院批转节能减排统计监测及考核实施方案和办法的通知》（国发[2007]36 号）规定，对未完成节能减排、淘汰落后任务的地区暂停项目的核准和审批。工业和信息化部会同有关部门，加强对淘汰落后产能工作的监督检查，定期向国土资源、金融、环保、工商、质检等部门通报淘汰落后企业名单。地方各级人民政府要对限期淘汰的落后装备实施严格监管，防止擅自扩容改造或异地转移。对擅自扩容改造或异地转移落后装备的，金融机构不提供任何形式的信贷支持，国土资源管理部门不予办理用地手续。

（五）完善企业重组政策。

制定鼓励钢铁企业兼并重组的政策措施，妥善解决富余人员安置、企业资产划转、债务核定与处置、财税利益分配等问题，对大型企业跨省（区、市）重组后的改扩建等项目优先予以核准。落实好鼓励钢铁企业重组的税收政策。适时研究制定钢铁企业兼并重组条例。

（六）适时修订钢铁产业政策。

调整更新《产业结构调整指导目录》，修订完善《钢铁产业发展政策》。一是提高吨钢综合能耗、吨钢耗新水以及炼铁、炼钢淘汰落后标准；二是修改国内钢铁产业集中度指标的考核范围和比重；三是增加节能减排指标，包括化学需氧量（COD）排放、二氧化硫排放、烟粉尘排放、可燃气体回收利用率、固体废弃物综合利用率等环保指标；四是明确资源配置的具体要求，储量 5000 万吨以上铁矿资源，优先依法配置给国内大中型钢铁企业。五是提高矿产资源开发准入门槛。

（七）提高建筑工程用钢标准。

尽快完善建筑领域工程建设标准体系，结合提高抗震标准，研究出台扩大工业厂房、公共建筑、商业设施等建筑物钢结构使用比例的规定，修改提高地震多发地区建筑物、重点工程、建筑物基础工程等用钢标准及设计规范。

（八）实现钢铁与相关产业协调发展。

完善装备、汽车、造船、家电等相关产业发展政策，带动钢铁产品消费和产业升级。加强钢铁新技术、新产品研发，适应和促进上下游及相关产业升级和产品换代。鼓励和支持钢铁企业与相关领域用钢企业开展合作，实现协调发展。

（九）继续实施有保有压的融资政策。

加大对钢铁重点骨干企业的金融支持力度，对符合环保、土地法律法规以及投资管理规定的项目，以及实施并购、重组、“走出去”、技术进步的企业，在发行股票、企业债券、公司债、中期票据、短期融资券以及银行贷款、吸收私募股权投资等方面给予支持。防范大型骨干企业资金断链风险，必要时给予贷款贴息支持。对违法违规建设、越权审批的项目和产能落后企业，继续实施融资限制等措施。

（十）积极实施“走出去”战略。

进一步简化项目审批程序，完善信贷、外汇、财税、人员出入境等政策措施。提高境外资源开发企业准入条件。支持符合准入条件的重点骨干企业到境外开展资源勘探、开发、技术合作和对外并购。进一步加强境外资产的经营管理，切实防范和化解境外资产风险。扩大冶金设备出口信贷规模，带动设备物资出口。完善出口信用保险政策，支持钢铁企业建立境外营销网络，稳定高端产品出口份额。充分利用境外矿产资源权益投资专项资金、对外经济技术合作专项资金和国外矿产资源风险勘探专项资金，支持企业实施“走出去”战略，增强资源保障能力。

（十一）建立产业信息披露制度。

建立部门联合发布信息制度，适时向社会发布产业政策导向及项目核准、生产销售库存、产能利用、淘汰落后、企业重组、污染排放、银行贷款情况等信息，切实加强信息共享，为企业投资决策、银行贷款、土地预审等提供信息指导。

（十二）发挥行业协（商）会作用。

充分发挥行业协（商）会的桥梁和纽带作用，支持企业联合对外谈判，由钢铁协会组织用矿企业统一对外谈判，建立新的“双赢”定价机制。由钢铁协会会同相关商会协调企业，积极应对国际贸易中的反补贴、反倾销诉讼，维护市场秩序和公平竞争环境。行业协（商）会要及时反映行业问题和企业诉求，为企业提供信息服务，引导企业落实国家产业政策，加强行业自律，提高行业整体素质。

五、规划实施

各地区要按照《规划》确定的目标、任务和政策措施，结合当地实际抓紧制订具体落实方案，确保取得实效。各省（区、市）要将具体工作方案和实施过程中出现的新情况、新问题及时报送国家发展改革委。

国务院各有关部门要按照《规划》分工，加强沟通协商，密切配合，尽快制定具体实施办法，明确政策措施的实施范围和执行期限，并加强指导和监督检查。有关部门要认真开展实施《规划》的中后期后评价工作，及时提出评价意见。

国务院关于印发物流业调整和振兴规划的通知

国发[2009]8号

各省、自治区、直辖市人民政府，国务院各部委、各直属机构：

现将《物流业调整和振兴规划》（以下简称《规划》）印发给你们，请结合本地区、本部门实际，认真贯彻执行。

当前，国际金融危机对我国实体经济造成了较大冲击，物流业作为重要的服务产业，也受到较为严重的影响。制定实施物流业调整和振兴规划，不仅是促进物流业自身平稳较快发展和产业调整升级的需要，也是服务和支撑其他产业的调整与发展、扩大消费和吸收就业的需要，对于促进产业结构调整、转变经济发展方式和增强国民经济竞争力具有重要意义。

各地区、各部门要把思想和行动统一到党中央、国务院的决策部署上来，以邓小平理论和“三个代表”重要思想为指导，深入贯彻落实科学发展观，进一步增强大局意识、责任意识，加强领导，密切配合，切实按照《规划》要求，做好统筹协调、改革体制、完善政策、企业重组、优化布局、工程建设等各项工作，确保《规划》目标的实现，促进物流业健康发展。

各地区要按照《规划》确定的目标、任务和政策措施，结合当地实际抓紧制定具体工作方案，切实抓好组织实施，确保取得实效。国务院各有关部门要根据《规划》明确的任务分工和工作要求，做到责任到位、措施到位，加强调查研究，尽快制定和完善各项配套政策措施，切实加强对《规划》实施的指导和支持。

国务院

二〇〇九年三月十日

物流业调整和振兴规划

物流业是融合运输业、仓储业、货代业和信息业等的复合型服务产业，是国民经济的重要组成部分，涉及领域广，吸纳就业人数多，促进生产、拉动消费作用大，在促进产业结构调整、转变经济发展方式和增强国民经济竞争力等方面发挥着重要作用。

为应对国际金融危机的影响，落实党中央、国务院保增长、扩内需、调结构的总体要求，促进物流业平稳较快发展，培育新的经济增长点，特制定本规划，作为物流产业综合性应对措施的行动方案。规划期为2009—2011年。

一、发展现状与面临的形势

（一）发展现状。

进入21世纪以来，我国物流业总体规模快速增长，服务水平显著提高，发展的环境和条件不断改善，为进一步加快发展奠定了坚实基础。

1. 物流业规模快速增长。2008年，全国社会物流总额达89.9万亿元，比2000年增长4.2倍，年均增长23%；物流业实现增加值2.0万亿元，比2000年增长1.9倍，年均增长14%。2008年，物流业增加值占全部服务业增加值的比重为16.5%，占GDP的比重为6.6%。

2. 物流业发展水平显著提高。一些制造企业、商贸企业开始采用现代物流管理理念、方法和技术，实施流程再造和服务外包；传统运输、仓储、货代企业实行功能整合和服务延伸，加快向现代物流企业转型；一批新型的物流企业迅速成长，形成了多种所有制、多种服务模式、多层次的物流企业群体。全社会物流总费用与GDP的比率，由2000年的19.4%下降到2008年的18.3%，物流费用成本呈下降趋势，促进了经济运行质量的提高。

3. 物流基础设施条件逐步完善。交通设施规模迅速扩大，为物流业发展提供了良好的设施条件。截至2008年底，全国铁路营业里程8.0万公里，高速公路通车里程6.03万公里，港口泊位3.64万个，其中沿海万吨级以上泊位1167个，拥有民用机场160个。物流园区建设开始起步，仓储、配送设施现代化水平不断提高，一批区域性物流中心正在形成。物流技术设备加快更新换代，物流信息化建设有了突破性进展。

4. 物流业发展环境明显好转。国家"十一五"规划纲要明确提出"大力发展现代物流业"，中央和地方政府相继建立了推进现代物流业发展的综合协调机制，出台了支持现代物流业发展的规划和政策。物流统计核算和标准化工作，以及人才培养和技术创新等行业基础性工作取得明显成效。

但是，我国物流业的总体水平仍然偏低，还存在一些突出问题。一是全社会物流运行效率偏低，社会物流总费用与GDP的比率高出发达国家1倍左右；二是社会化物流需求不足和专业化物流供给能力不足的问题同时存在，"大而全"、"小而全"的企业物流运作模式还相当普遍；三是物流基础设施能力不足，尚未建立布局合理、衔接顺畅、能力充分、高效便捷的综合交通运输体系，物流园区、物流技术装备等能力有待加强；四是地方封锁和行业垄断对资源整合和一体化运作形成障碍，物流市场还不够规范；五是物流技术、人才培养和物流标准还不能完全满足需要，物流服务的组织化和集约化程度不高。

2008年下半年以来，随着国际金融危机对我国实体经济的影响逐步加深，物流业作为重要的服务产业也受到了严重冲击。物流市场需求急剧萎缩，运输和仓储等收费价格及利润大幅度下跌，一大批中小物流企业经营出现困难，提供运输、仓储等单一服务的传统物流企业受到严重冲击。整体来看，国际金融危机不但造成物流产业自身发展的剧烈波动，而且对其他产业的物流服务供给也产生了不利影响。

（二）面临的形势。

应该看到，实施物流业的调整和振兴、实现传统物流业向现代物流业的转变，不仅是物流业自身结构调整和产业升级的需要，也是整个国民经济发展的必然要求。

1. 调整和振兴物流业是应对国际金融危机的迫切需要。一是要解决当前物流企业面临的困难，需要加快企业重组步伐，做强做大，提高产业集中度和抗风险能力，保持产业的平稳发展；二是物流业自身需要转变发展模式，向以信息技术和供应链管理为核心的现代物流业发展，通过提供低成本、高效率、多样化、专业化的物流服务，适应复杂多变的市场环境，提高自身竞争力；三是物流业对其他产业的调整具有服务和支撑作用，发展第三方物流可以促进制造业和商贸业优化内部分工、专注核心业务、降低物流费用，提高这些产业的竞争力，增强其应对国际金融危机的能力。

2. 调整和振兴物流业是适应经济全球化趋势的客观要求。一是随着经济全球化的发展和我国融入世界经济的步伐加快，全球采购、全球生产和全球销售的发展模式要求加快发展现代物流业，优化资源配置，提高市场响应速度和产品供给时效，降低企业物流成本，增强国民经济的竞争力。二是为了适应国际产业分工的变化，要求加快发展现代物流业，完善物流服务体系，改善投资环境，抓住国际产业向我国转移的机遇，吸引国际投资，促进我国制造业和高技术产业的发展。三是随着全球服务贸易的迅猛发展，要求加快发展现代物流业，培育国内现代物流服务企业，提高物流服务能力，应对日益激烈的全球物流企业竞争。

3. 调整和振兴物流业是国民经济持续快速发展的必要保证。根据全面建设小康社会的新要求，我国经济规模将进一步扩大，居民消费水平将进一步提高，货物运输量、社会商品零售额、对外贸易额等将大幅度增长，农产品、工业品、能源、原材料和进出口商品的流通规模将显著增加，对全社会物流服务能力和物流效率提出了更高的要求。同时，中西部地区要求改善物流条件，缩小与东部地区的物流成本差距，承接东部沿海地区产业梯度转移，促进区域间协调和可持续发展。

4. 调整和振兴物流业是贯彻落实科学发展观和构建社会主义和谐社会的重要举措。调整和振兴物流业，有利于加快商品流通和资金周转，降低社会物流成本，优化资源配置，提高国民经济的运行质量；有利于提高服务业比重，优化产业结构，促进经济发展方式的转变；有利于增加城乡就业岗位，扩大社会就业；有利于提高运输效率，降低能源消耗和废气排放，缓解交通拥堵，实现经济和社会的协调发展；有利于促进国内外、城乡和地区间商品流通，满足人民群众对多样化、高质量的物流服务需求，扩大居民消费；有利于国家救灾应急、处理突发性事件，保障经济稳定和社会安全。

二、指导思想、原则和目标

（一）指导思想。

以邓小平理论和“三个代表”重要思想为指导，深入贯彻落实科学发展观，按照保增长、扩内需、调结构的总体部署，以应对国际金融危机对我国经济的影响为切入点，以改革开放为动力，以先进技术为支撑，以物流一体化和信息化为主线，积极营造有利于物流业发展的政策环境，加快发展现代物流业，建立现代物流服务体系，以物流服务促进其他产业发展，为全面建设小康社会提供坚实的物流体系保障。

（二）基本原则。

1. 立足应对危机，着眼长远发展。既要应对国际金融危机，解决当前物流业发展面临的突出问题，保先进生产力，保重点骨干企业，促进企业平稳发展；又要从产业长远发展的角度出发，解决制约物流产业振兴的体制、政策和设施“瓶颈”，促进产业升级，提高产业竞争力。

2. 市场配置资源，政府营造环境。充分发挥市场配置资源的作用，调动企业的积极性，从满足物流需求的实际出发，注重投资的经济效益。政府要为物流业的发展营造良好的政策环境，扶持重要的物流基础设施项目建设。

3. 加强规划指导，注重协调联动。统筹国内与国际、全国与区域、城市与农村物流协调发展，做好地区之间、行业之间和部门之间物流基础设施建设与发展的协调和衔接，走市场化、专业化、社会化的发展道路，合理布局重大项目。各地区要从本地区经济发展的实际出发，因地制宜，统筹规划，科学引导物流业的发展，防止盲目攀比和重复建设。

4. 打破分割封锁，整合现有资源。改革现行物流业相关行业管理体制，打破部门间和地区间的分割和封锁，创造公平的竞争环境，促进物流服务的社会化和资源利用的市场化，优先整合和利用现有物流资源，提高物流设施的利用率。

5. 建立技术标准，推进一体化运作。按照现代物流理念，加快技术标准体系建设，综合集成仓储、运输、货代、包装、装卸、搬运、流通加工、配送、信息处理等多种功能，推进物流一体化运作，提高物流效率。

6. 创新服务方式，坚持科学发展。以满足生产者和消费者不断增长的物流需求为出发点，不断创新物流服务方式，提升服务水平。积极推进物流服务的信息化、现代化、合理化和企业社会责任建设，坚持最严格的节约用地制度，注重节约能源，保护环境，减少废气污染和交通拥堵，保证交通安全，实现经济和社会可持续协调发展。

（三）规划目标。

力争在 2009 年改善物流企业经营困难的状况，保持产业的稳定发展。到 2011 年，培育一批具有国际竞争力的大型综合物流企业集团，初步建立起布局合理、技术先进、节能环保、便捷高效、安全有序并具有一定国际竞争力的现代物流服务体系，物流服务能力进一步增强；物流的社会化、专业化水平明显提高，第三方物流的比重有所增加，物流业规模进一步扩大，物流业增加值年均递增 10%以上；物流整体运行效率显著提高，全社会物流总费用与 GDP 的比率比目前的水平有所下降。

三、主要任务

（一）积极扩大物流市场需求。

进一步推广现代物流管理，努力扩大物流市场需求。运用供应链管理与现代物流理念、技术与方法，实施采购、生产、销售和物品回收物流的一体化运作。鼓励生产企业改造物流流程，提高对市场的响应速度，降低库存，加速周转。合理布局城乡商业设施，完善流通网络，积极发展连锁经营、物流配送和电子商务等现代流通方式，促进流通企业的现代化。在农村广泛应用现代物流管理技术，发展农产品从产地到销地的直销和配送，以及农资和农村日用消费品的统一配送。

（二）大力推进物流服务的社会化和专业化。

鼓励生产和商贸企业按照分工协作的原则，剥离或外包物流功能，整合物流资源，促进企业内部物流社会化。推动物流企业与生产、商贸企业互动发展，促进供应链各环节有机结合。鼓励现有运输、仓储、货代、联运、快递企业的功能整合和服务延伸，加快向现代物流企业转型。积极发展多式联运、集装箱、特种货物、厢式货车运输以及重点物资的散装运输等现代运输方式，加强各种运输方式运输企业的相互协调，建立高效、安全、低成本的运输系统。加强运输与物流服务的融合，为物流一体化运作与管理提供条件。鼓励邮政企业深化改革，做大做强快递物流业务。大力发展第三方物流，提高企业的竞争力。

（三）加快物流企业兼并重组。

鼓励中小物流企业加强信息沟通，创新物流服务模式，加强资源整合，满足多样性的物流需要。加大国家对物流企业兼并重组的政策支持力度，缓解当前物流企业面临的困难，鼓励物流企业通过参股、控股、兼并、联合、合资、合作等多种形式进行资产重组，培育一批服务水平高、国际竞争力强的大型现代物流企业。

（四）推动重点领域物流发展。

加强石油、煤炭、重要矿产品及相关产品物流设施建设，建立石油、煤炭、重要矿产品物流体系。加快发展粮食、棉花现代物流，推广散粮运输和棉花大包运输。加强农产品质量标准体系建设，发展农产品冷链物流。完善农资和农村日用消费品连锁经营网络，建立农村物流体系。发展城市统一配送，提高食品、食盐、烟草和出版物等的物流配送效率。实行医药集中采购和统一配送，推动医药物流发展。加强对化学危险品物流的跟踪与监控，规范化学危险品物流的安全管理。推动汽车和零配件物流发展，建立科学合理的汽车综合物流服务体系。鼓励企业加快发展产品与包装物回收物流和废弃物物流，促进资源节约与循环利用。鼓励和支持物流业节能减排，发展绿色物流。发挥邮政现有的网络优势，大力发展邮政物流，加快建立快递物流体系，方便生产生活。加强应急物流体系建设，提高应对战争、灾害、重大疫情等突发性事件的能力。

（五）加快国际物流和保税物流发展。

加强主要港口、国际海运陆运集装箱中转站、多功能国际货运站、国际机场等物流节点的多式联运物流设施建设，加快发展铁海联运，提高国际货物的中转能力，加快发展适应国际中转、国际采购、国际配送、国际转口贸易业务要求的国际物流，逐步建成一批适应国际贸易发展需要的大型国际物流港，并不断增强其配套功能。在有效监管的前提下，各有关部门要简化审批手续，优化口岸通关作业流程，实行申办手续电子化和“一站式”服务，提高通关效率。充分发挥口岸联络协调机制的作用，加快“电子口岸”建设，积极推进大通关信息资源整合。统筹规划、合理布局，积极推进海关特殊监管区域整合发展和保税监管场所建设，建立既适应跨国公司全球化运作又适应加工制造业多元化发展需求的新型保税物流监管体系。积极促进口岸物流向内地物流节点城市顺畅延伸，促进内地现代物流业的发展。

（六）优化物流业发展的区域布局。

根据市场需求、产业布局、商品流向、资源环境、交通条件、区域规划等因素，重点发展九大物流区域，建设十大物流通道和一批物流节点城市，优化物流业的区域布局。

九大物流区域分布为：以北京、天津为中心的华北物流区域，以沈阳、大连为中心的东北物流区域，以青岛为中心的山东半岛物流区域，以上海、南京、宁波为中心的长江三角洲物流区域，以厦门为中心的东南沿海物流区域，以广州、深圳为中心的珠江三角洲物流区域，以武汉、郑州为中心的中部物流区域，以西安、兰州、乌鲁木齐为中心的西北物流区域，以重庆、成都、南宁为中心的西南物流区域。十大物流通道为：东北地区与关内地区物流通道，东部地区南北物流通道，中部地区南北物流通道，东部沿海与西北地区物流通道，东部沿海与西南地区物流通道，西北与西南地区物流通道，西南地区出海物流通道，长江与运河物流通道，煤炭物流通道，进出口物流通道。

要打破行政区划的界限，按照经济区划和物流业发展的客观规律，促进物流区域发展。积极推进和加深不同地区之间物流领域的合作，引导物流资源的跨区域整合，逐步形成区域一体化的物流服务格局。长江三角洲、珠江三角洲物流区域和华北、山东半岛、东北、东南沿海物流区域，要加强技术自主创新，加快发展制造业物流、国际物流和商贸物流，培育一批具有国际竞争力的现代物流企业，在全国率先做强。中部物流区域要充分发挥中部地区承东启西、贯通南北的区位优势，加快培育第三方物流企业，提升物流产业发展水平，形成与东部物流区域的有机衔接。西北、西南物流区域要加快改革步伐，进一步推广现代物流管理理念和技术，按照本区域承接产业转移和发挥资源优势的需要，加快物流基础设施建设，改善区域物流环境，缩小与东中部地区差距。

物流节点城市分为全国性物流节点城市、区域性物流节点城市和地区性物流节点城市。全国性和区域性物流节点城市由国家确定，地区性物流节点城市由地方确定。全国性物流节点城市包括：北京、天津、沈阳、大连、青岛、济南、上海、南京、宁波、杭州、厦门、广州、深圳、郑州、武汉、重庆、成都、南宁、西安、兰州、乌鲁木齐共 21 个城市。区域性物流节点城市包括：哈尔滨、长春、包头、呼和浩特、石家庄、唐山、太原、合肥、福州、南昌、长沙、昆明、贵阳、海口、西宁、银川、拉萨共 17 个城市。物流节点城市要根据本地的产业特点、发展水平、设施状况、市场需求、功能定位等，完善城市物流设施，加强物流园区规划布局，有针对性地建设货运服务型、生产服务型、商业服务型、国际贸易服务型和综合服务型的物流园区，优化城市交通、生态环境，促进产业集聚，努力提高城市的物流服务水平，带动周边所辐射区域物流业的发展，形成全国性、区域性和地区性物流中心和三级物流节点城市网络，促进大中小城市物流业的协调发展。

（七）加强物流基础设施建设的衔接与协调。

按照全国货物的主要流向及物流发展的需要，依据《综合交通网中长期发展规划》、《中长期铁路网规划》、《国家高速公路网规划》、《全国沿海港口布局规划》、《全国内河航道与港口布局规划》及《全国民用机场布局规划》，加强交通运输设施建设，完善综合运输网络布局，促进各种运输方式的衔接和配套，提高资源使用效率和物流运行效率。发展多式联运，加强集疏运体系建设，使铁路、港口码头、机场及公路实现"无缝对接"，着力提高物流设施的系统性、兼容性。充分发挥市场机制的作用，整合现有运输、仓储等物流基础设施，加快盘活存量资产，通过资源的整合、功能的拓展和服务的提升，满足物流组织与管理服务的需要。加强新建铁路、港口、公路和机场转运设施的统一规划和建设，合理布局物流园区，完善中转联运设施，防止产生新的分割和不衔接。加强仓储设施建设，在大中城市周边和制造业基地附近合理规划、改造和建设一批现代化的配送中心。

（八）提高物流信息化水平。

积极推进企业物流管理信息化，促进信息技术的广泛应用。尽快制定物流信息技术标准和信息资源标准，建立物流信息采集、处理和服务的交换共享机制。加快行业物流公共信息平台建设，建立全国性公路运输信息网络和航空货运公共信息系统，以及其他运输与服务方式的信息网络。推动区域物流信息平台建设，鼓励城市间物流平台的信息共享。加快构建商务、金融、税务、海关、邮政、检验检疫、交通运输、铁路运输、航空运输和工商管理等政府部门的物流管理与服务公共信息平台，扶持一批物流信息服务企业成长。

（九）完善物流标准化体系。

根据物流标准编制规划，加快制定、修订物流通用基础类、物流技术类、物流信息类、物流管理类、物流服务类等标准，完善物流标准化体系。密切关注国际发展趋势，加强重大基础标准研究。要对标准制定实施改革，加强物流标准工作的协调配合，充分发挥企业在制定物流标准中的主体作用。加快物流管理、技术和服务标准的推广，鼓励企业和有关方面采用标准化的物流计量、货物分类、物品标识、物流装备设施、工具器具、信息系统和作业流程等，提高物流的标准化程度。

（十）加强物流新技术的开发和应用。

大力推广集装技术和单元化装载技术，推行托盘化单元装载运输方式，大力发展大吨位厢式货车和甩挂运输组织方式，推广网络化运输。完善并推广物品编码体系，广泛应用条形码、智能标签、无线射频识别（RFID）等自动识别、标识技术以及电子数据交换（EDI）技术，发展可视化技术、货物跟踪技术和货物快速分拣技术，加大对RFID 和移动物流信息服务技术、标准的研发和应用的投入。积极开发和利用全球定位系统（GNSS）、地理信息系统（GIS）、道路交通信息通信系统（VICS）、不停车自动交费系统（ETC）、智能交通系统（ITS）等运输领域新技术，加强物流信息系统安全体系研究。加强物流技术装备的研发与生产，鼓励企业采用仓储运输、装卸搬运、分拣包装、条码印刷等专用物流技术装备。

四、重点工程

（一）多式联运、转运设施工程。

依托已有的港口、铁路和公路货站、机场等交通运输设施，选择重点地区和综合交通枢纽，建设一批集装箱多式联运中转设施和连接两种以上运输方式的转运设施，提高铁路集装箱运输能力，重点解决港口与铁路、铁路与公路、民用航空与地面交通等枢纽不衔接以及各种交通枢纽相互分离带来的货物在运输过程中多次搬倒、拆装等问题，促进物流基础设施协调配套运行，实现多种运输方式“无缝衔接”，提高运输效率。

（二）物流园区工程。

在重要物流节点城市、制造业基地和综合交通枢纽，在土地利用总体规划、城市总体规划确定的城镇建设用地范围内，按照符合城市发展规划、城乡规划的要求，充分利用已有运输场站、仓储基地等基础设施，统筹规划建设一批以布局集中、用地节约、产业集聚、功能集成、经营集约为特征的物流园区，完善专业化物流组织服务，实现长途运输与短途运输的合理衔接，优化城市配送，提高物流运作的规模效益，节约土地占用，缓解城市交通压力。物流园区建设要严格按规划进行，充分发挥铁路运输优势，综合利用已有、规划和在建的物流基础设施，完善配套设施，防止盲目投资和重复建设。

（三）城市配送工程。

鼓励企业应用现代物流管理技术，适应电子商务和连锁经营发展的需要，在大中城市发展面向流通企业和消费者的社会化共同配送，促进流通的现代化，扩大居民消费。加快建设城市物流配送项目，鼓励专业运输企业开展城市配送，提高城市配送的专业化水平，解决城市快递、配送车辆进城通行、停靠和装卸作业问题，完善城市物流配送网络。

（四）大宗商品和农村物流工程。

加快煤炭物流通道建设，以山西、内蒙古、陕西煤炭外运为重点，形成若干个煤电路港一体化工程，完善煤炭物流系统。加强油气码头和运输管网建设，提高油气物流能力。加强重要矿产品港口物流设施建设，改善大型装备物流设施条件。加快粮食现代物流设施建设，建设跨省粮食物流通道和重要物流节点。加大投资力度，加快建设“北粮南运”和“西煤东运”工程。加强城乡统筹，推进农村物流工程。进一步加强农副产品批发市场建设，完善鲜活农产品储藏、加工、运输和配送等冷链物流设施，提高鲜活农产品冷藏运输比例，支持发展农资和农村消费品物流配送中心。

（五）制造业与物流业联动发展工程。

加强对制造业物流分离外包的指导和促进，支持制造企业改造现有业务流程，促进物流业务分离外包，提高核心竞争力。培育一批适应现代制造业物流需求的第三方物流企业，提升物流业为制造业服务的能力和水平。制定鼓励制造业与物流业联动发展的相关政策，组织实施一批制造业与物流业联动发展的示范工程和重点项目，促进现代制造业与物流业有机融合、联动发展。

（六）物流标准和技术推广工程。

加快对现有仓储、转运设施和运输工具的标准化改造，鼓励企业采用标准化的物流设施和设备，实现物流设施、设备的标准化。推广实施托盘系列国家标准，鼓励企业采用标准化托盘，支持专业化企业在全国建设托盘共用系统，开展托盘的租赁回收业务，实现托盘标准化、社会化运作。鼓励企业采用集装单元、射频识别、货物跟踪、自动分拣、立体仓库、配送中心信息系统、冷链等物流新技术，提高物流运作管理水平。实施物流标准化服务示范工程，选择大型物流企业、物流园区开展物流标准化试点工作并逐步推广。

（七）物流公共信息平台工程。

加快建设有利于信息资源共享的行业和区域物流公共信息平台项目，重点建设电子口岸、综合运输信息平台、物流资源交易平台和大宗商品交易平台。鼓励企业开展信息发布和信息系统外包等服务业务，建设面向中小企业的物流信息服务平台。

（八）物流科技攻关工程。

加强物流新技术的自主研发，重点支持货物跟踪定位、智能交通、物流管理软件、移动物流信息服务等关键技术攻关，提高物流技术的自主创新能力。适应物流业与互联网融合发展的趋势，启动“物联网”的前瞻性研究工作。加快先进物流设备的研制，提高物流装备的现代化水平。

（九）应急物流工程。

建立应急生产、流通、运输和物流企业信息系统，以便在突发事件发生时能够紧急调用。建立多层次的政府应急物资储备体系，保证应急调控的需要。加强应急物流设施设备建设，提高应急反应能力。选择和培育一批具有应急能力的物流企业，建立应急物流体系。

五、政策措施

（一）加强组织和协调。

现代物流业是新型服务业，涉及面广。要加强对现代物流业发展的组织和协调，在相关部门各司其职、各负其责的基础上，发挥由发展改革委牵头、有关部门参加的全国现代物流工作部际联席会议的作用，研究协调现代物流业发展的有关重大问题和政策。各省、自治区、直辖市政府也要建立相应的协调机制，加强对地方现代物流业发展有关问题的研究和协调。

（二）改革物流管理体制。

继续深化铁路、公路、水运、民航、邮政、货代等领域的体制改革，按照精简、统一、高效的原则和决策，执行、监督相协调的要求，建立政企分开、决策科学、权责对等、分工合理、执行顺畅、监督有力的物流综合管理体系，完善政府的公共服务职能，进一步规范运输、货代等行业的管理，促进物流服务的规范化、市场化和国际化。改革仓储企业经营体制，推进仓储设施和业务的社会化。打破行业垄断，消除地区封锁，依法制止和查处滥用行政权力阻碍或限制跨地区、跨行业物流服务的行为，逐步建立统一开放、竞争有序的全国物流服务市场，促进物流资源的规范、公平、有序和高效流动。加强监管，规范物流市场秩序，强化物流环节质量安全管理。进一步完善对物流企业的交通安全监管机制，督促企业定期对车辆技术状况、驾驶人资质进行检查，从源头上消除安全隐患，落实企业的安全生产主体责任。

（三）完善物流政策法规体系。

在贯彻落实好现有推动现代物流业发展有关政策的基础上，进一步研究制定促进现代物流业发展的有关政策。加大政策支持力度，抓紧解决影响当前物流业发展的土地、税收、收费、融资和交通管理等方面的问题。引导和鼓励物流企业加强管理创新，完善公司治理结构，实施兼并重组，尽快做强做大。针对当前产业发展中出现的新情况和新问题，研究制定系统的物流产业政策。清理有关物流的行政法规，加强对物流领域的立法研究，完善物流的法律法规体系，促进物流业健康发展。

（四）制订落实专项规划。

有关部门要制订专项规划，积极引导和推动重点领域和区域物流业的发展。发展改革委会同有关部门制订煤炭、粮食、农产品冷链、物流园区、应急物流等专项规划，商务部会同供销总社等有关部门制订商贸物流专项规划，国家标准委会同有关部门制订物流标准专项规划。物流业发展的重点地区，各级地方政府也要制订本地区物流业规划，指导本地区物流业的发展。

（五）多渠道增加对物流业的投入。

物流业的发展，主要依靠企业自身的投入。要加快发展民营物流企业，扩大对外开放步伐，多渠道增加对物流业的投入。对列入国家和地方规划的物流基础设施建设项目，鼓励其通过银行贷款、股票上市、发行债券、增资扩股、企业兼并、中外合资等途径筹集建设资金。银行业金融机构要积极给予信贷支持。对涉及全国性、区域性重大物流基础设施项目，中央和地方政府可根据项目情况和财力状况适当安排中央和地方预算内建设投资，以投资补助、资本金注入或贷款贴息等方式给予支持，由企业进行市场化运作。

（六）完善物流统计指标体系。

进一步完善物流业统计调查制度和信息管理制度，建立科学的物流业统计调查方法和指标体系。加强物流统计基础工作，开展物流统计理论和方法研究。认真贯彻实施社会物流统计核算与报表制度。积极推动地方物流统计工作，充分发挥行业组织的作用和力量，促进物流业统计信息交流，建立健全共享机制，提高统计数据的准确性和及时性。

（七）继续推进物流业对外开放和国际合作。

充分利用世界贸易组织、自由贸易区和区域经济合作机制等平台，与有关国家和地区相互进一步开放与物流相关的分销、运输、仓储、货代等领域，特别是加强与日韩、东盟和中亚国家的双边和区域物流合作，开展物流方面的政策协调和技术合作，推动物流业"引进来"和"走出去"。加强国内物流企业同国际先进物流企业的合资、合作与交流，引进和吸收国外促进现代物流发展的先进经验和管理方法，提高物流业的全球化与区域化程度。加强国际物流"软环境"建设，包括鼓励运用国际惯例、推动与国际贸易规则及货代物流规则接轨、统一单证、加强风险控制和风险转移体系建设等。建立产业安全保障机制，完善物流业外资并购安全审查制度。

（八）加快物流人才培养。

要采取多种形式，加快物流人才的培养。加强物流人才需求预测和调查，制订科学的培养目标和规划，发展多层次教育体系和在职人员培训体系。利用社会资源，鼓励企业与大学、科研机构合作，编写精品教材，提高实际操作能力，强化职业技能教育，开展物流领域的职业资质培训与认证工作。加强与国外物流教育与培训机构的联合与合作。

（九）发挥行业社团组织的作用。

物流业社团组织应履行行业服务、自律、协调的职能，发挥在物流规划制订、政策建议、规范市场行为、统计与信息、技术合作、人才培训、咨询服务等方面的中介作用，成为政府与企业联系的桥梁和纽带。

六、规划实施

国务院各有关部门要按照《规划》的工作分工，加强沟通协商，密切配合，尽快制定和完善各项配套政策措施，明确政策措施的实施范围和进度，并加强指导和监督，确保实现物流业调整和振兴目标。有关部门要适时开展《规划》的后评价工作，及时提出评价意见。

各地区要按照《规划》确定的目标、任务和政策措施，结合当地实际抓紧制订具体工作方案，细化落实，确保取得实效。各省、自治区、直辖市要将具体工作方案和实施过程中出现的新情况、新问题及时报送发展改革委和交通运输、商务等有关部门。

国务院关于发布第七批国家级风景名胜区名单的通知

国函[2009]152 号

各省、自治区、直辖市人民政府，国务院各部委、各直属机构：

第七批国家级风景名胜区名单已经国务院审定，现予发布。

风景名胜区是中华民族珍贵的、不可再生的自然文化遗产。地方各级人民政府要正确处理开发利用与资源保护的关系，科学规划、统一管理，切实做好风景名胜资源的保护和管理工作。国务院有关部门要密切配合，加强对风景名胜区有关工作的指导和监督检查，促进风景名胜区可持续发展。

国务院

二〇〇九年十二月二十八日

第七批国家级风景名胜区名单

（共 21 处）

黑龙江省

太阳岛风景名胜区

浙江省

天姥山风景名胜区

福建省

佛子山风景名胜区

宝山风景名胜区

福安白云山风景名胜区

江西省

灵山风景名胜区

河南省

桐柏山—淮源风景名胜区

郑州黄河风景名胜区

湖南省

苏仙岭—万华岩风景名胜区

南山风景名胜区

万佛山—侗寨风景名胜区

虎形山—花瑶风景名胜区

东江湖风景名胜区

广东省

梧桐山风景名胜区

贵州省

平塘风景名胜区

榕江苗山侗水风景名胜区

石阡温泉群风景名胜区

沿河乌江山峡风景名胜区

瓮安江界河风景名胜区

西藏自治区

纳木措—念青唐古拉山风景名胜区

唐古拉山—怒江源风景名胜区

国务院关于进一步实施东北地区等老工业基地振兴战略的若干意见

国发[2009]33号

各省、自治区、直辖市人民政府，国务院各部委、各直属机构：

实施东北地区等老工业基地振兴战略五年多来，振兴东北地区等老工业基地工作取得了重要的阶段性成果。以国有企业改革为重点的体制机制创新取得重大突破，多种所有制经济蓬勃发展，经济结构进一步优化，自主创新能力显著提升，对外开放水平明显提高，基础设施条件得到改善，重点民生问题逐步解决，城乡面貌发生很大变化。实践证明，中央实施振兴东北地区等老工业基地战略的决策是及时的、正确的。但也要清醒地看到，东北地区等老工业基地体制性、结构性等深层次矛盾有待进一步解决，已经取得的成果有待进一步巩固，加快发展的巨大潜力有待进一步发挥。在当前形势下，认真总结振兴工作实践经验，进一步充实振兴战略的内涵，及时制定新的政策措施，既是应对国际金融危机、促进全国经济平稳较快发展的需要，也是推进东北地区等老工业基地全面振兴的需要。为此，现提出以下意见：

一、优化经济结构，建立现代产业体系

（一）加快推进企业兼并重组。要坚持市场主导和政府引导相结合，进一步打破地区、行业、所有制界限，优化资源配置，推动企业兼并重组，培育具有国际竞争力的大型企业集团。东北地区企业联合重组涉及“债转股”资产处置的，应根据实际情况试行新的处置方式，合理处置“债转股”股权。支持中央大型企业集团和地方企业相互联合重组。鼓励民营企业、外资企业等各类投资主体参与老工业基地企业改革重组。优先支持实现兼并重组的企业进行技术改造。

（二）大力发展非公有制经济和中小企业。创造公平竞争环境，平等保护各类产权，促进非公有制经济加快发展。落实融资、财税及市场准入等方面的政策，积极支持民间资本进入基础设施、公用事业、金融服务和社会事业等领域。推动国有资本、民营资本和外资经济的融合，积极发展混合所有制经济。允许职工在企业改制中持有一定比例股份。引导中小企业创新体制机制，提高经营管理水平和市场竞争力。充分发挥东北地区等老工业基地大企业聚集的优势，鼓励中小企业与大企业形成产业链的协作配套关系，促进其向“专精特优”方向发展。完善中小企业创业融资服务，继续推动中小企业信用体系和信用担保体系建设，支持东北中小企业信用再担保公司及其分支

机构扩展业务。

（三）做优做强支柱产业。贯彻落实重点产业调整振兴规划，加大结构调整力度，加快淘汰落后，防止重复建设。积极推进信息化与工业化融合，用现代信息手段改造传统产业，提高数字化、智能化水平。提高对东北老工业基地调整改造项目的中央预算内资金支持比例。支持东北老工业基地优势产业、骨干企业、重要品牌扩大市场份额。大力发展东北地区具有优势的大型铸锻件、核电设备、风电机组、盾构机械、先进船舶和海洋工程装备、大型农业机械、高速动车组、大功率机车、高档数控机床等市场急需产品及关键配套件。鼓励采购国产设备和推广应用首台（套）重大技术装备。进出口银行每年安排一定的信贷额度用于支持东北地区重大技术装备出口，人民银行和外汇局要在政策上给予支持。努力促进东北地区汽车产业调整结构，重点发展自主品牌汽车、小排量汽车、新能源汽车及关键零部件。继续调整钢铁工业产品结构，加强节能减排，淘汰落后产能，提高市场竞争力，同时加大资源勘探开发和对外合作力度，提高矿石资源的保障水平。优化提升石化产业，抓紧组织实施大型炼油、乙烯项目，提高加工度，发展精细化工、化肥等。

（四）积极培育潜力型产业。依托装备制造业整机制造能力强的优势，发展基础配套零部件、加工辅具和特殊原材料等。依托国防军工企业汇集的优势，发展军民两用技术，促进军民融合，增强军工企业的辐射带动作用。依托原材料加工基地的优势，努力发展下游特色轻工产业。依托农林产品商品量大、品质好，畜牧养殖业发达的优势，大力发展农林畜产品精深加工业。依托北方中药材资源优势，发展现代中药（北药）产业。依托地处东北亚中心的地缘优势，加强与周边国家的能源和资源开发合作。积极发展航空航天、电子信息、生物医药、新能源、新材料等新兴产业。鼓励地方政府设立专项扶持资金，支持潜力型产业发展。

（五）加快发展现代服务业。继续支持中外金融机构在东北地区设立分支机构和办事机构。鼓励有条件的城市进行金融改革创新，积极稳妥地发展中小金融机构。推动设立汽车金融公司，拓宽汽车消费融资渠道。推进东北产权交易平台互联互通、区域整合和功能拓展。支持大连商品交易所建设亚洲重要期货交易中心，在做精做细现有上市期货品种的基础上，推出东北地区具有优势、符合大连商品交易所功能定位的期货品种。推进现代物流业发展，研究制定东北地区物流业发展专项规划，统筹建设一批重点区域物流园区。加快发展软件和服务外包产业，重点建设好大连、哈尔滨、大庆三个服务外包示范城市，积极支持延吉、绥芬河等城市利用独特区位优势发展软件和服务外包产业。贯彻落实文化产业调整振兴规划，支持文化创意、出版发行、影视制作、演艺娱乐、文化会展、数字内容和动漫等文化产业加快发展，打造具有东北地方特色的文化品牌。加强公共文化基础设施和文化惠民工程建设，完善公共文化服务体系。加大文化遗产保护力度，扩大对外文化交流。大力发展旅游业，抓紧研究出台东北地区旅游业发展专项规划，加强旅游基础设施建设，发展一批特色鲜明、吸引力强的旅游目的地，提高管理服务水平，建立大东北无障碍旅游区。

（六）扶持重点产业集聚区加快发展。推动辽宁沿海经济带、沈阳经济区、哈大齐工业走廊、长吉图经济区加快发展，建设国内一流的现代产业基地。组织编制发展规划，支持沈阳铁西老工业基地调整改造暨装备制造业发展示范区和大连“两区一带”等装备制造业集聚区发展，打造具有国际竞争力的先进装备制造业基地。推进内蒙古东部地区能源重化工基地、黑龙江东部煤电化工基地和辽西北煤化工基地建设，提高资源转化利用水平。充分发挥沈阳、长春、哈尔滨、大连和通化等高技术产业基地的辐射带动作用，形成一批具有核心竞争力的先导产业和产业集群。支持有条件的地区建设一批有影响、有规模的特色产业园区，加快长春汽车产业开发区和轨道交通装备产业园发展，抓紧研究创建大连国家生态工业示范园区（静脉产业类）。加快推进东北地区符合条件的国家经济技术开发区扩区和重点省级开发区升级工作。

二、加快企业技术进步，全面提升自主创新能力

（七）加大企业技术改造力度。企业技术改造是老工业基地调整改造的重要内容，也是振兴工作取得成效的一条重要经验。要继续加大对企业技术改造的支持力度，从现有相关投资专项中分离设立东北地区等老工业基地调整改造专项，以及利用新增中央预算内投资，支持东北地区等老工业基地企业技术改造和技术进步，近期筛选一批项目予以重点支持。中央国有资本经营预算资金用于东北老工业基地中央企业的比例应有所增加。抓紧完成装备制造产业投资基金设立工作，重点支持东北地区装备制造企业技术改造和兼并重组。

（八）提高自主创新能力。充分发挥东北地区等老工业基地的人才优势，建立健全鼓励自主创新的体制机制。要在老工业基地重点发展领域，依托重要骨干企业、重大工程项目，组织实施一批带动力强、影响面广、见效快的技术创新和高技术产业化项目。要充分利用东北地区等老工业基地的科研和产业优势，通过国家重大科技专项和创新能力建设专项，支持建设一批工程研究中心、工程实验室和企业技术中心，突破一批核心技术和关键共性技术。支持企业有效吸纳利用国际创新资源，提高集成创新和引进消化吸收再创新能力。支持老工业基地引进一批重点行业发展急需的创业、研发领军人物及团队。国家“千人计划”“百人计划”等项目要重点支持东北老工业基地的海外高层次人才引进工作。鼓励采取技术入股、期权激励等更加灵活的政策措施，为引进高端人才并使其发挥作用创造良好的环境。

（九）促进自主创新成果产业化。大力推广应用自主创新成果，努力将其转化为先进生产力，培育新的经济增长点。加大对新能源、新材料、生物、信息、航空航天、高速铁路等高技术领域自主创新成果产业化的支持力度。积极推动产学研用相结合，鼓励高等院校和科研机构向企业转移自主创新成果，鼓励更多科技人员创办科技型企业。优先支持符合条件的科技型企业在创业板上市融资。继续组织实施振兴东北老工业基地高技术产业发展专项，重点用于东北老工业基地国家高技术产业基地建设、自

主创新成果产业化和创新能力建设等。有关地方政府要制定政策，支持老工业基地自主创新成果产业化。

三、加快发展现代农业，巩固农业基础地位

（十）大力发展现代农业。东北地区具有发展现代农业得天独厚的条件。要围绕提高土地产出率、资源利用率和劳动生产率，抓紧研究制定加快东北地区现代农业发展的政策措施。结合实施全国新增 1000 亿斤粮食生产能力规划，加强东北地区粮食生产能力建设，形成稳固的国家粮食战略基地。加大粮食丰产科技工程实施力度，大力推广高产优质、节本增效新技术。优化农机结构，提高农业机械化水平。加大农机具停放场库和机耕道建设力度。研究实施深松等重点环节农机作业补贴。抓紧研究稳定玉米、大豆生产的长效机制，适时对东北地区玉米、大豆继续实行国家收储政策。发挥国有农场在建设现代农业、保障国家粮食安全等方面的积极作用，大力开展“场县共建”，为地方农业发展提供示范和社会化服务。加强东北地区农业对外合作，支持有条件的企业到周边国家和地区从事农业合作开发。

（十一）加强农业和农村基础条件建设。开展以水利为重点的农业基础设施建设和以水、电、路、气等为重点的村镇基础设施建设。推进引嫩入白、三江平原灌区、尼尔基水库下游灌区、绰勒水利枢纽下游灌区、大安灌区、大型灌溉排水泵站更新改造等重大水利工程建设，加快实施病险水库除险加固、节水灌溉示范和小型农田水利工程。实施农户科学储粮专项，推广科学储粮技术，支持粮食银行等新型粮食仓储流通业态发展。推进散粮“入关”铁路直达，提高散粮铁水联运比例，建设大型粮食物流基地、节点和战略装车点，以及粮食仓储和烘干设施。积极推进农业信息化，建立和完善农业科技支撑和社会化服务体系，提高服务水平。统筹城乡发展，结合社会主义新农村建设，加快小城镇和中心村发展，全面改善村镇居民生产生活条件。加快解决农村饮水安全问题。取消农村公益性建设项目县及县（场）以下资金配套。

四、加强基础设施建设，为全面振兴创造条件

（十二）加快构建综合交通运输体系。开工建设京沈、沈丹、哈齐客运专线和吉图、大丹、哈牡、哈佳等铁路，推进牡绥等既有线路改造和东北沿边铁路、伊尔施—阿日哈沙特铁路、白音华—赤峰—锦州港煤运专线、同江铁路大桥、沿海疏港铁路建设。统筹干线和支线机场建设，完善东北地区机场布局，抓紧推进“十一五”期间东北地区机场的改扩建和新建迁建工作，做好“十二五”期间机场改扩建、新建迁建的前期工作。根据东北地区公路建设相对滞后和高寒地区的特点，进一步加大对黑龙江、吉林和内蒙古东部地区的高速公路和“村村通”公路建设投资力度。成立东北地区交通基础设施建设协调推进组，协调、指导和推进东北地区交通设施建设，组织编制东北地区综合交通运输规划。

（十三）优化能源结构。抓紧开工建设内蒙古东部和东北两大千万千瓦级风电基地、

内蒙古东部和黑龙江煤电外送通道等项目，加快辽宁红沿河二期工程、徐大堡和吉林核电项目的前期工作。加强东北地区电网建设，大力推进既有电网改造，提升骨干电网送电能力。加大农村电网特别是粮食主产区和林区的电网改造力度。研究解决风电等分散电源上网问题。率先在东北电网开展智能电网建设试点。

五、积极推进资源型城市转型，促进可持续发展

（十四）培育壮大接续替代产业。发展接续替代产业是资源枯竭城市实现经济转型的根本出路。组织实施好资源型城市吸纳就业、资源综合利用和发展接续替代产业专项，扶持引导资源型城市尽快形成新的主导产业。鼓励开发银行等各类金融机构加大对资源型城市可持续发展的支持。对资源型城市发展接续替代产业，在产业布局、项目审核、土地利用、贷款融资、技术开发、市场准入等方面给予支持。支持资源型城市接续替代产业园区建设，积极承接产业转移。组织研究制定资源型城市接续替代产业发展规划并做好实施工作。

（十五）构建可持续发展长效机制。抓紧出台资源型城市可持续发展准备金制度，由政府统筹部分准备金专项用于解决资源型城市环境治理等问题。在资源开采处于成长期或成熟期的资源型城市开展可持续发展试点。抓紧研究制定《资源型城市可持续发展条例》。省级人民政府要切实负起责任，出台支持资源型城市可持续发展的政策措施，并将转型工作情况纳入资源型城市人民政府主要领导干部综合考核评价体系。

（十六）进一步加大财政政策支持力度。加强对资源枯竭城市转型工作的指导，提高资源枯竭城市财力性转移支付使用效益。中央财政要加大对资源型城市特大型矿坑、深部采空区治理的支持力度。危机矿山接替资源找矿专项资金在安排上要向东北老工业基地资源枯竭城市倾斜。支持资源枯竭城市资源型企业开发利用区外、境外资源。

六、切实保护好生态环境，大力发展绿色经济

（十七）加强生态建设。坚持以生态为主导的林业和林区经济发展方向，进一步调减东北地区国有重点林区木材采伐量，促进林区经济转型和可持续发展。继续实施天然林保护工程，完善政策措施，加大支持力度。巩固退耕还林成果，加强育林和管护。高度重视大小兴安岭的生态屏障作用，组织编制大小兴安岭林区生态保护与经济转型规划。全面推进集体林权制度改革，稳步推进国有林权制度改革试点。切实加强天然草场恢复和保护、黑土区水土流失综合防治等生态工程建设。切实加强湿地保护与恢复、沙化土地治理和矿山环境整治等生态工程建设，组织实施黑龙江扎龙湿地核心区生态移民。

（十八）积极推进节能减排。严格执行相关法律法规、规划和产业政策，加强重点污染源总量控制。限制高耗能、高污染行业扩张，关停小火电、小钢铁、小造纸、小水泥等污染严重的小企业。以能源、原材料、装备制造和农产品加工等行业为重点，

加强对各类工业园区的建设管理，推行清洁生产。支持开发和应用低碳技术。鼓励发展循环经济。大力推广应用节能技术产品，发展节约能源、节省土地的环保型建筑和绿色建筑，组织实施好节能产品惠民工程。

（十九）加强环境污染治理。加强松花江、辽河等重点流域的水污染防治，支持松花江流域开展主要污染物排放量有偿取得和排污权交易试点。加大城市垃圾和污水处理设施建设力度，推广垃圾分类回收、清洁焚烧，逐步提高城镇污水、垃圾处理以及排污收费标准。严格监控和防治工业污染，统筹解决农业面源污染。全面推进农村环境综合整治工作，创建环境优美的农村新面貌。

七、着力解决民生问题，加快推进社会事业发展

（二十）千方百计扩大就业。要切实把就业工作摆在更加突出的重要位置，落实促进大学生、农民工和困难群体的就业政策，确保就业形势稳定。发挥好政府投资和重大建设项目带动就业的作用，积极开发公益性工作岗位，努力使“零就业家庭”实现至少一人就业。积极落实扶持创业的各项政策措施，以创业带动就业。鼓励服务业、中小企业、非公有制经济更多吸纳就业，引导和支持困难企业采取灵活用工、弹性工时、技能培训等办法，尽量不裁员。

（二十一）积极完善社会保障体系。加快推进城镇职工养老保险省级统筹，适当提高企业退休人员基本养老金标准。进一步完善城乡最低生活保障制度。积极推进农村新型养老保险试点，全面提高新农村合作医疗保险覆盖面。做好被征地农民社会保障工作。完善工伤保险政策法规，进一步扩大工伤保险覆盖面，抓紧解决“老工伤”人员待遇纳入工伤保险统筹管理问题。

（二十二）解决好住房、冬季取暖等突出民生问题。做好群众来信来访工作，下大力气解决好群众反映强烈的民生问题。加大城镇廉租房、经济适用房建设规模和国有林区棚户区、国有垦区危房、农村危房、危旧校舍改造力度，继续做好煤矿棚户区改造工作。支持开展城市棚户区改造工作。加大对东北高寒地区热电联产项目支持力度，加快东北地区城市集中供热管网改造，解决好城市低保户冬季取暖问题。推进农村开发式扶贫，扶持更多农村贫困人口脱贫致富。

（二十三）促进教育、卫生等社会事业发展。研究和推进各级各类教育改革，提高办学质量，为老工业基地全面振兴提供人才支撑。充分发挥东北地区高等教育资源丰富的优势，提高重点高校的办学层次和水平。结合老工业基地产业结构优化升级，合理确定职业教育专业和办学规模。继续加大对东北地区职业教育实训基地、职业教育基础能力建设支持力度。推进医疗卫生体制改革，加快建立覆盖城乡居民的基本医疗保障体系，健全基层医疗卫生服务体系，扩大城镇职工和居民的医疗保险覆盖面。

八、深化省区协作，推动区域经济一体化发展

（二十四）推进区域一体化发展。鼓励东北地区实行跨省（区）经济合作，促进生产要素合理流动，提高一体化发展水平，近期先行组织开展旅游、物流、交通和科技方面的一体化协作。认真组织实施《东北地区振兴规划》，做好规划任务落实、督促检查工作，加快规划内重大基础设施一体化建设。推进内蒙古东部地区与东北三省的产业对接和合理分工。进一步研究支持东北地区等老工业基地调整改造的税收政策。

（二十五）建立东北地区合作机制。建立东北地区四省（区）行政首长协商机制，定期研究协调跨省（区）重大基础设施项目建设、产业布局，以及区域协调发展等问题，并对老工业基地调整改造的重大事项提出意见建议。

九、继续深化改革开放，增强经济社会发展活力

（二十六）深化国有企业改革。加快推进国有企业改革，努力建立健全现代企业制度，进一步增强老工业基地经济活力。在企业改制过程中，要坚持依法按程序办事，公开透明操作，切实维护职工的合法权益，防止国有资产流失。东北地区各级人民政府要加快推进厂办大集体改革试点工作，有关部门要抓紧总结前期试点工作，进一步完善试点政策。妥善处理中央企业和中央下放地方政策性关闭破产企业及地方依法破产国有企业退休人员医疗、工伤保障和社会职能移交等问题。抓紧完成东北地区装备制造业银行不良贷款处置工作。加快推进粮食、商贸、建筑、农垦、森工、文化等领域的国有企业改革。

（二十七）加快推进其他领域改革。尽快确定东北符合条件的地区开展国家综合配套改革试点。积极推进省直管县财政管理方式改革，研究建立县级基本财力保障机制。完善企业债券发行政策，探索多样化的企业债信用增级方式。大力发展多种形式的新型农村金融机构，推进农村金融产品和服务创新。加快发展农业保险，扩大试点范围、增加险种，加大中央财政保费补贴力度。建立健全农村土地承包经营权流转和林业要素交易市场，规范管理，加强服务。清理涉及企业的行政事业性收费，落实好符合条件企业缓缴社会保险费、降低费率和扩大失业保险基金支出范围等政策措施，进一步减轻企业负担。推进城市供热体制、农村水利管理体制改革。

（二十八）进一步扩大对外开放。加快推进辽宁沿海经济带和长吉图地区开发开放。推动《中国东北地区老工业基地与俄罗斯远东地区合作规划纲要》早日签署并协调组织实施。抓紧编制实施黑瞎子岛保护与开放开发规划。把沿海沿边开放和境外资源开发、区域经济合作、承接国内外产业转移结合起来，支持符合条件的地区建设边境贸易中心、经济合作区、出口加工区、进口资源加工区。研究建立中俄地方合作发展基金，支持中俄地区合作规划纲要项目的实施。利用境外港口开展内贸货物跨境运输合作，推进黑龙江、吉林江海陆海联运通道常态化运营。积极探索海关特殊监管区

域管理制度创新，加快推动以大连大窑湾保税港区为核心的大连东北亚国际航运中心建设，抓紧建设好绥芬河综合保税区和沈阳保税物流中心，促进东北地区保税物流和保税加工业的发展。开展货物贸易人民币结算试点。推动东北地区与港澳台地区加强经贸合作。

实现东北地区等老工业基地全面振兴是一项长期艰巨的历史任务。东北地区等老工业基地各级人民政府和国务院有关部门要深入贯彻落实科学发展观，进一步解放思想，开拓创新，齐心协力，真抓实干，推动东北地区等老工业基地在应对国际金融危机中实现新的跨越，加快形成具有独特优势和竞争力的新的增长极，为全国经济发展作出更大贡献。

国务院

二〇〇九年九月九日

国务院办公厅关于发布吉林松花江三湖等16处新建国家级自然保护区名单的通知

国办发[2009]54号

各省、自治区、直辖市人民政府，国务院各部委、各直属机构：

吉林松花江三湖等16处新建国家级自然保护区已经国务院审定，现将名单予以发布。新建国家级自然保护区的面积、范围和功能分区等由环境保护部另行公布。

建立自然保护区是保护自然环境、自然资源和生物多样性的有效途径，是经济社会可持续发展的客观要求，是促进人与自然和谐发展、积极应对气候变化的重要手段，是建设生态文明和环境友好型社会的重要内容。吉林松花江三湖等16处国家级自然保护区主要保护对象的典型性、稀有性、濒危性、代表性较强，在保护生物多样性和生物资源、维持生态系统良性循环等方面具有重要作用。有关地区和部门要切实加强领导、协调和监督，尽快组织编制和实施自然保护区总体规划，健全管理机构，增加资金投入，开展检查评估，不断提高国家级自然保护区建设和管理水平。

有关地区要按照批准的自然保护区面积和范围组织勘界，落实土地权属，并在规定的时限内标明区界，予以公告。自然保护区的面积、范围和功能分区等一经确定，不得擅自调整。

要妥善处理好自然保护区与当地经济建设和居民生产生活的关系，研究建立生态补偿机制。严格执行《中华人民共和国自然保护区条例》等有关规定，不得在自然保护区的核心区和缓冲区内开展旅游活动及建设任何生产设施；在自然保护区的实验区内按规定建设设施，必须进行环境影响评价并依法履行审批手续。对涉及自然保护区的环境影响评价要严格把关，采取各种预防和保护措施，尽可能减少项目对自然保护区的不良影响，并责成项目开发单位落实生态恢复治理和补偿措施；措施未落实的，暂停相关地区涉及自然保护区的建设项目环评审批。

国务院办公厅

二〇〇九年九月十八日

新建国家级自然保护区名单

（共计16处）

吉林省

松花江三湖国家级自然保护区

哈泥国家级自然保护区

黑龙江省

东方红湿地国家级自然保护区

大沾河湿地国家级自然保护区

穆棱东北红豆杉国家级自然保护区

湖北省

龙感湖国家级自然保护区

湖南省

阳明山国家级自然保护区

六步溪国家级自然保护区

舜皇山国家级自然保护区

广西壮族自治区

雅长兰科植物国家级自然保护区

四川省

长沙贡玛国家级自然保护区

陕西省

青木川国家级自然保护区

桑园国家级自然保护区

陇县秦岭细鳞鲑国家级自然保护区

甘肃省

洮河国家级自然保护区

敦煌阳关国家级自然保护区

国务院办公厅关于印发促进生物产业加快发展若干政策的通知

国办发[2009]45号

各省、自治区、直辖市人民政府，国务院各部委、各直属机构：

《促进生物产业加快发展的若干政策》已经国务院同意，现印发给你们，请认真贯彻执行。

国务院办公厅
二〇〇九年六月二日

促进生物产业加快发展的若干政策

加快培育生物产业，是我国在新世纪把握新科技革命战略机遇、全面建设创新型国家的重大举措。为贯彻落实《国家中长期科学和技术发展规划纲要（2006—2020年）》和《生物产业发展“十一五”规划》，加快把生物产业培育成为高技术领域的支柱产业和国家的战略性新兴产业，特制定本政策。

一、政策目标

（一）引导技术、人才、资金等资源向生物产业集聚，促进生物技术创新与产业化，加速生物产业规模化、集聚化和国际化发展。

（二）建立以企业为主体、市场为导向、产学研相结合的产业技术创新体系，造就高素质人才队伍，增强自主创新能力，掌握一批拥有自主知识产权的重要生物技术、产品和标准。

（三）培育若干个跨国经营的大型生物企业和一大批拥有自主知识产权的创新型中小生物企业，形成若干个产业集聚度高、核心竞争力强、专业化分工特色显著的生物产业基地。

（四）加强生物技术专利保护和物种种质资源保护，提高种质资源开发、利用水平，保障生物安全。

二、现代生物产业发展重点领域

（五）生物医药领域。重点发展预防和诊断严重威胁我国人民群众生命健康的重大传染病的新型疫苗和诊断试剂。积极研发对治疗常见病和重大疾病具有显著疗效的生物技术药物、小分子药物和现代中药。加快发展生物医学材料、组织工程和人工器官、临床诊断治疗康复设备。推进生物医药研发外包。

（六）生物农业领域。重点发展优质、高产、高效、多抗的农业、林业新品种和野生动植物繁育种源。大力发展生物农药、生物饲料及饲料添加剂、生物肥料、植物生长调节剂、动物疫苗、诊断试剂、现代兽用中药、生物兽药、生物渔药、微生物全降解农用薄膜等绿色农用生物制品，推进动植物生物反应器的产业化开发，促进高效绿色农业的发展。开发具有抗病和促进生长功能的微生物药品及其他生物制剂，保护和改善水域生态环境，发展健康养殖。

（七）生物能源领域。加快培育速生、高含油、高热值、高产专用能源植物品种，合理利用荒山荒地，推进规模化、基地化种植；积极开展以甜高粱、薯类、小桐子、黄连木、光皮树、文冠果以及植物纤维等非粮食作物为原料的液体燃料生产试点，推动生物柴油、集中式生物燃气、生物质发电、生物质致密成型燃料等生物能源的发展。

（八）生物制造领域。加快推进生物基高分子新材料、生物基绿色化学品、糖工程产品规模化发展。支持农产品精深加工和食品生物制造技术、装备、工艺流程的研发及规模化生产。开发新型酶制剂，发展生物漂白、生物制浆、生物制革和生物脱硫等清洁生产工艺，加快生物制造技术推广应用，降低物耗、能耗和污染。

（九）生物环保领域。重点发展高性能水处理絮凝剂、混凝剂、杀菌剂及生物填料等生物技术产品，鼓励废水处理、垃圾处理、生态修复生物技术产品的研究和产业化。支持荒漠化防治、盐碱地治理、水域生态修复、抗重金属污染、超富集植物等新产品的生产和使用。

三、发展壮大生物企业

（十）培育具有较强创新能力和国际竞争力的龙头企业。鼓励龙头企业加强研发能力建设，积极开展技术引进、跨国经营等活动。推动生物企业间、生物企业与科研机构间的合作与重组，扩大企业规模，增强企业实力。

（十一）鼓励和促进中小生物企业发展。对新创办的生物企业，在人员聘任、借贷融资、土地等方面给予优先支持。支持建立一批生物企业孵化器和留学生创业服务中心。加大科技型中小企业技术创新基金对符合条件的中小生物企业的支持力度。

（十二）大力推进生物产业基地发展。鼓励与生物产业相关的企业、人才、资金等向生物产业基地集聚，促进生物产业基地向专业化、特色化、集群化方向发展，形成比较完善的产业链。在基础条件好、创业环境优良的区域，逐步建立若干个国家级生物产业基地。国家在创新能力基础设施、公共服务平台建设以及实施科技计划、高技术产业计划等方面按规定给予重点支持。

（十三）积极推进国际合作。鼓励外国企业和个人来华投资生产、设立研发机构和开展委托研究。鼓励和支持具有自主知识产权的生物企业“走出去”，开展产品的国际注册和营销，到境外设立研发机构和投资兴办企业。支持国内机构参与有关国际标准的制（修）订工作，开展生物产业认证认可国际交流。

四、大力促进自主创新

（十四）充分发挥企业技术创新主体的作用。鼓励企业加大研发投入，国家通过建立健全产学研结合机制等方式，加大对企业技术创新的支持。加强企业技术中心建设，支持企业设立海外研发中心。支持以产学研联合的方式，吸引社会资金投入，组建若干个具有国际先进水平的生物技术研发机构，提高系统集成和工程化能力。鼓励企业、高校和科研机构共建工程实验室、工程（技术）研究中心、实习实训基地等工程化平台。

（十五）加强创新能力基础设施建设。支持各类研究机构、检测机构的科研基础设施建设，在充分整合和利用现有科研基础设施的基础上，形成若干个具有国际先进水平的生物科学研究基地，加强生物科学基础研究和应用技术开发。支持生物技术工程中心、工程实验室、孵化器、产品质检中心等建设。大力推进生物科研基础设施的开放和共享。

（十六）切实做好生物技术成果转移服务等工作。加快生物技术知识产权的审查，强化生物技术科研成果的登记和转移工作，完善生物技术成果的评价体系和转让机制。建立健全生物产品认证认可体系，规范生物产业第三方认证等中介机构的发展。

（十七）加速自主创新成果的产业化。组织实施生物技术产业化专项，大力推进拥有自主知识产权的重大生物技术成果转化，加速规模化生产和应用。积极开展生物产品相关标准的研究制（修）订与实施工作，加强生物标样的研制和产业化。

五、培养高素质人才队伍

（十八）加强生物科技人才培养。加大高校生物类学科专业建设力度，加强硕士、博士等高级专门人才的培养。在大型企业设立博士后科研工作站，鼓励科研机构、企业与高校联合建立生物技术人才培养基地，加强创新型人才和高级实用型人才培养。鼓励各类职业院校加快培养生物产业发展急需的技能型人才。

（十九）积极引进优秀生物科技人才。鼓励海外优秀人才回国（来华）创办企业、从事科研教学工作。结合实施国家自主创新战略和科技重大专项，鼓励海外回国（来华）优秀人才按规定申请和承担政府科技计划、基金项目和产业化项目。鼓励国有生物科研机构公开向海内外招聘技术负责人。加大向关键岗位和优秀人才的收入分配倾斜力度，完善技术参股、入股等产权激励机制。

六、加大财税政策支持力度

（二十）加大对生物技术研发与产业化的投入。各级政府根据财力增长情况，加大对生物技术研发及其产业化的投入，特别要加大对重要生物技术产品研发、产业化示范项目的支持。对完全可降解生物材料和经批准生产的非粮燃料乙醇、生物柴油、生物质热电等重要生物能源产品，国家给予适当支持。鼓励企业、科研机构、高校和个人申请植物新品种、专利、商标等知识产权。

（二十一）建立财政性资金优先采购自主创新生物产品制度。各级国家机关、事业单位和团体组织使用财政性资金采购生物产品的，应优先购买列入政府采购自主创新产品目录中的生物产品。

（二十二）实施税收优惠政策。生物企业为开发新技术、新工艺、新产品发生的研发费用，未形成无形资产计入当期损益的，在按照规定据实扣除的基础上，再按照研发费用的 50%加计扣除；形成无形资产的，按照无形资产成本的 150%摊销。对被认定为高新技术企业的生物企业，按照税法规定减按 15%的税率征收企业所得税。对国家需要重点扶持和鼓励发展的生物农业、生物医药、生物能源、生物基材料等生产企业，进一步完善相关税收政策。

七、积极拓宽融资渠道

（二十三）引导社会资金投向生物产业。鼓励设立、发展生物技术创业投资机构和产业投资基金，鼓励、引导金融机构支持生物产业发展，支持信用担保机构对生物企业提供贷款担保。支持金融机构创新信贷品种，改进金融服务，对符合条件的生物产业发展项目、生物产业基地基础设施提供信贷支持。积极探索利用贴息、小额贷款等方式，加大有效信贷投入。

（二十四）支持生物企业利用资本市场融资。积极支持符合条件的中小生物企业在中小企业板和创业板上市，鼓励符合条件的生物企业在境内外上市筹资。开展生物产业基地内具备条件的生物企业进入证券公司代办系统进行股份转让试点，推进未上市生物企业股权的流通，拓宽创业投资退出渠道。支持符合条件的生物企业发行企业债券、公司债券、短期融资券和中期票据等，开展生物产业基地内企业联合发行企业债券试点。

八、创造良好市场环境

（二十五）培育生物产品市场。扩大医疗保险覆盖范围，规范药品政府采购方式，发展商业健康保险，积极拓展生物医药应用范围。对拥有自主知识产权的生物药品，按照国家有关程序进行评审，符合条件的纳入医疗保险目录。鼓励推广使用农林业良种、生物农药、生物肥料、生物饲料及饲料添加剂、完全可降解生物薄膜等。稳步推进非粮燃料乙醇应用试点，有序开展生物柴油应用试点。规范生物产品市场秩序，依法查处制假售假、商业欺诈等行为。督促指导生物企业加强环境保护，确保污染物排放达标。

（二十六）完善生物产品市场准入政策。按照生物安全审查、评价、认证认可和监管要求，积极推进转基因农产品技术研发与产业化。对生物能源生产、销售依法实行市场准入制度，由国务院有关部门制定完善相关准入条件。进一步加强生物检测实验室的资质认定工作，切实提高实验室检测能力和管理水平。依法完善生物药品审批制度。对涉及国家安全、人体健康安全、动植物安全、环境保护的生物产品和技术，由国务院有关部门依法实施市场准入制度。制定生物产品进出口管理办法，规范生物产品进出口秩序。

（二十七）加强知识产权的保护。完善生物技术知识产权保护机制，加强生物技术知识产权执法队伍建设，加大对知识产权侵权的惩处力度，依法保障知识产权所有者的权益。

九、强化生物遗传资源保护和生物安全监管

（二十八）加强生物遗传资源保护。建立健全生物遗传资源保护法律法规体系，建立和完善生物遗传资源获取与惠益分享制度。建立生物遗传资源信息系统，开展生物遗传资源调查、评价。加强人类遗传资源库和物种种质资源库（圃）及保护场（区）、原生境保护点、试验基地、管理体系建设。组织实施野生动植物种质资源保护工程，收集和保护濒危稀缺等重要生物资源。建立健全生物遗传资源出入境查验体系，加强对生物遗传资源出入境的监管。

（二十九）加强生物安全管理。认真履行生物安全有关国际公约，依据有关法律法规健全生物安全特别是转基因生物安全技术标准、安全评价、检测监测和监督管理体系，提高安全监管能力。加强防范外来有害生物入侵的防御体系建设，完善进境生物安全防范体系，防范转基因生物、微生物菌剂非法越境转移和无意越境转移。依法限制或禁止影响国家安全或公共利益的生物技术和产品进出口。建立健全生物安全风险分析和信息交换机制，强化风险预警和应急反应机制，提高防范与应对外来有害生物入侵、生物恐怖袭击的能力。加强实验室生物安全监督管理，健全实验室生物安全体系，保护实验室工作人员和公众安全。

（三十）加强生命科学、生物技术知识和有关法律法规的宣传普及工作。引导社会公众树立正确的生物安全意识，营造发展生物产业的良好社会环境。

（三十一）加强生物研究伦理审查。积极开展生物伦理研究，遵循国际通行的生物伦理规范，建立健全医学、农业等领域生命科学研究伦理审查、监督制度。

十、加强组织领导

（三十二）建立健全工作机制。建立国家促进生物产业发展部际协调机制，统筹协调生物产业发展的重大问题。成立国家生物产业发展专家咨询委员会，对产业发展重

大问题开展咨询研究。积极发挥行业协会桥梁和纽带作用，推动国际交流与合作，强化行业自律。

（三十三）本政策自发布之日起实施。国务院有关部门要依据本政策制定配套政策措施，各省、自治区、直辖市人民政府要结合本地实际，制定具体方案并抓好落实。

三、环境保护部令与规范性文件

中华人民共和国环境保护部令

第 6 号

《限期治理管理办法（试行）》已经 2009 年 6 月 11 日环境保护部 2009 年第一次部务会议审议通过，现予公布，自 2009 年 9 月 1 日起施行。

环境保护部部长　周生贤

二〇〇九年七月八日

限期治理管理办法

（试行）

目　录

第一章　总　则

第一条　【立法目的】为督促排污单位在限期内治理现有污染源，纠正水污染物处理设施与处理需求不匹配的状况，推动水污染物工程减排，根据《中华人民共和国水污染防治法》（以下简称《水污染防治法》），制定本办法。

第二条　【适用范围】排污单位的污染源有下列情形之一的，适用限期治理：

（一）排放水污染物超过国家或者地方规定的水污染物排放标准的（本办法以下简称“超标”）；

（二）排放国务院或者省、自治区、直辖市人民政府确定实施总量削减和控制的重点水污染物，超过总量控制指标的（本办法以下简称“超总量”）。

第三条　【不适用情形】排放水污染物超标或者超总量，但有下列情形之一，法律法规相关条款另有特别规定的，适用特别规定，不适用限期治理：

（一）建设项目的水污染防治设施未建成、未经验收或者验收不合格，主体工程即投入生产或者使用的，根据《水污染防治法》第七十一条处罚。

（二）建设项目投入试生产，其配套建设的水污染防治设施未与主体工程同时投入试运行的，根据《建设项目环境保护管理条例》第二十六条处罚。

（三）不正常使用水污染物处理设施，或者未经环境保护行政主管部门批准拆除、闲置水污染物处理设施的，根据《水污染防治法》第七十三条处罚。

（四）违法采用国家强制淘汰的造成严重水污染的设备或者工艺，情节严重的，根据《水污染防治法》第七十七条处罚。

第四条 【级别管辖】国家重点监控企业的限期治理，由省、自治区、直辖市环境保护行政主管部门决定，报环境保护部备案。

省级重点监控企业的限期治理，由所在地设区的市级环境保护行政主管部门决定，报省、自治区、直辖市环境保护行政主管部门备案。

其他排污单位的限期治理，由污染源所在地设区的市级或者县级环境保护行政主管部门决定。

第五条 【特殊管辖】下级环境保护行政主管部门实施限期治理有困难的，可以报请上一级环境保护行政主管部门决定限期治理。

下级环境保护行政主管部门对依法应予限期治理的排污单位不作出限期治理决定的，上级环境保护行政主管部门应当责成下级环境保护行政主管部门依法决定限期治理，或者直接决定限期治理。

排污单位排放水污染物超标或者超总量造成的社会影响特别重大，或者有其他特别严重情形的，环境保护部可以直接决定限期治理。

上下级环境保护行政主管部门，对同一污染源的同一违法行为，不得重复下达限期治理决定。

第六条 【期限】环境保护行政主管部门应当根据完成限期治理任务的实际需要，合理确定限期治理期限。

限期治理期限最长不得超过 1 年。但完全由于不可抗力的原因，导致被限期治理的排污单位不能按期完成治理任务的除外。

环境保护行政主管部门不得通过重复下达限期治理决定等方式，变相延长限期治理期限。

第七条 【信息公开】环境保护行政主管部门应当通过报刊、门户网站等便于公众知晓的方式，将下列信息向社会公开：

（一）被责令限期治理的排污单位名称、《限期治理决定书》、排污单位的限期治理方案等相关文件；

（二）完成限期治理任务后，被依法解除限期治理的排污单位名称；

（三）因逾期未完成限期治理任务，被依法责令关闭的排污单位名称。

环境保护行政主管部门不得公开涉及国家秘密、商业秘密、个人隐私的政府信息。

第二章 决定程序

第八条 【立案调查】环境保护行政主管部门现场检查时，可以凭环境保护行政主管部门工作人员现场即时采样或者监测的结果，判定污染源排放水污染物是否超标或者超总量。

对经现场检查判定排放水污染物超标或者超总量的污染源，环境保护行政主管部门应当及时分析原因。经分析判断超标或者超总量可能是由水污染物处理设施与处理需求不匹配原因造成的，环境保护行政主管部门应当按照本办法有关限期治理管辖权限的规定立案调查，并确定负责立案调查的机构。

第九条 【判断步骤】对已被立案调查的排污单位，负责立案调查的机构应当通过以下步骤，对排放水污染物超标或者超总量是否因水污染物处理设施与处理需求不匹配所致作出判断，并报环境保护行政主管部门：

（一）现场监测：组织环境监测机构按照污染源监测规范规定的采样频次，对污染源在生产周期内所排水污染物进行监测；

（二）技术评估：组织行业生产专家、污染物处理技术专家和企业代表，采用工艺流程分析、物料衡算等方法，对排污单位水污染物处理设施与处理需求是否匹配进行分析评估。

第十条 【事先告知】环境保护行政主管部门根据监测数据和技术评估结果，判断水污染物处理设施与处理需求不匹配导致排放水污染物超标或者超总量的，应当向排污单位发出《限期治理事先告知书》。

第十一条 【告知内容】《限期治理事先告知书》应当载明以下内容：

（一）排污单位名称；

（二）水污染物处理设施与处理需求不匹配导致排放水污染物超标或者超总量的事实和证据；

（三）拟作出的限期治理决定和法律依据；

（四）未完成限期治理任务的法律后果；

（五）排污单位陈述、申辩和申请听证的权利。

环境保护行政主管部门认为必要时，可以就污染源限期治理事项，约谈排污单位的法定代表人或者其他主要负责人。

第十二条 【申请听证】排污单位对排放水污染物超标或者超总量的事实以及是否应当适用限期治理有异议的，可以自收到《限期治理事先告知书》之日起 7 个工作日内，向环境保护行政主管部门进行陈述、申辩，或者以书面形式提出听证申请。

第十三条 【组织听证】排污单位提出听证申请的，环境保护行政主管部门应当自收到听证申请之日起 7 个工作日内，决定听证的时间和地点，并通知排污单位。

依据本办法组织听证的具体程序，参照环境行政处罚听证程序的有关规定执行。

第十四条 【认定事实】环境保护行政主管部门应当在综合考虑监测数据和技术

评估结果、排污单位的陈述申辩意见或者听证结果的基础上，对水污染物处理设施与处理需求是否匹配作出认定。

第十五条 【决定限期治理】环境保护行政主管部门对因水污染物处理设施与处理需求不匹配导致排放水污染物超标或者超总量的，应当作出限期治理决定，并制作《限期治理决定书》。

第十六条 【决定书内容】《限期治理决定书》应当载明以下内容：

（一）排污单位的名称、营业执照号码、组织机构代码、地址以及法定代表人或者主要负责人姓名；

（二）事实、证据和作出限期治理决定的法律依据；

（三）限期治理任务，即排污单位在限期治理后应当稳定达到的排放标准或者总量控制指标；

（四）限期治理的期限。

第十七条 【告知相关事项】对被决定限期治理的排污单位，环境保护行政主管部门还应当在《限期治理决定书》中告知以下事项：

（一）排污单位负责自行选择限期治理具体措施；

（二）限期治理期间排放水污染物超标或者超总量的，环境保护行政主管部门可以直接责令限产限排或者停产整治；

（三）逾期未完成限期治理任务的，环境保护行政主管部门将报请人民政府责令关闭。

第十八条 【送达】环境保护行政主管部门应当自作出限期治理决定之日起 7 个工作日内，将《限期治理决定书》送达排污单位。

《限期治理决定书》自送达之日起生效。

第十九条 【重点湖泊流域】对国家确定的重点湖泊流域内，因排放水污染物超标被要求在 2008 年 6 月底前完成治理而逾期未完成，且排放水污染物超标是因水污染物处理设施与处理需求不匹配造成的，环境保护行政主管部门应当依据国务院办公厅转发的《关于加强重点湖泊水环境保护工作的意见》，按照本章规定的程序直接责令停产整治。

第三章 执行与督察

第二十条 【企业采取治理措施】排污单位接到《限期治理决定书》后，应当根据限期治理任务和期限，制定限期治理方案，并报知作出决定的环境保护行政主管部门。

限期治理方案，应当确定具体污染治理措施、进度安排、资金保障和责任人员。

第二十一条 【监测记录】限期治理期间，排污单位应当按照污染源监测规范，对所排水污染物进行监测，保存原始监测记录，以备查核。

不具备环境监测能力的排污单位，应当委托环境保护行政主管部门所属监测机构或者经省、自治区、直辖市环境保护行政主管部门认定的其他监测机构进行监测。

第二十二条 【不得超标超总量】限期治理期间，排放水污染物不得超标或者超总量。

第二十三条 【试运行监管要求】限期治理期间，水污染物处理设施需要试运行并排放污染物的，排污单位应当事先书面报知环境保护行政主管部门。

试运行期间，排污单位应当在污染源监测规范规定的采样频次基础上，相应增加采样频次，进行加密监测。

在试运行期间，因水污染物处理工艺调试等原因所产生的水污染物不可避免超标或者超总量的，排污单位必须将所产生的水污染物存放于应急储存池或者其他临时储存设施，不得直接向环境排放；确需排放的，必须事先报经环境保护行政主管部门批准，并制定突发环境事件应急预案。

第二十四条 【跟踪检查】环境保护行政主管部门作出限期治理决定后，应当制定跟踪检查方案，明确负责跟踪检查的工作机构。

负责跟踪检查的工作机构，应当根据跟踪检查方案，通过现场检查、采样监测等方式，对排污单位执行限期治理决定的治理进度和排放水污染物状况加强后督察。

试运行期间，负责跟踪检查的工作机构应当加强现场监督检查，相应增加监测频次。

第二十五条 【限产限排、停产整治】负责跟踪检查的工作机构发现被责令限期治理的污染源在限期治理期间排放水污染物超标或者超总量的，应当报由环境保护行政主管部门责令限产限排或者责令停产整治。

第四章　解除程序

第二十六条 【解除依据】被责令限期治理的污染源，经过限期治理后，符合下列条件的，可以认定为已完成限期治理任务：

（一）在工况稳定、生产负荷达 75%以上、配套的水污染物处理设施正常运行的条件下，按照污染源监测规范规定的采样频次监测认定，在生产周期内所排水污染物浓度的日均值能够稳定达到排放标准限值的。

（二）生产负荷无法调整到 75%以上，但经行业生产专家、污染物处理技术专家和企业代表，采用工艺流程分析、物料衡算等方法，认定水污染物处理设施与处理需求相匹配的。

（三）所排重点水污染物未超过有关地方人民政府依法分解的总量控制指标的。

第二十七条 【届满核查】限期治理期限届满之日起 7 个工作日内，作出限期治理决定的环境保护行政主管部门应当及时组织现场核查。

现场核查，应当采取现场监测、实地查看水污染物处理设施、查阅监测记录、工程建设资料以及投资报告等方式；对因排放水污染物超标或者超总量造成较大社会影响，或者造成跨行政区环境污染的，环境保护行政主管部门还可以通过走访或者举行座谈会等方式，听取公众意见。

负责跟踪检查的工作机构应当对现场核查情况进行记录，形成限期治理现场核查笔录，并由环境保护行政主管部门所属监测机构或者经省、自治区、直辖市环境保护行政主管部门认定的其他监测机构出具限期治理监测报告。限期治理现场核查笔录应当由现场核查人员签字。

第二十八条 【核查意见】负责现场核查的工作机构，应当制作限期治理核查意见，连同限期治理现场核查笔录、限期治理监测报告，一并报本部门负责人。

限期治理核查意见应当提出对排污单位解除限期治理决定或者依法关闭的建议和理由。

限期治理核查意见、现场核查笔录、监测报告，应当与限期治理决定文书，一并存档备查。

第二十九条 【核查后处理】环境保护行政主管部门应当根据不同情况，分别作出如下决定：

（一）对已完成限期治理任务的排污单位，解除限期治理。

（二）对逾期未完成限期治理任务的排污单位，报请有批准权的人民政府责令关闭。

第三十条 【申请提前解除】排污单位在限期治理期限届满前，认为其已完成限期治理任务，可以向决定限期治理的环境保护行政主管部门提出解除申请。

申请提前解除的，应当提交解除限期治理申请书，并附具能够证明其已完成限期治理任务的监测报告等相关资料。

第三十一条 【核查和决定】环境保护行政主管部门应当自收到解除限期治理申请书之日起 7 个工作日内，按照本办法有关限期治理核查的规定组织核查，分别作出如下处理决定：

（一）对确已提前完成限期治理任务的排污单位，环境保护行政主管部门应当作出提前解除限期治理的决定。

（二）对未提前完成限期治理任务的排污单位，环境保护行政主管部门应当书面告知其必须采取有效措施，并在期限届满前完成限期治理任务。

第三十二条 【企业后续管理】被解除限期治理的排污单位，应当建立健全环境保护责任制度，保持水污染物处理设施的正常使用，并加强设施的检查和维护，确保所排水污染物稳定达到排放标准或者总量控制指标。

第三十三条 【部门后续监管】环境保护行政主管部门应当将被解除限期治理的排污单位确定为重点监管对象，并加强监督检查。

对被解除限期治理后 12 个月内再次排放水污染物超标或者超总量的排污单位，应当从重处罚。

第三十四条 【终结情形】被责令限期治理的排污单位，有下列情形之一的，环境保护行政主管部门应当终结限期治理决定：

（一）依法被撤销的；

（二）依法解散的；

（三）依法被宣告破产的；

（四）因其他原因终止营业的。

第五章　附　则

第三十五条　【个体工商户】排放水污染物超标或者超总量的个体工商户的限期治理，依据本办法执行。

第三十六条　【生效】本办法自2009年9月1日起施行。

中华人民共和国环境保护部令

第 5 号

《建设项目环境影响评价文件分级审批规定》已于 2008 年 12 月 11 日修订通过，现予公布，自 2009 年 3 月 1 日起施行。

环境保护部部长　周生贤

二〇〇九年一月十六日

建设项目环境影响评价文件分级审批规定

第一条　为进一步加强和规范建设项目环境影响评价文件审批，提高审批效率，明确审批权责，根据《环境影响评价法》等有关规定，制定本规定。

第二条　建设对环境有影响的项目，不论投资主体、资金来源、项目性质和投资规模，其环境影响评价文件均应按照本规定确定分级审批权限。

有关海洋工程和军事设施建设项目的环境影响评价文件的分级审批，依据有关法律和行政法规执行。

第三条　各级环境保护部门负责建设项目环境影响评价文件的审批工作。

第四条　建设项目环境影响评价文件的分级审批权限，原则上按照建设项目的审批、核准和备案权限及建设项目对环境的影响性质和程度确定。

第五条　环境保护部负责审批下列类型的建设项目环境影响评价文件：

（一）核设施、绝密工程等特殊性质的建设项目；

（二）跨省、自治区、直辖市行政区域的建设项目；

（三）由国务院审批或核准的建设项目，由国务院授权有关部门审批或核准的建设项目，由国务院有关部门备案的对环境可能造成重大影响的特殊性质的建设项目。

第六条　环境保护部可以将法定由其负责审批的部分建设项目环境影响评价文件的审批权限，委托给该项目所在地的省级环境保护部门，并应当向社会公告。

受委托的省级环境保护部门，应当在委托范围内，以环境保护部的名义审批环境影响评价文件。

受委托的省级环境保护部门不得再委托其他组织或者个人。

环境保护部应当对省级环境保护部门根据委托审批环境影响评价文件的行为负责

监督，并对该审批行为的后果承担法律责任。

第七条 环境保护部直接审批环境影响评价文件的建设项目的目录、环境保护部委托省级环境保护部门审批环境影响评价文件的建设项目的目录，由环境保护部制定、调整并发布。

第八条 第五条规定以外的建设项目环境影响评价文件的审批权限，由省级环境保护部门参照第四条及下述原则提出分级审批建议，报省级人民政府批准后实施，并抄报环境保护部。

（一）有色金属冶炼及矿山开发、钢铁加工、电石、铁合金、焦炭、垃圾焚烧及发电、制浆等对环境可能造成重大影响的建设项目环境影响评价文件由省级环境保护部门负责审批。

（二）化工、造纸、电镀、印染、酿造、味精、柠檬酸、酶制剂、酵母等污染较重的建设项目环境影响评价文件由省级或地级市环境保护部门负责审批。

（三）法律和法规关于建设项目环境影响评价文件分级审批管理另有规定的，按照有关规定执行。

第九条 建设项目可能造成跨行政区域的不良环境影响，有关环境保护部门对该项目的环境影响评价结论有争议的，其环境影响评价文件由共同的上一级环境保护部门审批。

第十条 下级环境保护部门超越法定职权、违反法定程序或者条件做出环境影响评价文件审批决定的，上级环境保护部门可以按照下列规定处理：

（一）依法撤销或者责令其撤销超越法定职权、违反法定程序或者条件做出的环境影响评价文件审批决定。

（二）对超越法定职权、违反法定程序或者条件做出环境影响评价文件审批决定的直接责任人员，建议由任免机关或者监察机关依照《环境保护违法违纪行为处分暂行规定》的规定，对直接责任人员，给予警告、记过或者记大过处分；情节较重的，给予降级处分；情节严重的，给予撤职处分。

第十一条 本规定自 2009 年 3 月 1 日起施行。2002 年 11 月 1 日原国家环境保护总局发布的《建设项目环境影响评价文件分级审批规定》（原国家环境保护总局令第 15 号）同时废止。

关于印发《环境保护部建设项目“三同时”监督检查和竣工环保验收管理规程（试行）》的通知

环发[2009]150 号

各省、自治区、直辖市环境保护厅（局），新疆生产建设兵团环境保护局，机关各部门，各派出机构、直属单位：

为建立“三同时”监督检查机制，进一步规范竣工环保验收管理，认真兑现“七项承诺”，根据《建设项目环境保护管理条例》、《建设项目竣工环境保护验收管理办法》，我部制定了《环境保护部建设项目“三同时”监督检查和竣工环保验收管理规程（试行）》。现印发给你们，请遵照执行。

附件：环境保护部建设项目“三同时”监督检查和竣工环保验收管理规程（试行）

二〇〇九年十二月十七日

附件

环境保护部建设项目“三同时”监督检查和竣工环保验收管理规程（试行）

第一章 总 则

第一条 为进一步强化环境保护部审批的建设项目竣工环保验收管理，建立“三同时”监督检查机制，根据《建设项目环境保护管理条例》、《建设项目竣工环境保护验收管理办法》及《环境保护部机关“三定”实施方案》，制定本规程。

第二条 本规程适用于环境保护部负责审批环境影响评价文件的建设项目（不含核与辐射设施建设项目）“三同时”监督检查和竣工环保验收管理。

第三条 建设项目依据规模、所处环境敏感性和环境风险程度，其竣工环保验收现场检查按Ⅰ、Ⅱ两类实施分类管理。

第四条 环境保护督查中心和省级环境保护行政主管部门参与建设项目竣工环保验收，受委托承担Ⅱ类建设项目竣工环保验收现场检查。

第五条 环境保护督查中心受委托承担建设项目“三同时”监督检查。

地方各级环境保护行政主管部门负责辖区内建设项目“三同时”日常监督管理。

第六条 环境保护行政主管部门及其工作人员，以及承担验收监测或调查工作的单位和个人，应严格执行《建设项目环境影响评价行为准则与廉政规定》。验收监测或调查单位应客观公正反映建设项目环境保护措施落实情况及效果，对验收监测或调查结论负责。

第二章 “三同时”监督检查

第七条 环境影响评价审批文件抄送项目所在区域的环境保护督查中心和省、市、县级环境保护行政主管部门。

环境保护督查中心和省级环境保护行政主管部门受环境保护部委托，分别负责组织开展“三同时”监督检查和日常监督管理。建设单位应当在建设项目开工前向环境保护督查中心和地方各级环境保护行政主管部门书面报告开工建设情况，并定期书面报告“三同时”执行情况。

第八条 环境保护督查中心和地方各级环境保护行政主管部门应跟踪建设项目进展信息。

建设项目开工后，环境保护督查中心及时制订并实施“三同时”监督检查计划；省级环境保护行政主管部门及时制订日常监督管理计划，并组织市、县级环境保护行政主管部门予以实施。

第九条 监督检查和日常监督管理以建设项目环境影响评价文件及其审批文件为依据，主要内容包括：

（一）建设项目的性质、规模、地点、采用的生产工艺以及防治污染、防止生态破坏的措施是否发生重大变动；

（二）环境保护设施和措施与主体工程设计、施工、投产使用是否同步；

（三）施工期污染防治和生态保护情况；

（四）施工期环境监理的实施情况；

（五）施工期环境监测的实施情况；

（六）前次监督检查和日常监督管理的整改要求落实情况；

（七）限期整改和行政处罚决定等落实情况。

监督检查和日常监督管理应当制作现场检查记录和取证询问笔录等书面记录。

第十条 建设项目建成后，环境保护督查中心应当及时编制“三同时”监督检查报告报送环境保护部，作为该建设项目竣工环保验收的依据之一，并同时抄送省级环境保护行政主管部门。

第十一条 环境影响评价审批文件要求开展施工期环境监理的建设项目，建设项目建成后，环境监理单位应当编制施工期环境监理报告，作为该建设项目竣工环保验收的依据之一。

第十二条 环境保护督查中心和地方各级环境保护行政主管部门在“三同时”监督检查和日常监督管理中，发现建设项目存在“三同时”执行不到位、尚未构成环境违法的行为，应督促建设单位及时整改，并书面报告环境保护部。

第十三条 环境保护督查中心和省级环境保护行政主管部门在“三同时”监督检查和日常监督管理中，发现建设项目存在以下环境违法行为，及时调查取证，提出处理建议，书面报告环境保护部：

（一）建设项目的性质、规模、地点、采用的生产工艺或者防治污染、防止生态破坏的措施擅自发生重大变动；

（二）超过法定期限开工建设，环境影响评价文件未经重新审核；

（三）建设项目建设过程中造成严重环境污染和生态破坏；

（四）配套的环境保护设施未与主体工程同时建成并投入试运行；

（五）未按法定期限办理竣工环保验收手续；

（六）环境保护设施未经验收或验收不合格，主体工程即投入正式生产或者使用；

（七）其他环境违法行为。

环境保护部对违法行为依法予以行政处罚。查处情况以及行政处罚决定书等相关法律文书抄送环境保护督查中心和省级环境保护行政主管部门。环境保护督查中心负责监督行政处罚决定书、限期改正通知书等的执行。

第十四条 环境保护督查中心每季度第一个月的前十日之内，向环境保护部报送上一季度建设项目“三同时”监督检查情况；每年一月的前二十日之内，报送上一年度建设项目“三同时”监督检查工作总结。

省级环境保护行政主管部门每季度第一个月的前十日之内，向环境保护部报送上一季度辖区内建设项目“三同时”日常监督管理情况；每年一月的前二十日之内，报送辖区内上一年度建设项目“三同时”日常监督管理工作总结。以上材料同时抄送环境保护督查中心。

第十五条 环境保护督查中心和省级环境保护行政主管部门建立建设项目监管档案。

第三章 竣工环保验收管理

第十六条 建设项目建成后，省级环境保护行政主管部门依据环境影响评价文件及其审批文件、日常监督管理记录、施工期环境监理报告，对环境保护设施和措施落实情况进行现场检查。需要进行试生产的，应在接到试生产申请之日起 30 个工作日内，征求项目所在区域的环境保护督查中心意见后，做出是否允许试生产的决定。试生产审查决定抄送环境保护部及环境保护督查中心。

第十七条 建设项目依法进入试生产后，建设单位应及时委托有相应资质的验收监测或调查单位开展验收监测或调查工作。验收监测或调查单位应在国家规定期限内完成验收监测或调查工作，及时了解验收监测或调查期间发现的重大环境问题和环境违法行为，并书面报告环境保护部。

第十八条　验收监测或调查报告编制完成后，由建设单位向环境保护部提交验收申请。对于验收申请材料完整的建设项目，环境保护部予以受理，并出具受理回执；对于验收申请材料不完整的建设项目，不予受理，并当场一次性告知需要补充的材料。

验收申请材料包括：

（一）建设项目竣工环保验收申请报告，纸件2份；

（二）验收监测或调查报告，纸件2份，电子件1份；

（三）由验收监测或调查单位编制的建设项目竣工环保验收公示材料，纸件1份，电子件1份；

（四）环境影响评价审批文件要求开展环境监理的建设项目，提交施工期环境监理报告，纸件1份。

第十九条　环境保护部对受理的建设项目验收监测或调查结果按月进行公示（涉密建设项目除外）。对公众反映的问题予以调查核实，提出处理意见。

第二十条　环境保护部受理建设项目验收申请后，组织Ⅰ类建设项目验收现场检查；环境保护督查中心或省级环境保护行政主管部门受委托组织Ⅱ类建设项目验收现场检查，并将验收现场检查情况和验收意见报送环境保护部。

第二十一条　环境保护部按月对完成验收现场检查的建设项目进行审查。

第二十二条　经验收审查，对验收合格的建设项目，环境保护部在受理建设项目验收申请材料之日起30个工作日内办理验收审批手续（不包括验收现场检查和整改时间）。

建设项目验收审批文件抄送项目所在区域的环境保护督查中心和省、市、县级环境保护行政主管部门。

第二十三条　经验收审查，对验收不合格的建设项目，环境保护部下达限期整改，环境保护督查中心和省级环境保护行政主管部门负责监督限期整改要求的落实。

按期完成限期整改的建设项目应重新向环境保护部提交验收申请。

对逾期未按要求完成限期整改的建设项目，环境保护部依法予以查处。

第二十四条　对完成验收审批的建设项目按季度进行公告（涉密建设项目除外）。

第四章　附　则

第二十五条　地方环境保护行政主管部门可参照本规程制定相应的规范性文件。

第二十六条　本规程自发布之日起实施。

附：环境保护部审批的建设项目验收现场检查分类目录

附

环境保护部审批的建设项目验收现场检查分类目录

一、Ⅰ类建设项目

1. 涉及国家级自然保护区、饮用水水源保护区等重大敏感项目。

2. 跨大区项目。

3. 化工石化：炼油及乙烯项目；新建 PTA、PX、MDI、TDI 项目；铬盐、氰化物生产项目；煤制甲醇、二甲醚、烯烃、油及天然气项目。

4. 危险废物集中处置项目。

5. 冶金有色：新、扩建炼铁、炼钢项目；电解铝项目；铜、铅、锌冶炼项目；稀土项目。

6. 能源：单机装机容量 100 万千瓦及以上的燃煤电站项目；煤电一体化项目；总装机容量 100 万千瓦及以上的水电站项目；年产 200 万吨及以上的油田开发项目；年产 100 亿立方米及以上新气田开发项目；国家规划矿区内年产 300 万吨及以上的煤炭开发项目；总投资 50 亿元及以上的跨省（区、市）输油（气）管道干线项目。

7. 轻工：20 万吨及以上制浆项目、林纸一体化项目。

8. 水利：库容 10 亿立方米及以上的国际及跨省（区、市）河流上的水库项目。

9. 交通运输：200 公里及以上的新、改、扩建铁路项目；城市快速轨道交通项目；100 公里以上高速公路项目；新建港区和煤炭、矿石、油气专用泊位；新建机场项目。

10. 总投资 50 亿元及以上的《政府核准的投资项目目录》中的社会事业项目。

二、Ⅱ类建设项目

Ⅰ类建设项目以外的非核与辐射项目。

我部根据管理需要，适时调整分类名录。

关于贯彻落实抑制部分行业产能过剩和重复建设引导产业健康发展的通知

环发[2009]127号

各省、自治区、直辖市环境保护厅（局），计划单列市环境保护局，新疆生产建设兵团环境保护局：

2009年9月26日，国务院印发《国务院批转发展改革委等部门关于抑制部分行业产能过剩和重复建设引导产业健康发展若干意见的通知》（国发[2009]38号，以下简称《通知》）。为认真贯彻落实《通知》精神，强化产能过剩、重复建设行业的环境监管，现通知如下：

一、学习贯彻落实《通知》精神，抓好产能过剩、重复建设行业的环境管理

（一）统一思想，提高认识。为应对国际金融危机的冲击和影响，党中央、国务院审时度势，及时制订了扩大内需、促进经济增长的“一揽子”计划，出台了钢铁等十个重点产业调整和振兴规划。目前，产业发展总体向好，但产业结构调整总体进展不快，各地区、各行业不平衡，部分行业产能过剩、重复建设问题仍很突出，一些地区违法、违规审批，未批先建、边批边建现象有所抬头。这些问题如不及时加以调控和指导，将错失推动结构调整的历史时机。

各级环保部门必须切实把思想和行动统一到党中央、国务院的决策部署上来，认真贯彻落实科学发展观，积极推动产业结构调整，引导产业健康发展，促进经济、社会与环境的全面协调可持续发展，推进生态文明建设，探索中国特色环保新道路。同时，充分认识产能过剩、重复建设带来的环境问题，牢固树立以环境保护优化经济增长的观念，引导企业贯彻清洁生产、循环经济、低碳经济的发展理念，正确处理好经济建设与环境保护的关系。

（二）分类指导，有保有压。充分发挥环评作为推动产业结构调整和经济发展方式转变“调节器”的作用，切实落实国家宏观调控政策措施。通过提高环保准入门槛、严格环评审批、强化环境监管、加强信息引导等措施，进一步加强对钢铁、水泥、平板玻璃、多晶硅、煤化工等产能过剩、重复建设行业的环境管理工作。对国家鼓励的高技术、高附加值、低消耗、低排放等推动科技进步、优化存量、调整产品结构的项目以及淘汰落后、兼并重组、技术升级改造等有利于结构调整、环境改善的项目，加快环评审批。

（三）统筹安排，明确责任。把落实《通知》精神与环保系统工程建设领域突出问题专项治理工作有机结合，作为今后一段时期的工作重点，围绕产能过剩、重复建设行业的环境管理，切实加强组织领导，抓紧制订工作方案，采取有效措施，落实环境保护监管措施和目标责任制，务求取得实效。

二、提高环保准入门槛，严格建设项目环评管理

（四）提高环保准入门槛。制定和完善环境保护标准体系，严格执行污染物排放标准、清洁生产标准和其他环境保护标准，严格控制物耗能耗高的项目准入。严格产能过剩、重复建设行业企业的上市环保核查，建立并完善上市企业环保后督察制度，提高总量控制要求。进一步细化产能过剩、重复建设行业的环保政策和环评审批要求。

（五）加强区域产业规划环评。认真贯彻执行《规划环境影响评价条例》（国务院第 559 号令），做好本区域的产业规划环评工作，以区域资源承载力、环境容量为基础，以节能减排、淘汰落后产能为目标，从源头上优化产能过剩、重复建设行业建设项目的规模、布局以及结构。未开展区域产业规划环评、规划环评未通过审查的、规划发生重大调整或者修编而未经重新或者补充环境影响评价和审查的，一律不予受理和审批区域内上述行业建设项目环评文件。

（六）严格建设项目环评审批。严格遵守环评审批中“四个不批，三个严格”的要求。原则上不得受理和审批扩大产能的钢铁、水泥、平板玻璃、多晶硅、煤化工等产能过剩、重复建设项目的环评文件。在国家投资项目核准目录出台之前，确有必要建设的淘汰落后产能、节能减排的项目环评文件，需报我部审批。未完成主要污染物排放总量减排任务的地区，一律不予受理和审批新增排放总量的上述行业建设项目环评文件。

三、加强环境监管，严格落实环境保护“三同时”制度

（七）清查突出环境问题并责令整改。2009 年年底前，开展“十一五”期间审批的钢铁、水泥、平板玻璃、多晶硅、煤化工、石油化工、有色冶金等行业建设项目环评的清查，重点调查环境影响评价、施工期环境监理、环保“三同时”验收、日常环境监管等方面情况，对突出环境问题责令整改，于 2010 年 1 月 15 日前将整改情况报送我部。

（八）强化项目建设过程环境监管。加强建设项目施工期日常监管和现场执法，督促建设单位落实环评批复的各项环保措施，开展工程环境监理，确保建设项目环境保护“三同时”制度落到实处。

（九）加强建设项目竣工环保验收工作。加强对申请试生产项目环保设施和措施落实情况的现场检查。对环境保护“三同时”制度落实不到位的项目，责令限期整改。

四、严肃查处环境违法行为，落实环保政策措施

（十）严肃查处企业环境违法行为。对达不到排放标准或超过排污总量指标的生产企业实行限期治理，未完成限期治理任务的，依法予以关闭；未通过环评审批的项目，一律不允许开工建设；对建设单位未落实环保“三同时”制度，“久拖不验”、“久试不验”，未经环保验收或验收不合格擅自投入生产的，依法予以查处，责令停止生产，限期补办建设项目竣工环保验收手续；对“双超双有”企业（污染物排放浓度超标、主要污染物排放总量超过控制指标的企业和使用有毒、有害原料进行生产或者在生产中排放有毒、有害物质的企业）实行强制性清洁生产审核，对达不到清洁生产要求和拒不实施清洁生产审核的企业应限期整改。对环境违法严重的区域、行业、企业集团，环保部门继续推行“区域限批”政策，暂停区域、行业、企业集团所有建设项目的环评审批，限期纠正环境违法行为。

（十一）建立重污染企业退出机制。加快建立重污染企业退出机制，通过实施合理的经济补偿和政策引导等综合配套措施，加快产能过剩、重复建设行业中重污染企业的退出步伐。退出的范围主要包括：因重污染或者高环境风险，严重危害周围人群身体健康的；需要淘汰严重污染或者破坏生态环境的落后生产工艺和设备的；为实现节能减排目标而采取上大压小、关停并转以及其他企业重组方式等需要退出的。

（十二）严禁违规审批。地方各级环保部门要严格按照我部和地方人民政府划定的建设项目环评文件分级审批权限，进一步加强钢铁、水泥、平板玻璃、多晶硅、风电设备、煤化工、石油化工、有色冶金等产能过剩、重复建设行业的项目环评审批管理，不得下放审批权限，严禁化整为零、违规审批。

（十三）认真落实问责制。严格按照《中共中央办公厅国务院印发〈关于实行党政领导干部问责的暂行规定〉的通知》（中办[2009]25 号）和《环境保护违法违纪行为处分暂行规定》的有关要求，对越权审批、违规审批行为进行问责，除对当事人作出严肃处理外，还要追究有关领导的责任。

（十四）加强环保信息发布工作。各级环保部门应主动与发展改革、国土资源、规划、监察等部门联系，建立信息发布制度。根据国家宏观政策和环境保护政策，充分发挥信息引导作用，适时向社会发布产能过剩、重复建设行业环境保护政策和管理信息，定期公布重点行业污染排放情况和污染物排放不达标企业名单，及时向银行业金融机构提供企业环境违法、环评审批等环保信息。

二〇〇九年十月三十一日

关于建设项目环境影响评价工作中确定防护距离标准问题的复函

环函[2009]224 号

福建省环境保护厅：

原福建省环境保护局《关于水泥厂环境防护距离的请示》（闽环保监[2008]140 号）收悉。经研究，现函复如下：

一、根据国家环境保护法律法规的有关规定和建设项目环境管理工作的特点和要求，建设项目的环境防护距离应综合考虑经济、技术、社会、环境等相关因素，根据建设项目排放污染物的规律和特点，结合当地的自然、气象等条件，通过环境影响评价确定。

二、在建设项目环境影响评价过程中，应按照有关法律法规和《国家环境标准管理办法》的规定，严格执行国家和地方的环境质量标准、污染物排放标准及相关的环境影响评价导则等环保标准。其他标准或规范性文件中依法提出的防护距离要求若与上述环保标准要求不一致，应从严掌握。

二〇〇九年九月十八日

关于学习贯彻《规划环境影响评价条例》加强规划环境影响评价工作的通知

环发[2009]96 号

各省、自治区、直辖市环境保护厅（局），计划单列市环境保护局，新疆生产建设兵团环境保护局，解放军环境保护局：

2009 年 8 月 17 日，国务院颁布了《规划环境影响评价条例》（国务院令第 559 号，以下简称《条例》），自 2009 年 10 月 1 日起施行。为深入学习贯彻《条例》，加强规划环境影响评价工作，现将有关要求通知如下：

一、全面深刻认识《条例》的重要意义

《条例》的颁布实施是我国环境立法的重大进展，标志着环境保护参与综合决策进入了新阶段。《条例》要求将区域、流域、海域生态系统整体影响作为规划环评的着力点，有利于从决策源头防止生产力布局、资源配置不合理造成的环境问题，是“预防为主”环境保护方针的重要抓手。《条例》将经济效益、社会效益与环境效益的统筹作为推进规划环评的关键点，有利于在机制体制层面促进经济、社会与环境的全面协调可持续发展，是推进生态文明建设和探索中国特色环保新道路的重要举措。《条例》将人群健康和长远环境影响作为推进规划环评的出发点，有利于更好地从源头解决关系民生的环境问题，维护人民群众的环境权益，是坚持以人为本、构建社会主义和谐社会的重要平台。

各级环保部门要深刻领会《条例》的精神内涵，将思想认识统一到落实科学发展观、建设生态文明和探索中国特色环境保护新道路的高度上来，准确把握规划环评在新形势下的历史任务，充分发挥规划环评从源头防治环境污染和生态破坏的重要作用，促进经济、社会、环境的全面协调可持续发展。

二、集中做好《条例》的宣贯工作

各级环保部门要在《条例》正式实施前后的一段时期内，集中做好《条例》的宣传贯彻工作。坚持全面普及与重点落实相结合，既要全面宣传《条例》的重要意义、主要内容、程序要求、法律责任等，又要重点完善贯彻《条例》的机制、能力、技术等相关工作。坚持近期集中宣传和远期完善机制相结合，既要抓好近期的集中宣传普及，在提高社会各部门和公众认识上下工夫，又要做好制度配套，在理顺管理程序、

落实长效机制方面下工夫。坚持中央指导与地方推进相结合，既要按照统一部署加强对《条例》的宣传贯彻，又要充分发挥各级环保部门的积极性、主动性，上下形成合力共同推进《条例》的贯彻落实。

我部将分阶段组织《条例》的宣传贯彻工作：2009 年 8 月到 9 月底，通过访谈、新闻发布等方式集中宣传。2009 年 10 月到 11 月底，通过举办座谈会、培训班等具体措施和出台相关管理文件，进一步深化认识。2009 年 12 月到 2010 年 12 月，通过修订配套实施细则、加强能力建设和加大重点领域管理力度等手段，深入贯彻落实《条例》。各级环保部门应根据上述工作安排，周密部署、层层落实，紧密结合各地管理工作实际，全面落实《条例》各项规定，从“完善机制、规范程序、严格管理、总结经验”等方面加强规划环评工作。

三、进一步加强规划环境影响评价工作

一是建立规划环评齐抓共管机制。积极推动建立与发改、规划、国土、交通、水利等部门的联动机制，推进规划环评早期介入、与规划编制互动。探索建立规划环境影响跟踪评价机制，有重点地选取开发区、工业园区等管理较成熟的领域，与有关部门联合推动开展跟踪评价试点，及时发现问题，总结经验，为“十二五”相关规划的编制提供指导。

二是进一步规范规划环评管理程序。各级环保部门应当对照《条例》规定，抓紧梳理现有规划环评管理的相关规定，进一步修订和细化评价、审查、跟踪评价等具体要求，切实担负起召集审查小组对专项规划环境影响报告书进行审查的职责。审查小组是专项规划环境影响报告书的唯一法定审查主体，其提出的审查意见应作为规划环评报告书修改完善和规划优化调整的依据。各级环保部门应依据审查意见对规划环评报告书的修改进行把关。

三是进一步细化需要进行环评的规划具体目录。2004 年，经国务院批准，原国家环保总局印发了《编制环境影响报告书的规划的具体范围（试行）》和《编制环境影响篇章或说明的规划的具体范围（试行）》（环发[2004]98 号，以下简称《范围》）。各级环保部门应严格落实《范围》要求，推进综合性规划和专项规划的环境影响评价工作。可以根据《范围》，结合本地区经济社会发展和编制工作实际，确定需要开展环评的具体规划目录。

四是完善规划环评与项目环评联动机制。按照《条例》规定，将规划环评结论作为规划所包含建设项目环评的重要依据，建立规划环评与项目环评的联动机制。未进行环境影响评价的规划所包含的建设项目，不予受理其环境影响评价文件。已经批准的规划在实施范围、适用期限、规模、结构和布局等方面进行重大调整或者修订的，应当重新或者补充进行环境影响评价，未开展环评的，不予受理其规划中建设项目的环境影响评价文件。已经开展了环境影响评价的规划，其包含的建设项目环境影响评价的内容可以根据规划环境影响评价的分析论证情况予以适当简化，简化的具体内容

以及需要进一步深入评价的内容都应在审查意见中明确。

五是大力推进重点领域规划环评。切实加强区域、流域、海域规划环评，把区域、流域、海域生态系统的整体性、长期性环境影响作为评价的关键点。努力提高城市规划环评质量，把规划环评早期介入城市总体规划及有关建设规划编制，实现与规划的全过程互动作为切入点。不断强化矿产资源开发规划环评的实效性，把保障资源开发区域的生态服务功能作为落脚点。认真做好交通及重要基础设施规划环评，把协调好规划布局与重要生态环境敏感区的关系作为着力点。严格规范各类开发区及工业园区规划环评，把园区布局、产业结构和重要环保基础设施建设方案的环境合理性作为评价工作的重中之重。当前，要进一步加强对钢铁、水泥等产能过剩行业规划的环境影响评价。将区域产业规划环评作为受理审批区域内高耗能项目环评文件的前提，避免产能过剩、重复建设引发新的区域性环境问题。

六是进一步做好公众参与工作。规划环评中的公众参与要充分考虑规划及规划环评的特点，对于政策性、宏观性较强的规划，应更加关注规划涉及的有关部门、专家等专业意见；对于内容较为具体的开发建设规划，还应关注直接环境利益相关群体的意见。公众意见采纳情况及其相关理由的说明应作为审查意见的重要内容。

四、下一阶段相关工作要求

（一）各级环保部门应在《条例》正式实施前后，利用报刊、网络、广播、电视等渠道对政府及有关部门、社会公众广泛宣传《条例》。通过举办学习班、研讨班、座谈、讲座等多种形式，在本系统内掀起学习《条例》的热潮。

（二）2009 年 10 月 1 日前，各级环保部门应抓紧梳理需要进一步修订和组织制定的规划环评管理配套规定，积极做好有关修订和制定工作。

（三）各级环保部门要结合“十一五”期间规划环评实践经验和“十二五”各类规划的编制实际，主动与政府及有关部门沟通、协调，进一步细化《范围》，确定“十二五”期间开展环评的具体规划目录。请各省、自治区、直辖市环境保护厅（局）及时总结本辖区关于《范围》的执行情况，将有关总结和意见建议于 2010 年 5 月 31 日前报我部，作为依法修订《范围》的重要参考。

（四）请各省、自治区、直辖市环境保护厅（局）在 2009 年 10 月 31 日前，将辖区内国家级、省级开发区、工业园区规划环评的开展情况报我部。

（五）请各省、自治区、直辖市环境保护厅（局）在 2009 年 12 月 31 日前，将贯彻学习《条例》的阶段性总结报我部。

二〇〇九年九月二日

关于环境影响评价工程师职业资格登记管理有关问题的公告

环境保护部公告 2009年第20号

为保证环境影响评价工程师职业资格制度的顺利实施，加强环境影响评价专业技术人员管理，针对环境影响评价工程师职业资格登记管理中出现的新情况与新问题，现将环境影响评价工程师职业资格登记管理的有关问题公告如下：

一、取得《中华人民共和国环境影响评价工程师职业资格证书》（以下简称《职业资格证书》）的人员应登记在本人全日制工作的环境影响评价、评估或环境保护竣工验收监测、调查（以下简称“环境影响评价及相关业务资质”）机构。符合登记条件的人员，应在3年内申请登记。逾期未登记的，接受继续教育并符合登记条件后，可申请逾期登记。逾期申请登记的人员除按照原国家环保总局2005年第52号公告要求提交登记申请材料外，还需提交自取得《职业资格证书》3年后至逾期申请登记期间接受继续教育的证明。

二、环境影响评价工程师有下列情形之一的，我部环境影响评价工程师职业资格登记管理办公室（以下简称“登记管理办公室”）予以注销登记：

（一）《环境影响评价工程师职业资格登记管理暂行办法》（环发[2005]24号）第二十一条所列情形；

（二）现所在单位不具备环境影响评价及相关业务资质的；

（三）年龄超过70周岁的；

（四）死亡的。

注销登记的环境影响评价工程师应办理注销登记手续，其中受刑事处罚、死亡或不具备完全民事行为能力的，应由环境影响评价工程师登记单位代为办理。

三、办理注销登记的人员，需提交以下材料：

（一）环境影响评价工程师注销登记情况表（附件一）；

（二）《职业资格证书》原件；

（三）环境影响评价工程师登记证原件；

（四）因调动至不具备环境影响评价及相关业务资质的单位办理注销登记的，还需提交原登记单位开具的人事关系调动（或解聘）证明或劳动仲裁文件等其他可证明发生调动情形的材料。

四、因所在单位不具备环境影响评价及相关业务资质注销登记的环境影响评价工程师，其《职业资格证书》继续有效，接受继续教育并符合登记条件后可申请重新登记。申请重新登记的人员，需提交以下材料：

（一）环境影响评价工程师重新登记申请表（附件二）；

（二）《职业资格证书》原件和复印件；

（三）身份证件复印件及近期一寸免冠正面照片 3 张；

（四）专职受聘证明；

（五）所在单位相关资质证明；

（六）自最近一次登记之日起至申请重新登记期间接受继续教育的证明。

其中（四）、（五）项材料的具体要求按照原国家环保总局 2005 年第 52 号公告执行。

申请重新登记人员的登记单位与注销登记时的所在单位不一致的，还需参照本公告第三条中的第（四）项规定提交有关材料。重新登记时不得变更登记类别。

五、逾期申请登记和申请重新登记的人员接受继续教育的时间年均不得少于 16 学时，不满一年的按一年计，可根据工作需要集中或分年度完成。继续教育形式和学时计算方法按照《环境影响评价工程师继续教育暂行规定》（环发[2007]97 号）执行。

六、登记类别为一般项目环境影响报告表的环境影响评价工程师，在符合登记条件后，可在登记有效期内，将登记类别变更为与所在单位资质评价范围一致的其他登记类别。

七、为保证环境影响评价工程师登记工作的公开、公平、公正，登记管理办公室对审查合格拟颁发登记证的登记申请人员情况实行公示制度。公示时间不计算在登记办理时限内。

附件：1. 环境影响评价工程师注销登记情况表

2. 环境影响评价工程师重新登记申请表

二〇〇九年四月七日

附件 1

环境影响评价工程师注销登记情况表

<table>
<tr><td>姓　名</td><td></td><td>性　别</td><td></td><td>身份证件号</td><td colspan="2"></td></tr>
<tr><td>通讯地址</td><td colspan="3"></td><td>邮政编码</td><td colspan="2"></td></tr>
<tr><td>联系电话</td><td colspan="3"></td><td>手机</td><td colspan="2"></td></tr>
<tr><td>登记单位</td><td colspan="6"></td></tr>
<tr><td>登记证号</td><td></td><td colspan="2">登记有效期至</td><td colspan="3">年　月　日</td></tr>
<tr><td>注销原因</td><td colspan="6">□ 所在单位的环境影响评价及相关业务资质被注销或吊销
□ 调动至不具备环境影响评价及相关业务资质的单位
□ 脱离环境影响评价及相关业务工作岗位 3 年以上
□ 年龄超过 70 周岁
□ 死亡或不具有完全民事行为能力
□ 受刑事处罚
□ 其他（含未获准再次登记、违规等）</td></tr>
<tr><td colspan="7">本人签名：　　　　年　月　日</td></tr>
<tr><td>现所在单位意见</td><td colspan="6">（公章）
负责人签名：　年　月　日</td></tr>
<tr><td>登记管理办公室审核意见</td><td colspan="6">（公章）
负责人签名：　年　月　日</td></tr>
</table>

附件 2

环境影响评价工程师重新登记申请表

单　　位＿＿＿＿＿＿＿＿＿＿＿＿＿＿＿＿＿＿

姓　　名＿＿＿＿＿＿＿＿＿＿＿＿＿＿＿＿＿＿

所在省（自治区、直辖市）＿＿＿＿＿＿＿＿＿＿

职业资格证书编号＿＿＿＿＿＿＿＿＿＿＿＿＿＿

填 报 时 间 ＿＿＿＿年＿＿＿＿月＿＿＿＿日

中华人民共和国环境保护部制

一、基本情况

<table>
<tr><td colspan="2">姓　名</td><td></td><td>性 别</td><td></td><td rowspan="4">照　片</td></tr>
<tr><td colspan="2">出生年月</td><td></td><td>民 族</td><td></td></tr>
<tr><td colspan="2">职称/职务</td><td></td><td>健康状况</td><td></td></tr>
<tr><td colspan="2">身份证件号</td><td colspan="3"></td></tr>
<tr><td colspan="2">通讯地址</td><td colspan="4"></td></tr>
<tr><td colspan="2">邮　编</td><td></td><td>联系电话</td><td colspan="2"></td></tr>
<tr><td colspan="2">手　机</td><td></td><td>传　真</td><td colspan="2"></td></tr>
<tr><td colspan="2">职业资格
证书编号</td><td></td><td>颁发日期</td><td colspan="2"></td></tr>
<tr><td rowspan="2">最近一次登记情况</td><td>登记
证号</td><td></td><td>登记时间</td><td colspan="2"></td></tr>
<tr><td>登记
类别</td><td></td><td>登记单位</td><td colspan="2"></td></tr>
<tr><td colspan="2">注销登记原因</td><td colspan="4"></td></tr>
<tr><td colspan="2">注销登记文件
文号</td><td></td><td>注销登记
时间</td><td colspan="2">年　月　日</td></tr>
<tr><td rowspan="3">现所在单位</td><td>名称</td><td colspan="4"></td></tr>
<tr><td colspan="2">环境影响评价资质证书编号</td><td colspan="3">国环评证　字第　号</td></tr>
<tr><td>联系人</td><td></td><td>联系电话</td><td colspan="2"></td></tr>
</table>

二、接受继续教育情况

时　间	主　要　内　容	相当学时
合　计		

三、审核意见

申请人意见	本人签名：　　年　　月　　日
所在单位考核意见	（公章） 负责人签名：　　　　年　　月　　日
登记管理办公室审核意见	登记证编号： 登记有效期：自　　年　　月　　日起至　　年　　月　　日止 （公章） 负责人签名：　　　　年　　月　　日

关于加强《全国危险废物和医疗废物处置设施建设规划》项目竣工验收工作的通知

环发[2009]22号

各省、自治区、直辖市环保局（厅）：

按照我部和发展改革委联合印发的《全国危险废物和医疗废物处置设施建设规划》（环发[2004]16号）的要求，截至2008年底，已有130余个危险废物和医疗废物处置项目（以下简称“项目”）基本建成。为切实加强对项目的全过程监管，规范项目的竣工验收工作，经商发展改革委，现就有关事项通知如下：

一、项目建设完成后，应按规定申请竣工验收，经竣工验收合格后方可投入正式运行。

二、我部直接组织实施的规划内能力建设项目由我部组织验收，地方组织实施的项目由所在地省级环保部门会同发展改革部门（以下简称“省级竣工验收部门”）联合组织验收，其中省级危险废物处置中心的验收方案应报我部审批。各级竣工验收部门要按照国家有关建设项目的规定以及批复的项目建设内容，在各单项验收完成的基础上，全面检查项目的建设内容、工程质量、技术路线和资金使用情况等。

三、项目法人单位负责项目竣工验收的准备工作。在项目完成国家复核与批复的建设内容、试运行正常、所有国家和地方相关规定要求的单项验收已合格，具备竣工验收条件时，应立即向有关部门提出竣工验收申请。未及时提出申请的，不予颁发危险废物经营许可证，不允许投入正式经营，并视同不按期完成建设规划，对地方主管部门提出通报批评。

四、在危险废物焚烧和医疗废物焚烧工程验收中，应将二噁英监测作为竣工验收的重点内容。在危险废物安全填埋场验收中，应将填埋场的施工质量作为竣工验收的内容之一。

五、项目竣工验收工作可参照《〈全国危险废物和医疗废物处置设施建设规划〉项目竣工验收指导意见》（详见附件）执行。我部和发展改革委将对竣工验收工作进行抽查。

六、项目竣工验收合格后，由省级竣工验收部门签发竣工验收证书，作为我部或各地方环保部门发放危险废物经营许可证的重要依据。

七、项目法人单位对项目的资金筹措和管理、施工建设、技术方案、设备采购以及建成后的设施运行等全过程负责。

对于未经批准擅自变更项目建设规模和建设内容、投资严重超批复概算、挪用建设资金的，由国家有关部门追缴违规资金，并根据国家相关规定对责任单位和个人予以处罚。情节严重的，依法追究相关单位和人员的责任。

对于存在工程、技术质量问题和试运行后污染治理效果不能满足设计要求的，应立即采取措施，责令限期整改。属重大技术质量事故的，依法追究相关单位和有关人员的责任。

八、竣工验收部门的工作人员在竣工验收工作中徇私舞弊、滥用职权、玩忽职守、索贿受贿的，依法给予行政处分；构成犯罪的，依法追究刑事责任。

附件：《全国危险废物和医疗废物处置设施建设规划》项目竣工验收指导意见

二〇〇九年二月二十五日

附件：

《全国危险废物和医疗废物处置设施建设规划》项目竣工验收指导意见

一、为加强《全国危险废物和医疗废物处置设施建设规划》（以下简称《规划》）确定的危险废物和医疗废物集中处置设施建设项目（以下简称“建设项目”）的管理，规范建设项目竣工验收工作，全面考核项目建设情况和资金使用情况，保证工程质量，根据《建设项目（工程）竣工验收办法》和《建设工程质量管理条例》等有关规定，结合建设项目的实际情况，特制定本指导意见，以供《规划》内建设项目竣工验收时参考。

二、本办法所指竣工验收，是指建设项目完成各单项工程的交工验收，经试运行，完成环境保护验收（“三同时”单项验收）、安全卫生、消防及工程档案等专项验收工作后，投入正式使用前，对工程建设质量、国家和行业工程标准执行情况、设计执行情况、工程建设管理制度执行情况、资金使用情况等事项进行的全面检查验收，以及对工程设计、施工、监理等工作进行综合评价的活动。竣工验收是建设项目投入正式运行的重要前提条件。竣工验收工作，应做到公正、科学、规范。

三、环境保护部直接组织实施的规划内能力建设项目由环境保护部组织验收，地方组织实施的项目由所在地省级环保部门会同发展改革部门（以下简称“省级竣工验收部门”）联合组织验收，其中省级危险废物处置中心的验收方案应报环境保护部审批。

四、竣工验收的主要依据有：国家和环境保护部颁布的相关法律、法规、规章、工程技术规范、污染物排放标准、污染控制标准、现行施工技术验收规范；建设项目的批准、备案文件，包括环评和可研的批复、技术复核报告、资金下达计划、初步设计批复、概算批复、开工报告、建设工程规划许可证、土地使用证及其他有关批准文件；建设项目的设计文件，包括初步设计、施工图设计、设计变更以及概算调整等文件；施工质量保证和施工质量控制文件；主要设备技术规格或说明书；各项经备案的招标文件、评标报告、中标通知书以及合同文本等。从国外引进新技术的建设项目，还应依据签订的合同和国外提供的设计文件等资料进行验收。

五、建设项目法人单位（以下简称“法人单位”）应按照《建设工程质量管理条例》等规定及时组织设计、施工、设备供应、监理等单位进行各单项工程的交工验收。

六、各单位工程全部交工验收合格后，法人单位应及时向所在地省级环境保护部门提出试运行申请。建有焚烧设施的，试运行申请应包括试焚烧计划等内容。

七、省级环境保护部门应自接到试运行申请之日起 30 个工作日内，对建设项目进行现场检查，并做出申请批复，批准其试运行期限、试运行期间收集范围和处置种类。申请批复应同时报送上一级环境保护主管部门备案。法人单位应在批准的范围内进行废物的收集处置工作。

现场重点检查主体工程设施以及环境保护设施是否按复核报告和设计文件的规定完成全部建设内容和建设规模，联动试车结果是否符合设备技术文件的要求，在线监测系统是否有效、是否与相应环保主管部门联网，是否具备危险废物收集运输和安全贮存能力，以及应急管理制度、应急设施是否健全到位，涉及生产安全的安全、消防等单项验收是否已完成。

八、试运行期间，法人单位应按《建设项目竣工环境保护验收管理办法》的有关规定向项目环评审批部门及时申请环境保护验收。对于运行性能良好的设施，工程竣工验收时可以采用环境保护单项验收监测数据。

九、自获得试运行批准之日起算，试运行期限原则不超过一年。法人单位应在试运行期结束时确保所有专项验收已按照国家有关规定完成，竣工决算报告应经财政部门审查和审计部门审计。

十、法人单位应在试运行期满 1 个月内向竣工验收部门提出竣工验收申请，提交申请报告、申请材料等申请文件。对不能按期申请竣工验收的，应当向竣工验收部门提出延期申请，延长期限一般不得超过 2 个月。法人单位同时还应申请延长试运行期。对延期后仍不能按期申请竣工验收的，竣工验收部门应当予以通报或者警告。

十一、建设项目竣工验收应当具备以下条件：

（一）批准的投资计划文件、初步设计文件中规定的建设内容全部完成，符合建设规模、工艺技术要求，满足使用功能要求；

（二）施工单位对工程质量自检合格，监理单位对工程质量评定合格，工程质量监督机构对工程质量检验合格；

（三）各单位工程交工验收合格；

（四）试运行符合设计要求，运行情况正常。其中，焚烧系统应有三次以上在设计工况下连续 72 小时稳定运行的工艺运行记录和污染物排放监测记录，其他处理系统应有两次以上运行工艺记录和污染物排放监测记录，以充分证明设施建设符合设计要求，能够满足设施运行所需要的性能和质量要求以及安全、环保要求；

（五）危险废物贮存和处理处置设施、设备及配套的污染防治设施符合国家或者地方环境保护标准和安全要求，有与所经营的危险废物类别相适应的处置技术和工艺；

（六）供水、供电、道路、排水、供气等公用设施具备投入生产的条件；

（七）环境保护设施、安全卫生设施、消防设施等已按照设计要求与主体工程同时建成，通过有关专项验收；

（八）竣工档案资料齐全，通过专项验收；

（九）竣工决算报告编制完成，通过财政部门及其委托机构的审查，通过审计部门及其委托机构的审计，审计报告无保留意见；

（十）运行管理部门和人员已落实到位；

（十一）工程竣工总结报告编制完成。

十二、法人单位向项目所在地竣工验收部门提出竣工验收申请后，竣工验收部门应当在收到申请文件之日起 15 个工作日内对建设项目是否符合竣工验收条件进行审查，提出审查意见。审查不合格的，提出限期整改意见，直至整改结果符合条件。

十三、竣工验收申请文件主要包括：

（一）竣工验收申请报告；

（二）工程竣工总结报告。报告应全面反映工程建设的主要内容和相关情况，报告格式及内容要求详见附一；

（三）设计、施工、监理等单位的工作报告以及质量监督单位的工程质量检验意见，工作报告格式及内容要求详见附二；

（四）试运行报告（附工艺运行记录、试焚烧报告、环境监测记录）；

（五）环境保护、安全卫生、消防、档案等主管部门的单项验收意见；

（六）工程档案资料目录（包括各项招投标资料、监理报告、项目建设单位组织的工程质量验收报告等）；

（七）竣工决算报告（包括财务决算表和财务决算说明书）和审查、审计报告；

（八）批准、备案文件。主要包括环境影响评价批复文件、可行性研究报告批复文件、投资计划文件、初步设计和概算批复、土地使用证书、施工许可证、水电气等供应证明（协议）等。

十四、竣工验收申请文件一式四份，分别向环境保护部门和发展改革部门提交两份。工程项目单位、设计单位、施工单位、监理单位、质量监督机构应当对各自提交文件的完整性、真实性和有效性负责。

十五、竣工验收部门应组织有关行政主管部门、工程、技术、经济等方面的代表和专家组成竣工验收委员会，具体负责竣工验收工作。竣工验收委员会组成人数应为单数，专家人数不少于 5 人，且不低于总人数的三分之二，应具备与验收内容相应的专业背景知识和经验。与项目建设和运行相关的人员均应回避。

十六、建设项目法人单位、设计单位、施工单位、监理单位、工程质量监督单位以及主要设备供货单位、水文地质勘察单位、环境影响评价单位、环境保护验收监测单位等应参加并配合竣工验收工作，其他参加单位可根据项目需要确定。

十七、竣工验收委员会应根据上报的申请文件明确竣工验收程序、日程安排、人员分工，确定竣工验收的主要内容、重点和方法。

十八、竣工验收时，应对工程建设质量、国家和行业工程标准执行情况、进度管理、合同管理、资金管理以及设计、施工、监理等工作进行全面、综合评价。重点对技术复核和投资计划确定的建设规模、工艺技术路线、建设标准和建设内容的执行情况，工程施工与设计要求的一致性，招投标合法性和有效性，国家相关污染控制标准和行业工程技术规范执行的符合性，工程建设质量和功能的有效性，国债资金使用的合法性，征地及拆迁安置补偿落实情况，法人单位、施工、监理质量保证体系的有效性，项目资金到位及使用情况等进行检查和核查。对试运行和单项验收中发现的影响项目运行的严重设计问题，也可以作为重点验收内容。

十九、焚烧系统现场检查重点包括：试焚烧过程记录和评估情况；工艺操作参数控制范围是否符合运行规定，自动控制系统是否稳定、有效，尾气处理系统能否达到国家排放标准要求；在线监测系统能否有效运行，焚烧后产生的飞灰是否安全贮存；应急处理系统是否完善、有效等。

安全填埋系统现场检查重点包括：废物稳定化/固化是否已建立有效的配比测试工作制度；工程建设内容是否完整、符合要求；环境影响评价批复和水文地质勘察提出的要求是否落实；施工质量保证体系是否完善、有效；施工记录和监理记录是否齐全、完整和规范；防渗系统材料是否有质检合格证明材料，工程材料质量是否符合设计和国家有关标准的要求，防渗层铺设完整性等。

二十、出现下列情况之一时，竣工验收不能通过：

（一）各建设内容与国债批准文件、技术复核文件、环境影响评价文件批复要求、初步设计批复文件要求的建设规模、工艺技术路线、建设内容较大出入，未经有关部门批准；

（二）建设内容和标准与国家有关技术规范、标准等不符，项目有较严重的缺陷或问题，致使主体工程和设备不能正常运行，无法保证国家和行业有关标准的实现；

（三）不符合国家招投标法的相关规定，主要设备和材料供货质量差，不能满足工程运行需要；

（四）未按设计文件及变更设计文件施工；

（五）施工单位和监理单位应有的工作记录遗漏较多，无法保证施工质量；

（六）运营管理保障措施和应急设施不健全，直接影响设施安全运行；

（七）拆迁安置补偿工作未完成，安全防护距离内仍有居民或其他环境敏感目标；

（八）项目建设和试运行期间有违法行为、环境污染事故、污染排放不达标等情况发生且尚未解决。

二十一、竣工验收应采取现场会议形式，可按下列程序进行：宣布竣工验收委员会成员组成；听取法人单位和参建单位的工作汇报；查阅工程档案、财务账目及其他相关材料；现场检查、核查项目建设和运行情况；分组讨论和进一步审查资料；汇总分组意见并进行充分讨论研究；形成竣工验收会议纪要和竣工验收鉴定书；宣布竣工验收意见。

二十二、竣工验收意见分为建议通过和建议不通过两种情况。竣工验收委员会中的专家对其专家意见负责。竣工验收部门根据竣工验收委员会的验收意见决定项目是否通过竣工验收。

二十三、对建议通过的项目，竣工验收委员会应将会议材料报送竣工验收部门。推荐通过但仍然留存的问题，由竣工验收委员会提出限期整改要求。竣工验收部门收到法人单位的整改报告并审查通过后，对建议通过的项目作出批复，签发工程竣工验收证书。

二十四、对建议不通过的项目，竣工验收委员会应向法人单位充分说明原因，提出整改要求和建议，并报竣工验收部门。法人单位应落实整改要求，上报整改报告。整改工作直至满足要求后，按程序签发工程竣工验收证书。

二十五、根据整改问题的性质和整改报告，竣工验收部门决定是否需要重新组织现场验收。重新组织现场验收、审查整改报告时，应邀请原竣工验收委员会中持否定意见的主要专家参加。

二十六、工程未经竣工验收或竣工验收不通过的建设项目不得投入正式运行。

二十七、竣工验收完成后，法人单位应按国家有关规定及时办理档案、固定资产交付使用等手续，加强固定资产管理。

二十八、法人单位应在竣工验收批复后 30 个工作日内办理产权登记手续。未经产权登记的项目，不得交付使用。

附：1. 工程竣工总结报告

2. 工程设计（施工、监理、质监等）单位工作报告

附 1

____________工程竣工总结报告

（建设单位：公章）

（编写日期）

项 目 基 本 信 息 表

<table>
<tr><td colspan="2">建设项目名称：</td></tr>
<tr><td colspan="2">建设单位：</td></tr>
<tr><td colspan="2">建设单位法定代表人： 电话：</td></tr>
<tr><td colspan="2">建设单位联系人： 电话：</td></tr>
<tr><td colspan="2">建设单位联系地址： 邮编：</td></tr>
<tr><td colspan="2">项目建设地点：</td></tr>
<tr><td rowspan="7">项目审批部门、
文号和时间：</td><td>可行性研究报告</td></tr>
<tr><td>环境影响评价报告</td></tr>
<tr><td>国债资金计划：</td></tr>
<tr><td>初步设计：</td></tr>
<tr><td>规划许可证号：</td></tr>
<tr><td>施工许可证号：</td></tr>
<tr><td>质量监督注册登记号：</td></tr>
<tr><td rowspan="3">项目建设规模、
建设内容、工艺
路线</td><td>技术复核</td></tr>
<tr><td>初步设计批复</td></tr>
<tr><td>实际建设</td></tr>
<tr><td colspan="2">重大工程变更内容</td></tr>
<tr><td rowspan="6">各参建单位
及其相关资质</td><td>可行性研究报告编制单位</td></tr>
<tr><td>初步设计单位</td></tr>
<tr><td>详细勘察单位</td></tr>
<tr><td>招标代理单位及招标内容</td></tr>
<tr><td>施工承包单位及承包内容</td></tr>
<tr><td>工程监理单位及监理范围</td></tr>
<tr><td>主要设备材料
供应单位</td><td>焚烧炉：
在线监测系统：
防渗材料（防渗膜）：</td></tr>
</table>

第一章　工程概况

1. 建设依据：项目前期和建设阶段行政主管部门的有关批复、核准、备案文件，注明文件名称、文号和批复时间等。

2. 地理位置和自然条件：项目建设地点和周边环境，场址的地形、地质、水文和气象等主要特征。

3. 批复的建设规模、工艺技术路线和总投资。

4. 项目法人、注册时间和注册资金，股东组成，主要业绩，工程管理机构设置，国有出资人代表和职责分工。

5. 主要设计、施工（含设备制造、安装）、监理、质量监督等单位名称。

第二章　土地征收及拆迁安置补偿

1. 土地征收主要工作过程，主要批复（选址意见通知书及其附图、建设用地规划许可证、 国有土地使用证书）。

2. 应缴纳和实际缴纳的规费一览表。

3. 拆迁工作过程和结果。包括防护距离内的拆迁数量、拆迁费用、缴纳情况，拆迁过程主要事件和解决办法，拆迁结果。

第三章　招投标及合同管理

1. 招投标实施范围和执行情况

序号	招标项目名称	招标内容	招标代理机构（资质）	评标前三名单位	中标单位	中标价格

执行情况中，针对已完成的招标内容，逐一阐述以下内容：

- 招标书中对投标单位的资质要求、提出的主要技术性能要求、评标标准、投标保证金、履约担保
- 投标单位
- 评标委员会人员组成（姓名、工作单位、职称、主要负责内容）
- 中标单位商务报价、中标理由
- 招投标过程中出现的问题和解决办法
- 采购的进口设备和材料的情况，包括采购内容、进口原因、进口过程、价格等

2. 工程合同签订及执行情况

序号	合同名称	签订时间	合同主要内容	合同金额

执行情况主要包括合同纠纷及其处理方法。

3. 设计变更或者施工变更工作程序和管理制度

第四章　主体单项工程建设情况和质量保证体系

单项工程建设情况的内容按初步设计文件编制的章节顺序编写。

结合竣工验收的内容和重点详细叙述各单项工程的工程总量、主要设计内容和变更内容（发生设计或施工变更，是否按规定程序办理报批手续）、工程中采用的主要施工工艺等，对各单项工程中的主要单位工程应着重说明其主要设计参数、结构特点和施工建设情况，同时附工程建设项目一览表和主要机械设备一览表。附总平面布置图和工程形象照片。针对不同建设内容阐述其质量控制制度和采取的措施。

第五章　工程建设标准强制性条文执行情况

概述工程建设、设计、施工、监理各方执行工程建设标准强制性条文的情况。

第六章　交工验收和工程质量

概述交工验收情况（验收时间、程序、内容、参加单位）。根据工程质量监督报告，综述工程质量评定情况以及存在问题的处 理情况。

第七章　环保、劳动安全卫生、消防和档案

概述有关环境保护、劳动安全卫生、消防主要建设内容、工程档案资料归档范围和归档去向的情况，以及相关主管部门的专项验收意见（主要意见和结论一一罗列）。

第八章　资金管理和竣工决算

概述不同渠道资金到位情况，制定的资金管理办法，实际投资额度与初步设计投资的对比和资金偏差分析，国债资金的主要投向，竣工决算情况以及审计意见。

第九章　生产准备及试运行

概述建设项目生产准备情况，包括人员培训、人员上岗情况，生产制度和岗位操作制度制定情况，事故应急制度和措施，概述试运行情况，包括试运行时间、运行负荷、生产记录、运行控制参数、污染物排放监测结果，试运行结果能否满足设计要求。

第十章　问题和建议

截至竣工验收时如实反映项目存在的主要问题并提出意见和建议。

附 2

______________工程设计（施工、监理、质监等）单位工作报告

（编写单位：公章）

（编写日期）

1．主要设计单位工作报告

概述设计范围，工程建设标准强制性条文执行情况，技术创新与关键技术的处理，存在的主要问题，主要设计变更及变更理由，设计服务，总结设计经验与体会等。

2．主要施工单位工作报告

概述施工范围、主要施工工艺、施工管理措施、施工技术创新与关键技术的处理、工程建设标准强制性条文执行情况、施工中发生的主要问题及处理情况、质量管理体系及质量控制，总结施工经验与体会等。

3．主要监理单位工作报告

概述监理范围和内容、监理组织机构、监理依据、监理主要工作、监理平行检测结果、核验施工自检结果；是否达到设计要求（包括建设内容、技术要求、工程质量），存在哪些缺陷、施工中主要问题的处理情况；工程建设标准强制性条文执行情况；对工程质量、投资、进度的评价、对施工单位质量管理体系的评价；总结监理经验和体会。

4．工程质量监督报告

概述工程概况（监督范围）、监督依据、标准；主要参建单位资质情况；质量监督情况（包括监督程序、监督方式、工作内容）；质量保证体系运行情况；质量责任制度落实情况；工程建设标准强制性条文执行情况；工程检验资料检查情况；实体工程质量监督检查情况；质量问题或质量事故处理情况；工程质量评定（包括各单位工程质量评定、质量档案资料评价、工程总体质量评定）；存在问题与建议。

关于发布《环境保护部直接审批环境影响评价文件的建设项目目录》及《环境保护部委托省级环境保护部门审批环境影响评价文件的建设项目目录》的公告

环境保护部公告 2009年第7号

根据《中华人民共和国环境影响评价法》及《建设项目环境影响评价文件分级审批规定》（环境保护部令第5号），现将《环境保护部直接审批环境影响评价文件的建设项目目录（2009年本）》（见附件1）及《环境保护部委托省级环境保护部门审批环境影响评价文件的建设项目目录（2009年本）》（见附件2）予以公告。自2009年3月1日起实施。

附件：1. 环境保护部直接审批环境影响评价文件的建设项目目录（2009年本）

2. 环境保护部委托省级环境保护部门审批环境影响评价文件的建设项目目录（2009年本）

二〇〇九年二月二十日

附件 1

环境保护部直接审批环境影响评价文件的建设项目目录（2009 年本）

项目类别	项目投资规模或建设规模
（一）水利	
水库	国际河流和跨省（区、市）河流上的水库项目。
其他水事工程	需中央政府协调的国际河流、涉及跨省（区、市）水资源配置调整的项目。
（二）能源	
电力	水电站：在主要河流上建设的项目和总装机容量 25 万千瓦及以上的项目。
	火电站：全部。
	热电站：燃煤项目（背压机组项目除外）。
	核电站：全部。
	电网工程：750 千伏及以上交、直流项目和 500 千伏直流项目；跨境、跨省（区、市）330 千伏和 500 千伏交流项目。
煤炭	国家规划矿区内年产 150 万吨及以上的煤炭开发项目。
石油	年产 100 万吨及以上新油田开发项目；省（区、市）干线输油管网（不含油田集输管网）。
天然气	年产 20 亿立方米及以上新气田开发项目；跨省（区、市）或年输气能力 5 亿立方米及以上的输气管网（不含油气田集输管网）。
（三）交通	
铁路	跨省（区、市）或 100 公里及以上新建（含增建）项目。
公路	国道主干线、国家高速公路网、跨省（区、市）的项目。
水运	新建港区和年吞吐能力 200 万吨及以上的煤炭、矿石、油气专用泊位项目；集装箱专用码头。
民航	新建机场；扩建军民合用机场。
（四）冶金有色	
钢铁	已探明工业储量 5000 万吨及以上规模的铁矿开发项目；新建（含搬迁）、扩建（含技术改造增加产能的）炼铁（包括烧结、球团、焦化、直接还原、熔融还原）、炼钢项目。
有色	总投资 5 亿元及以上的矿山开发项目；电解铝、氧化铝项目；新建和扩建铜、铅、锌冶炼项目。
稀土	矿山开发、冶炼分离和总投资 1 亿元及以上稀土深加工项目。
黄金	日采选矿石 500 吨及以上项目。
（五）化工石化	

项目类别	项目投资规模或建设规模
石化	新建炼油及扩建一次炼油项目、新建乙烯及改扩建新增生产能力超过年产 20 万吨的乙烯项目。
化工	铬盐、氰化物生产项目；新建精对苯二甲酸（PTA）、对二甲苯（PX）、二苯基甲烷二异氰酸酯（MDI）、甲苯二异氰酸酯（TDI）项目；煤制甲醇、二甲醚、烯烃、油及天然气项目。
（六）机械	
汽车	新建汽车整车项目。
船舶	新建 10 万吨级以上造船设施（船台、船坞）项目。
（七）轻工	
造纸	年产 10 万吨及以上纸浆项目。
变性燃料乙醇	全部。
玉米深加工	新建及扩建项目。
（八）城建	城市快速轨道交通项目；跨省（区、市）日调水 50 万吨及以上供水项目。
（九）社会事业	
旅游	国家重点风景名胜区、国家自然保护区、国家重点文物保护单位区域内总投资 5000 万元及以上旅游开发和资源保护设施，世界自然、文化遗产保护区内总投资 3000 万元以上项目。
娱乐	大型主题公园。
（十）核与辐射	
核设施	全部（包括与核设施有关的科研实验室）。
放射性	铀（钍）矿及由国务院或国务院有关部门审批的伴生放射性矿开发利用项目。
电磁辐射设施	由国务院或国务院有关部门审批的电磁辐射设施及工程。
（十一）绝密工程	全部。
（十二）外商投资	除本目录（一）至（十）项以外的《外商投资产业指导目录》中总投资（含增资）5000 万美元及以上限制类项目。
（十三）其他	列入国务院《全国危险废物和医疗废物处置设施建设规划》的危险废物处置设施建设项目。
	除《环境保护部委托省级环保部门审批环境影响评价文件的建设项目目录（2009 年本）》外的其他按照《中华人民共和国环境影响评价法》规定应由环境保护部审批环评文件的建设项目。

注：本附录中项目未注明新建、扩建或技术改造的，包括新建、扩建和技术改造。

附件 2

环境保护部委托省级环境保护部门审批环境影响评价文件的建设项目目录（2009 年本）

项目类别	项目投资规模或建设规模
一、能源	电力：抽水蓄能电站；采用背压机组的燃煤热电站，总装机容量 5 万千瓦及以上的风电站项目。 电网工程：不跨省（区、市）的 330 千伏、500 千伏交流项目。 煤炭：国家规划矿区内年产 150 万吨以下的煤炭开发项目。 石油：国家原油存储设施。 天然气：进口液化天然气接收、储运设施。
二、交通	公路：西部开发公路干线的公路项目；跨境、跨大江大河（通航段）的独立公路桥梁、隧道项目。 水运：千吨级以上通航建筑物内河航运项目。 民航：总投资 10 亿元及以上扩建机场项目。
三、信息产业	电信：国内干线传输网（含广播电视网）、国际电信传输电路、国际关口站、专用电信网的国际通信设施及其他涉及信息安全的电信基础设施项目。 邮政：国际关口站及其他涉及信息安全的邮政基础设施项目。 电子信息产品制造：卫星电视接收机及关键件等生产项目。
四、冶金有色	钢铁：轧钢项目。
五、化工石化	化肥：年产 50 万吨及以上钾矿肥项目。 化工：PTA、PX 改造能力超过年产 10 万吨的项目。
六、机械	汽车：除新建汽车整车以外的需由国家核准的项目。 船舶：民用船舶中、低速柴油机生产项目。 其他：城市轨道交通车辆、信号系统和牵引传动控制系统制造项目。
七、轻工纺织	纺织：日产 300 吨及以上聚酯项目。 烟草：烟用二醋酸纤维素及丝束项目。 制盐：全部（含自备热电的除外）。
八、城建	跨越大江大河（通航段）的城市桥梁、隧道项目。
九、社会事业	大学城、医学城及其他园区性建设项目。 涉及三级、四级生物安全实验室的建设项目。 F1 赛车场项目。
十、金融	印钞、造币、钞票纸项目。
十一、外商投资	除《环境保护部直接审批环境影响评价文件的建设项目目录（2009 年本）》（一）至（十）项以外的《外商投资产业指导目录》中总投资（含增资）1 亿美元及以上鼓励类、允许类项目。

注：本附录中项目未注明新建、扩建或技术改造的，包括新建、扩建和技术改造。

四、其他部门发布的规范性文件

关于制革行业结构调整的指导意见

工信部消费[2009]605 号

各省、自治区、直辖市、计划单列市及新疆生产建设兵团工业和信息化主管部门，中国轻工业联合会：

皮革行业由制革、制鞋、皮具、皮革服装、毛皮及制品等分行业组成，其中制革是皮革行业的基础，对皮革行业可持续发展具有重要作用。为全面贯彻落实《轻工业调整和振兴规划》，进一步推动制革行业结构调整，实现制革行业又好又快发展，制定本指导意见。

一、我国制革行业发展现状和主要问题

（一）发展现状

改革开放以来，我国制革行业得到快速发展，生产规模扩大，产量增长，技术进步加快，产品质量提高，涌现出一批具有国际竞争力的企业。牛皮鞋面革、绵羊皮服装革、猪皮服装革等制革生产工艺技术和产品质量达到了国际先进水平。“十一五”期间制革行业步入新一轮发展时期，行业结构调整出现新变化，以产业集群发展为特征的区域经济格局基本形成，科技兴业、绿色制革成为行业发展新理念，污染治理、品牌建设取得新进展，发展后劲进一步增强。2008 年制革行业规模以上企业 788 家，从业人员 15 万人，工业总产值 1 000 亿元，成品革产量 6.4 亿平方米，占全球成品革总产量的 20%。

（二）主要问题

长期以来我国制革行业发展方式比较粗放，行业结构性矛盾较突出，存在的主要问题有以下几方面：

1．国内优质原料皮供应不足。原料皮质量不稳定，优质原料皮供应明显不足，50%仍需进口。

2．制革生产集中度较低。制革生产布局比较分散，企业规模小、数量多，行业规模以下企业约有 1000 家，淘汰落后生产能力的任务仍然较重。

3．企业自主创新能力不强。企业缺乏自主创新意识，产品研发基础薄弱，技术研发资金投入不足 1%，新技术、新工艺推广较难。

4．行业节水减排任务艰巨。制革行业水重复利用率仅为 5%左右，年废水排放量约 1.2 亿吨，部分企业污染物排放仍存在超标现象。

5．自主品牌在国际市场占有率偏低。我国皮革产品在国际市场上处于价值链的中低端，中高档产品市场占有率偏低，具有国际影响力的品牌产品较少。

二、指导思想和基本原则

（三）指导思想

全面贯彻落实科学发展观，按照构建社会主义和谐社会和走新型工业化道路的要求，发展绿色制革行业。落实《轻工业调整和振兴规划》，推进行业结构调整，改善产业布局，加强企业自主创新，促进产品优化升级，走资源节约、环境友好、工农业相互促进的可持续发展道路，把我国制革行业综合竞争力提高到一个新水平。

（四）基本原则

调整行业结构，改善产业布局。加快制革产业集聚发展，促进区域产业合理布局，淘汰落后生产能力，引导行业健康有序发展。

坚持自主创新，优化产品结构。推进行业技术进步和企业自主创新，大力支持技术改造，优化产品结构，实施品牌战略，提高企业核心竞争力。

统筹环境资源，实现协调发展。推进行业循环经济的发展，积极推广清洁化生产，加强污染治理，减少制革污染排放。

健全发展机制，完善政策措施。健全以工农联合为基础、关联产业相互促进的协调发展机制，加大政策扶持力度，营造良好发展环境。

三、任务和目标

（五）立足国内畜牧业发展　挖掘我国原料皮资源潜力

提高国内畜牧业水平，优化畜禽品种，推广科学养殖，集中屠宰，改善原料皮质量，提高开剥率，增加原料皮供给数量；在有条件的地区加快推广企业和农户共建畜禽基地模式，加强对畜禽分散养殖户的技术指导；进一步加强原料皮收购、防腐、销售管理，规范原料皮市场运营机制。

（六）调整产业布局　促进行业可持续发展

加快东部、中西部和东北三个皮革生产区域的优势互补、良性互动，合理规划区域布局，促进制革产业梯度转移；在全国培育 5～8 个承接转移的制革集中生产区，统一规划、集中制革、统一治污；鼓励制革企业进入产业定位适当、污水治理条件完善的工业园区，单独建设的制革企业必须符合产业政策和环保要求。

（七）提高行业准入门槛　淘汰落后生产技术和能力

落实《轻工业调整和振兴规划》，严格执行《产业结构调整指导目录》，进一步规范制革集聚区和制革企业发展。依法取缔违法违规小制革，淘汰年加工 3 万标张以下的制革生产线；严格限制投资新建年加工 10 万标张以下的制革项目；淘汰落后技术和能力，到 2011 年，淘汰落后制革产能 3 000 万标张；提高行业准入门槛，杜绝新增落后生产能力，防止落后生产能力变相转移。

（八）加快自主创新　着力培育自主品牌

增强行业技术创新、产品开发和精深加工能力，形成以市场为导向、企业为主体、产学研相结合、政府扶持的技术创新体系；运用先进适用技术和信息化手段改造提升制革产业，推动制革行业“两化融合”；健全标准体系，完善产品标准，促进制革标准与国际接轨；提高企业知识产权保护意识，积极推进以“真皮标志生态皮革”为载体的品牌培育工作，创建具有国内外影响力的知名品牌。

（九）调整产品结构　提升产品质量水平

推进制革机械、皮革化工等配套行业的快速发展，优化提升制革技术，丰富花色品种，提高产品附加值；在稳定鞋面革、服装革和包袋革需求的基础上，提高家具革和汽车坐垫革的比重，到 2011 年使其达到 20%；进一步调整产品结构，到 2011 年高档成品革占 16%，中档成品革占 50%，适应不同消费层次的需要。

（十）大力推进节水降耗　减少制革污染排放

进一步强化行业环保措施，加大对清洁化制革技术、末端污染治理技术以及环境友好型皮革化学品的研发和推广力度；严格执行国家相关污染物排放标准，合理利用各类污水处理设施，制革企业和接受制革废水的各类公共污水处理单位，实现污水达标排放，固体废物及危险废物基本实现安全处置。到 2011 年，制革行业循环用水的企业数量达到 50%，与 2007 年相比，制革单位耗水量降低 10%，COD 排放降低 10%，水循环利用率提高 10%。

（十一）确保安全生产　履行社会责任

企业要建立、健全安全生产责任制，严格落实安全生产的各项规定，配备劳动保护和工业卫生设施，鼓励企业积极采用环境体系认证和职业健康安全管理体系认证；新建或改建项目安全设施要与主体工程同时设计、施工和投入使用；企业要严格履行社会责任。

四、政策措施

（十二）加大畜牧业政策扶持力度　稳定原料皮供应

促进畜牧业规模化养殖，完善基础设施；扩大对畜牧业发展的财政和金融支持；鼓励大力发展畜牧产业，建立畜禽养殖基地，扶持品种改良，提高原料皮质量；发展订单畜牧业，集中屠宰，稳定国内原料皮供给；鼓励开展原料皮深加工，在国内畜牧业还不能满足制革用中高档原料皮期间，继续稳定加工贸易等政策措施。

（十三）支持承接转移的制革集中生产区建设　创建行业发展新模式

承接转移的制革集中生产区应统筹规划并开展环境影响评价，其建设和发展应符合《轻工业调整和振兴规划》要求，做好承接转移示范基地的建设并在行业推广；扶持制革集中生产区建立信息技术服务平台，积极争取环境保护专项资金支持，促进污水处理系统的升级；对进入制革区的企业在技术创新、技术改造等方面给予优先支持。

（十四）淘汰落后产能　加大污染治理力度

杜绝盲目投资和低水平重复建设，完善制革落后产能退出机制，环保、土地、信贷、工商等相关政策与产业政策相互衔接配合，切实淘汰落后生产能力；落实《制革、毛皮工业污染防治技术政策》，有关部门要尽快颁布《制革及毛皮加工工业水污染物排放标准》，科学规范制革用水量和污染物排放量，加大对行业污染治理的监管力度，严厉查处污染排放违规行为。

（十五）推动技术改造　完善自主创新环境

把技术改造作为制革产业升级的重要手段，支持并推广一批制革清洁化生产、节水减排技术改造项目；企业享受国家有关支持技术改造、节能节水、技术进步及研发费用扣除等税收优惠政策；支持完善产、学、研相结合的行业技术创新体系，建立行业公共服务平台；支持企业建立国家认定企业技术中心、国家工程研究中心、国家工程实验室，开展共性、关键技术研发。

（十六）鼓励企业参与“真皮标志生态皮革”认定　提升品牌影响力

在“真皮标志”证明商标认证工作的基础上，通过推广“真皮标志生态皮革”，推动行业转型升级，促进绿色制革产业发展，提高我国皮革制品品牌影响力；鼓励制革企业积极参与行业协会组织的“真皮标志生态皮革”认定工作，有关部门要给予取得“真皮标志生态皮革”认定的企业在信贷、技术改造等方面的优先支持。

（十七）发挥行业协会作用

行业协会要充分发挥在产业发展、技术进步、标准制定、贸易促进和公共服务等方面的作用；建立制革行业经济运行及预测预警信息平台，及时反映行业情况和问题，引导企业加强自律。

（十八）加强组织领导

各地工业主管部门要结合本地区特点和发展状况，组织开展制革行业结构调整有关工作，确保取得实效。对实施过程中出现的新情况、新问题要及时报送工业和信息化部等有关部门。

二〇〇九年十二月三日

关于抑制产能过剩和重复建设引导平板玻璃行业健康发展的意见

工信部原[2009]591 号

各省、自治区、直辖市及计划单列市、新疆兵团工业主管部门：

为贯彻落实《国务院批转发展改革委等部门关于抑制部分行业产能过剩和重复建设引导产业健康发展若干意见的通知》（国发[2009]38 号），进一步加强和改善平板玻璃行业管理工作，提出如下意见：

一、充分认识当前平板玻璃行业发展形势的严峻性

平板玻璃是重要的工业产品，除应用于传统建筑、汽车、家具和装饰装修等领域外，电子信息和光伏发电等新兴领域的需求也日益扩大。近年来，我国平板玻璃工业发展很快，2008 年总产能达到 6.5 亿重箱，平板玻璃总产量 5.74 亿重箱，约占世界玻璃总产量的 50%。但是，由于受国际金融危机的影响，原本产能已严重过剩的平板玻璃行业 2008 年全行业濒临亏损。今年上半年，全行业亏损 4 亿多元。尽管前三季度已经实现扭亏为盈，但形势依然十分严峻。

当前平板玻璃工业发展面临的突出问题：一是重复建设、产能过剩情况仍在加剧。在建和拟建的生产线有 30 余条，产能 1.2 亿重箱，产能过剩问题将可能进一步恶化；二是结构不合理。普通浮法平板玻璃严重供大于求，而平板显示、光伏发电等高档品种仍需进口。国内玻璃深加工率不足 30%，显著低于世界平均 55%的水平；三是产业集中度低。前 5 位大的玻璃集团总产能仅占全国的 30%左右。而国际上前 4 位跨国玻璃集团就拥有全世界（不包括中国）65%以上的产能；四是淘汰落后产能进展缓慢。2008 年普通平板玻璃产量（不含压延工艺）仍有 7 000 万余重箱；五是国际市场需求萎缩，出口大幅下降。今年 1～9 月平板玻璃出口量 135 万吨，出口金额 4.1 亿美元，同比下降 43.8%。

当前我国玻璃工业正处在发展的关键时期，必须充分认识当前行业发展形势的严峻性，进一步统一思想，在保增长中更加注重结构调整和转变发展方式，坚决抑制产能过剩和重复建设，引导平板玻璃工业健康可持续发展。

二、严格控制新增产能

一是严格市场准入。凡是不符合《平板玻璃行业准入条件》的违规违法项目一律

停止建设。按照《平板玻璃行业准入公告管理暂行办法》规定，组织好企业申请、资料核实和上报工作。我部将尽快公告第一批符合准入条件的企业名单。二是各地工业主管部门配合有关部门抓紧对现有在建和未开工项目进行一次全面清理（具体要求见附件），并将清理结果报我部。坚决停止违法违规项目建设，清理期间一律不得核准（备案）新的扩能建设项目。

三、继续加大淘汰落后工作力度

一是继续认真贯彻执行《关于印发节能减排综合性工作方案的通知》（国发［2007］15 号）规定，确保完成国务院提出的“十一五”时期淘汰落后平板玻璃产能 3000 万重箱的工作目标。各地要在媒体上公告应予淘汰的落后企业（生产线）名单，接受社会监督。二是按照国发［2009］38 号文件精神，进一步加快淘汰落后产能。各地要按照工信厅原[2009]222 号文要求抓紧制定 2010—2012 年三年彻底淘汰 “平拉法”（含格法）落后平板玻璃产能时间表。并将淘汰落后产能指标分解落实到各地区和具体企业，积极争取各级财政资金，加大对淘汰落后的支持力度，逐步建立落后产能退出机制。

四、鼓励大企业兼并重组

积极开展调查研究，制定有关推进企业集团兼并重组的鼓励政策，在项目核准、土地审批、信贷投放、税收减免等方面支持优势企业，鼓励企业少建新线、多兼并重组，通过并购和技术改造做大做强，争取在未来三年内前 10 位的大平板玻璃生产企业产业集中度达到 70%以上。

五、配合有关部门严格执法

各地加大对明年 3 月 1 日开始执行的新的《平板玻璃标准》宣贯力度，增强企业标准和质量意识，配合质检部门加大对平板玻璃质量抽查，维护国家标准的严肃性，严防不合格产品流入市场。配合节能环保部门加大《平板玻璃单位产品能源消耗限额》、《平板玻璃工业污染物排放标准》执行情况的监督检查力度。配合建设部门规范建筑市场应用，禁止落后平板玻璃产品进入重点建设和政府采购招标工程。

六、支持企业技术改造

鼓励企业自主创新，提高生产工艺和技术装备水平，生产市场需求的短缺的平板显示玻璃、光伏太阳能玻璃、低辐射镀膜玻璃等技术含量和附加值高、有利于替代进口的深加工产品。鼓励有条件的玻璃生产线实施余热发电、全氧燃烧等节能环保技术改造。国家将在技术改造专项中适当安排部分资金，重点支持符合上述领域的技术改造项目。

七、积极开拓国内外市场

通过调研，出台相关政策规定，鼓励推广使用中空、真空等有利于建筑节能的门窗玻璃，扩大玻璃使用。鼓励企业实施“走出去”战略，扩大汽车用玻璃等技术含量、附加值高的深加工玻璃产品出口，进一步提高国际竞争力，优化玻璃产品出口结构。

八、建立信息发布制度

各地工业主管部门要会同同级相关职能部门和行业协会建立信息发布制度，及时公布玻璃产销和投资的最新情况，客观分析市场容量和产能利用率，评估已核准玻璃项目产能规模与分布，引导企业冷静思考，谨慎决策，适时规避投资风险。

九、切实落实问责制

各地工业主管部门要认真履行职责，切实加强组织领导，进一步改进和强化平板玻璃行业管理。对违反国家土地、节能、环保、质量等法律法规和信贷政策、产业政策规定，工作严重失误或失职造成平板玻璃违规建设项目的，要及时向相关部门通报，切实落实问责制。充分发挥行业协会的参谋助手作用，通过实施有效的行业管理，引导平板玻璃产业健康可持续发展。

附件：省（自治区、市）清理平板玻璃建设项目表（略）

二〇〇九年十一月二十七日

关于抑制产能过剩和重复建设引导水泥产业健康发展的意见

工信部原[2009]575 号

为贯彻落实国务院《关于抑制部分行业产能过剩和重复建设引导产业健康发展的若干意见》（国发[2009]38 号），进一步加强和改善水泥行业管理工作，现提出如下意见：

一、提高认识，统一思想

水泥是重要的建筑基础材料，我国水泥产量居世界第一，为经济社会发展作出了巨大贡献。今年以来，面对国际金融危机的不利影响，在中央实施“保增长、扩内需、调结构、惠民生”一揽子计划的推动下，水泥工业形势继续向好，产量稳步增长，效益明显回升，结构调整取得新的成效。

但是，在看到保增长成绩的同时，必须清醒认识到水泥工业存在的深层次矛盾。一是重复建设出现加剧趋势。2008 年全国水泥产能 18.7 亿吨，产量 14 亿吨。截至 2009 年 9 月底，全国新建成投产和在建生产线 400 余条，总产能约 6 亿吨，水泥产能严重过剩。二是落后产能数量较大。目前全国仍有 5 亿吨落后产能，约占现有总产能的 27%。三是产业集中度低。前 10 位企业水泥企业产量仅占全国比重 20%左右。四是资源浪费、环境污染、生产无序等状况依然比较严重。一些地方能耗和环保超限企业没有得到及时整治，部分地区仍然存在无证企业的非法生产。

当前我国水泥工业正处在发展的关键时期，必须进一步统一思想，在保增长的同时更加注重结构调整和转变发展方式，将抑制水泥产能过剩和重复建设作为结构调整的重点工作抓紧、抓实、抓出成效。

二、坚决抑制产能过剩和重复建设

一是严格市场准入，提高准入门槛。工业和信息化部将会同有关部门抓紧制定和发布《水泥行业准入条件》，进一步提高能源消耗、环境保护、资源综合利用等方面的准入门槛。二是配合有关部门做好对 2009 年 9 月 30 日前尚未开工的水泥项目的清理（具体要求见附件），并将清理结果和意见报送工业和信息化部。坚决停止违法违规项目建设，清理期间一律不得核准新的扩能建设项目。

三、继续加大淘汰落后工作力度

一是继续认真贯彻执行《关于印发节能减排综合性工作方案的通知》（国发[2007]15号）规定，确保完成“十一五”期间淘汰落后水泥产能2.5亿吨的工作目标。要求各地在媒体上公告应予淘汰的落后企业（生产线）名单，接受社会监督。二是按照国发[2009]38号文规定进一步加快淘汰落后产能。各地要按照《关于报送水泥和平板玻璃淘汰落后产能2009年计划及三年计划的通知》（工信厅原[2009]222号）要求抓紧制定2010—2012年三年彻底淘汰不符合产业政策和环保、能耗、质量、安全要求的落后水泥产能时间表。要将淘汰落后产能指标分解落实到各地区和具体企业，积极争取各级财政资金，加大对淘汰落后的支持力度，逐步建立落后产能退出机制。

四、以省为单位做好地区水泥产需总量平衡

鉴于水泥生产和销售区域性较强，在总量上应以省区平衡为主。各地要加强本地区水泥工业发展规划编制工作，对已经制定发布的水泥规划要认真执行，强化规划的约束性。还没有制定水泥规划的省区要抓紧制定。在此基础上，通过全国和省级水泥工业规划结合，制定若干重点经济区域水泥工业发展规划，切实搞好水泥产需总量平衡和结构调整。

五、支持企业开展技术改造

重点支持企业通过上大压小、等量或减量置换落后产能、开展综合利用、推进节约生产、清洁生产等有利于节能降耗、减排治污、提高质量为主要内容的技术改造，推动淘汰落后。主要包括水泥余热发电、粉磨系统节能改造、粉尘治理和利用工业废弃物、垃圾、城市污泥生产水泥等一批具有示范和带动作用的技术改造项目，推进水泥行业结构调整和产业升级。国家将在技术改造专项中适当安排部分资金，重点支持符合上述领域的技术改造项目。

六、推动优势企业兼并重组

按照国家发展改革委等八部门《关于水泥工业结构调整的指导意见》（发改运行[2006]609号）要求，水泥企业前10户集中度“十一五”末要达到30%，前50户集中度要超过50%。按照国家发展改革委、国土资源部、中国人民银行《关于公布国家重点支持水泥工业结构调整大型企业（集团）名单的通知》（发改运行[2006]3001号）要求，鼓励大企业并购重组落后企业，推动结构调整，提高产业集中度。积极开展调查研究，提出支持水泥兼并重组的新的优惠措施建议，完善国家对重点支持水泥企业的各项政策。

七、建立信息发布制度

各地工业主管部门要会同同级相关职能部门和行业协会建立信息发布制度，及时公布水泥产销和投资的最新情况，客观分析市场容量和产能利用率，评估已核准水泥项目产能规模与分布，引导企业冷静思考，谨慎决策，适时规避投资风险。

八、加强组织领导，切实落实问责制

各地工业主管部门要认真履行职责，切实加强组织领导，进一步改进和强化水泥行业管理。对违反国家土地、环保、生产许可等法律法规和信贷政策、产业政策规定，工作严重失误或失职造成水泥违规建设项目的，要及时向相关部门通报，切实落实问责制。要充分发挥好行业协会的参谋助手作用，通过实施有效的行业管理，引导水泥产业健康可持续发展。

附件：清理水泥建设项目表（略）

关于进一步推进矿产资源开发整合工作的通知

国土资发[2009]141号

各省、自治区、直辖市人民政府：

《国务院关于全面整顿和规范矿产资源开发秩序的通知》（国发[2005]28号）和《国务院办公厅转发国土资源部等部门对矿产资源开发进行整合意见的通知》（国办发[2006]108号）下发以来，各地高度重视，认真贯彻落实，在优化矿山开发布局、提高矿产资源开发利用水平、改善矿山安全生产状况和矿山生态环境等方面取得了明显成效。但由于矿产资源开发整合工作是一项复杂的系统工程，涉及多方面利益关系的调整，工作量大，政策性强，难度大，目前各地整合工作进展不平衡，一些地方运作不规范，整合工作不彻底。为进一步推进矿产资源开发整合工作，促进矿业持续健康发展，经国务院同意，现就有关事项通知如下：

一、目标任务

进一步推进矿产资源开发整合工作是矿产开发领域贯彻落实科学发展观的一项重要举措，是调整矿产开发结构、推动产业升级、促进资源高效开发利用的有效途径，是适应当前经济形势，实现矿业可持续健康发展的具体部署。要通过进一步推进整合，全面规划，突出重点，构建矿产资源合理开发利用长效机制。

（一）矿产资源勘查开发布局进一步优化。按照成矿地质条件、矿产资源自然赋存状况，科学编制矿产资源规划、地质勘查专项规划和矿业权设置方案，合理设置探矿权、采矿权，矿产资源勘查开发布局趋于合理。

（二）矿产资源勘查开发规模化、集约化程度进一步提高。逐步提高矿产资源勘查技术水平，淘汰落后开采能力，积极创造条件实施整装勘查、勘查开发一体化，推动矿产资源进一步向勘查开采技术先进、开发利用水平高、安全生产装备条件优良和矿区生态环境得到有效保护的优势企业集聚，促进矿产资源开发利用水平进一步提高。

（三）矿山安全生产状况、生态环境进一步改善。强化矿山企业安全生产主体责任，改善矿山安全生产条件，预防生产安全事故发生。按照财政部、国土资源部、原环保总局《关于逐步建立矿山环境治理和生态恢复责任机制的指导意见》的要求，建立健全矿山环境治理恢复保证金制度，制订矿山生态环境保护与综合治理方案。通过进一步推进整合，因矿山开发布局不合理引起的安全隐患逐步减少，废弃物得到妥善有效处置，污染物集中治理并达标排放，环境污染和生态破坏问题进一步得到防控。

（四）矿产资源合理开发利用长效机制初步建立。逐步建立以规划为龙头，以矿业权管理为核心，以准入制度为引导，以矿业权计划投放为调节的矿业权管理制度体系；采用科学的采矿方法和选矿工艺，使矿产资源开发利用水平明显提高；形成部门协作、上下联动、共同推进矿产资源合理开发利用的长效机制。

二、基本原则

（一）进一步推进整合与产业结构调整相协调。结合国家产业规划、政策和行业准入条件，优化矿产勘查开发结构和布局，鼓励上下游企业联合重组，推动产业结构调整和升级，提高产业集中度，增强产业竞争力。

（二）矿产资源勘查与开发相衔接。遵循地质工作规律和市场经济规律，统筹规划地质找矿与矿产开发，努力推进勘查与开发一体化。

（三）资源效益与环境效益、安全生产相统一。综合考虑各种效益，在发挥好资源效益和经济效益的同时，实现矿山安全效益和矿区环境效益。

（四）政府引导与市场运作相结合。以规划为依据，以资源为基础，政府引导、市场运作，综合运用经济、法律、技术和必要的行政手段，依法推进整合工作。

三、整合范围

（一）国办发[2006]108 号文件规定的整合范围。煤、铁、锰、铜、铝、铅、锌、钼、金、钨、锡、锑、稀土、磷、钾盐 15 个重要矿种，以及其他对各地经济社会发展具有较大影响的矿种；影响大矿统一规划开采的小矿，一矿多开、大矿小开的矿区，小矿密集区，位于地质环境脆弱区范围内的矿区；开采方法和技术装备落后，资源利用水平低的矿山；生产规模长期达不到设计要求，管理水平低、存在安全隐患，社会效益、环境效益较差的矿山。

（二）探矿权整合范围。具备统筹部署整装勘查成矿地质条件的矿产资源勘查区；一个成矿区设置多个探矿权、布局明显不合理的勘查区；勘查投入达不到勘查实施方案要求、“圈而不探”的勘查项目；不符合矿区规划或不适宜单独设置采矿权的勘查项目；其他需要整合的勘查区及勘查项目。

四、总体部署和要求

2010 年 3 月底前，各省、自治区、直辖市按要求组织编制和审批整合实施方案，并报国土资源部备案。2010 年年底前，按照经批准的进一步推进整合实施方案，全面完成整合工作任务，建立健全矿产资源管理有关制度，初步建立矿产资源开发利用长效机制。2011 年起，整合工作转入常态化管理。

（一）科学编制方案，实行分级审批。各地在加快推进已确定整合工作任务的基础上，根据矿产资源规划、地质勘查专项规划、矿区总体规划和产业政策，结合矿产资源潜力评价、矿产资源储量利用调查和矿业权实地核查等工作，对本行政区域内矿业权设置情况进行全面梳理，对需进一步推进整合的矿区逐一登记造册，确定整合范围，编制整合实施方案。实施方案要明确 2010 年年底前必须完成的整合重点及目标任务。整合实施方案实行分级审批。整合矿区内矿山企业原采矿许可证均为市、县级国土资源管理部门审批颁发的，整合实施方案可由市级人民政府审查批准，报省级人民政府备案后实施；其他整合矿区的整合实施方案由省级人民政府批准后实施。对已经批准的整合实施方案，在实施过程中出现新情况或与实际情况不符，需要调整整合实施方案的，应尽快组织修订，经批准后组织实施。

（二）合理确定整合主体，鼓励优势企业参与整合。地方人民政府应结合实际，从资金、技术、管理和履行社会责任等方面制订整合主体标准，明确整合后的矿山建设规模、矿产资源开发利用、安全生产及环境保护指标。要注重运用经济手段推进整合工作，切实保护参与整合的矿业权人的合法权益。在符合整合主体标准的前提下，应优先从整合矿区内产生整合主体。对矿区内参与整合的矿业企业均达不到整合主体标准，或者参与整合的矿业企业在规定整合期限内未达成整合协议的，当地政府可以优先选择符合产业政策和布局规划的下游优势企业作为整合主体；或者以招标方式规范引入优势企业，公开、公平、公正地确定整合主体；或者将矿区内矿业权依法收回，统一规划后按规定权限以招标、拍卖、挂牌方式重新向符合整合主体标准要求的企业出让矿业权。鼓励优势企业充分利用资金、技术、管理等方面的优势，运用市场方式，实施整合，培育壮大矿业龙头企业。

（三）规范证照办理程序，提高行政效率。国土资源管理部门在矿区整合主体确定后，应及时划定区块或矿区范围。对于应发放采矿许可证的，在划定矿区范围后，凭经评审备案的储量核实报告、经审定的矿产资源开发利用方案及经审查批准的环境影响评价报告，颁发采矿许可证。矿山企业持该采矿许可证，须在两年内完成采矿权有偿处置及有关规定要件，开展生产系统改造，申办其他相关证照；未取得相关证照前，矿山企业不得生产，采矿权不得转让、变更。负责整合工作的各相关职能部门要进一步密切配合，协调行动，齐抓共管，进一步明确整合工作流程，简化办事程序，提高行政效率，实行限时办结、现场办公、“一条龙”办公等制度，依法为整合后的矿业企业换发相关证照。

（四）实施适度优惠政策，调动参与整合的积极性。按照整合实施方案，被整合矿业权周边的零星边角资源、不宜新设矿业权的深部资源可按计划以协议方式出让给整合主体。国土资源部将根据有关地方整合工作任务完成情况，在已确定的开采总量控制指标基础上，经稀有金属部际协调机制协商，可适度调整其钨、锑、稀土等矿种开采总量指标。对整合任务完成较好的地区，在符合相关规定的前提下，优先考虑安排地质勘查基金项目、国家战略性矿产勘查项目、矿山地质环境治理项目及矿产资源保护项目。

（五）创新整合模式，推动矿产开发结构调整。统筹考虑矿产资源及矿山企业生产要素，以及企业制度、技术、人才、资金等要素，进一步推进多要素整合。各地要创新整合模式，总结推广成功经验。积极探索多元投入，实施联合出资、整装勘查，勘查开发一体化，风险共担、成果共享、互利共赢的新模式。鼓励整合主体向资源高效开发利用、资源综合回收率高、应用深部找矿技术和难处理矿高效选冶技术的企业倾斜。鼓励有实力的企业突破地区、所有制的限制，以多种方式对矿业企业进行重组，实现规模化开发，进一步提升产业集中度，增强产业竞争力。

（六）健全完善制度，促进矿产资源开发合理布局和结构优化。加强矿产资源规划管理，合理规划重点勘查区和开采区，设置鼓励、限制、禁止勘查区和开采区，优化矿产资源勘查开发布局。完善勘查开采和规划管理制度，积极推进探矿权出让分区管理，提高勘查开采准入条件，建立探矿权退出机制，限期淘汰达不到标准的矿山。根据规划合理设置矿业权，原则上一个矿区只设置一个主体。对于同一个矿区有多个探矿权的，探矿权转采矿权时要整合成一个开采主体。探索建立探矿权合理投放机制和采矿权总量控制制度，积极推进探矿权有计划投放。对整合工作成效明显的地区，在符合矿产资源规划的前提下，矿业权投放数量可给予倾斜；对未通过整合验收的地区，调减其新设矿业权投放数量计划指标。

五、保障措施

（一）强化领导，建立共同责任机制。地方各级人民政府要充分认识整合工作的长期性、复杂性和艰巨性，认真履行整合工作主体责任，切实加强对整合工作的领导。地方各级国土资源、发展改革、工业和信息化、公安、监察、财政、环境保护、商务、工商、安全监管监察、能源等行政主管部门要按照国办发[2006]108 号文件的要求，明确分工，落实责任，加强协调，相互配合，建立共同责任机制， 继续加大对违规违法案件的查处力度，切实巩固并不断扩大整顿规范工作成果，进一步规范整合工作中的矿业权审批、项目核准、生产许可、安全许可、环评审查、企业设立等各项管理行为，确保整合工作有序推进。

（二）加大力度，扎实推进整合工作。各地要结合开展工程建设领域突出问题专项治理工作，全面清理排查矿业权管理中存在的突出问题，采取有效措施，加大整合工作力度，扎实开展整合工作。要切实抓好整合实施方案的编制并严格审查，确保整合实施方案的科学性和可操作性。学习借鉴一些地方先进整合工作经验，在实践中不断创新。注重策略，耐心细致地协调各方利益，先易后难，重点突破，全面推进。对已列入整合范围的矿业企业，无故拖延整合的，要督促其限期开展整合；对借整合名义实施开发建设或非法生产的矿山企业，有关部门要通过联合执法给予严厉打击。各地要明确省、市、县级整合重点矿区，制定挂牌督办方案，分级对整合重点矿区实行挂牌督办，限时完成整合工作任务；各级挂牌督办重点矿区数量原则上不能少于本行政区域内确定整合矿区的 30%；地方各级人民政府随时掌握挂牌督办整合重点矿区工作进展情况，将督办责任落实到人。凡未按整合实施方案完成整合工作任务的地区，自 2011 年 1 月 1 日起，不得新设矿业权。

（三）加强督导，确保整合工作规范实施。各地要进一步加强对整合工作的督导，及时研究解决整合工作中出现的新情况、新问题。加强对整合矿区实地检查，确保整合到位，防止走过场、假整合。严禁借整合之机，倒卖矿业权。加强整合矿山爆炸物品管理工作，对整合工作中确定关闭的矿山，要依法吊销其《爆炸物品使用许可证》，并对遗留的爆炸物品妥善处置；对整合工作中因开展生产系统改造需要使用爆炸物品的，公安机关凭国土资源管理部门颁发的采矿许可证及安全生产监督管理部门出具的证明文件进行审批。对在协调确定整合主体、调整各方关系过程中采取不正当手段谋取利益的矿业企业，要建立黑名单并予以曝光。强化对国家行政机关工作人员违法违规行为的责任追究，对徇私舞弊、滥用职权的，要依法依纪严肃查处；对涉嫌犯罪的，要移送司法机关处理。各省、自治区、直辖市于 2010 年 12 月底前完成本行政区域内整合工作自查验收，并向国土资源部、发展改革委等部门提交自查报告。国土资源部等部门将于 2011 年第一季度对各省、自治区、直辖市整合工作进行抽查。

（四）加强宣传，发挥典型引导作用。各地要充分发挥新闻媒体的舆论导向和监督作用，大力宣传整合工作的重要意义、目标任务和工作成效，营造良好的舆论氛围。要多渠道、多方式宣传正面典型，总结推广典型经验，发挥典型示范引导作用；通报、披露整合工作推进不力地区和弄虚作假行为。国土资源部等部门将适时组织召开全国矿产资源开发整合工作经验交流现场会。

国土资源部　发展改革委　工业和信息化部
公安部　监察部　财政部　环境保护部　商务部
工商总局　安全监管总局　能源局　煤矿安监局
二〇〇九年九月二十八日

关于印发钢铁行业烧结烟气脱硫实施方案的通知

工信部节[2009]340 号

为落实《钢铁产业调整和振兴规划》（国发[2009]6 号），我们组织制定了《钢铁行业烧结烟气脱硫实施方案》。现印发给你们，请遵照执行，并将有关情况及时报送我部。

附件：钢铁行业烧结烟气脱硫实施方案

二〇〇九年七月三十日

附件

钢铁行业烧结烟气脱硫实施方案

《钢铁产业调整和振兴规划》（国发[2009]6 号）明确提出，未来三年内，钢铁行业要实施钢铁产业技术进步与技术改造专项，对烧结烟气脱硫等循环经济和节能减排工艺技术，给予重点支持，并对重点大中型钢铁企业节能减排提出了明确的指标要求。为落实《钢铁产业调整和振兴规划》，推动钢铁行业开展烟气脱硫，特编制本实施方案，实施期限为 2009—2011 年。

一、钢铁行业烧结烟气二氧化硫污染状况

目前，钢铁行业二氧化硫主要由烧结球团烟气产生，烧结球团烟气产生的二氧化硫占钢铁企业排放总量 70%以上，个别企业达到 90%左右（不含燃煤自备电厂产生的二氧化硫）。

据统计，2008 年全国重点统计的钢铁企业二氧化硫排放量约 110 万吨，其中烧结二氧化硫排放量约 80 万吨。

（一）烧结烟气的特点

我国钢铁行业烧结烟气成分复杂，波动性较大，具有以下特点：一是烟气量大，一吨烧结矿产生烟气在 4 000～6 000 m^3；二是二氧化硫浓度变化大，范围在 400～5 000 mg/m^3；三是温度变化大，一般为 80℃到 180℃；四是流量变化大，变化幅度高达 40%以上；五是水分含量大且不稳定，一般为 10%～13%；六是含氧量高，一般为 15%～

18%；七是含有多种污染成分，除含有二氧化硫、粉尘外，还含有重金属、二噁英类、氮氧化物等。这些特点都在一定程度上增加了钢铁烧结烟气二氧化硫治理的难度。

（二）烧结装备及脱硫装置情况

治理烧结烟气二氧化硫污染主要通过在烧结机上安装脱硫装置来完成。据统计，我国现有烧结机 500 余台，烧结机总面积 53 820 m^2，生产能力达 58 950 万吨，平均单台烧结机面积 122 m^2。

截至 2009 年 5 月底，我国已建成烧结烟气脱硫装置 35 套，实现脱硫的烧结机共 40 台，烧结机总面积 6 312 m^2，形成烧结烟气脱硫能力 8.2 万吨。已投入运行的烧结烟气脱硫装置采用的工艺主要有循环流化床法、氨-硫铵法、密相干塔法、石灰石-石膏法等。

我国现有钢铁企业中，中央企业烧结机 58 台，烧结机总面积 11 792 m^2。截至 2008 年年底，中央企业已建成烧结烟气脱硫装置 2 套，实现脱硫的烧结机共 2 台，烧结机总面积 675 m^2，形成烧结烟气脱硫能力 0.79 万吨。

（三）存在的主要问题

1. 缺乏成熟的烧结脱硫技术。目前已投入运行的烧结烟气脱硫装置采用的脱硫工艺主要有循环流化床法、氨-硫铵法、密相干塔法、石灰石-石膏法等，这些工艺在我国处于研发和试用阶段，实际脱硫效果，有待进一步验证和评估。

2. 副产物利用途径少。彻底解决烧结烟气污染问题，不但要实现烟气高效脱硫，还要解决副产物的有效利用问题。由于烧结烟气脱硫产生的副产物成分复杂，目前还缺乏有效的利用途径。

3. 脱硫装置投资大、运行费用高。烧结脱硫装置投资约占烧结机投资的 20%～50%，吨烧结矿脱硫运行成本 5～14 元。投资大、运行成本高是制约安装脱硫装置的重要因素。

4. 有效监管不够。大多数钢铁企业没有安装烧结烟气在线监测设备，对钢铁企业烧结排放二氧化硫的监管主要采用间断的监测方式，无法对排放二氧化硫浓度及总量准确监控。

二、烧结脱硫的指导思想、主要原则和目标任务

（一）指导思想

以科学发展观为指导，按照《中华人民共和国环境保护法》、《中华人民共和国大气污染防治法》等法律法规要求，认真落实《钢铁产业调整和振兴规划》，通过安装烧结烟气脱硫装置，削减钢铁行业烧结烟气二氧化硫排放量，并通过烧结脱硫工程后评估，引导和推进钢铁行业二氧化硫减排工作。

（二）实施原则

1. 科学评估，分步实施。依据相关政策、法规和标准，充分考虑企业烧结烟气的特点，对不同烧结烟气脱硫工艺技术进行评估论证，为钢铁行业推广烧结烟气脱硫技术提供参考，引导企业分步开展烧结脱硫装置能力建设。

2. 突出重点，央企先行。加快实施处于两控区、环境重点区域（珠三角、长三角和京津冀）、环境保护重点城市及使用高硫原、燃料的钢铁企业烧结烟气脱硫。中央企业应起表率作用，在烧结烟气脱硫工程建设中发挥模范带头作用。

3. 结合实际，选择工艺。各钢铁企业根据实际情况，遵循经济有效、安全可靠、资源节约、综合利用的原则，因地制宜选取经济适用的脱硫工艺和技术。

（三）主要目标

在 2009 年 5 月底已形成烧结烟气脱硫能力 8.2 万吨的基础上，2011 年底前钢铁行业新增烧结烟气脱硫能力 20 万吨（其中中央企业 10 万吨）。2011 年钢铁行业烧结烟气排放二氧化硫不超过 64.5 万吨，重点大中型企业吨钢二氧化硫排放量小于 1.8kg，满足《钢铁产业调整和振兴规划》提出的指标要求，烧结烟气二氧化硫污染初步得到治理。

（四）主要任务

1. 开展烧结脱硫工程后评估工作。对已建成烧结脱硫工程，组织行业专家，评价其技术先进性、装置可靠性、投资及运行经济性等指标，在此基础上，提出适合我国国情的烧结脱硫技术和工艺目录，引导促进烧结脱硫技术的规范发展。

2. 分步实施，有序推进烧结脱硫工作。新建烧结机要按“三同时”原则，配套建设烧结烟气脱硫装置。现役烧结机按本实施方案要求建设烟气脱硫装置，三年内新增烧结脱硫装置能力 20 万吨。

3. 注重脱硫副产物综合利用。将烧结脱硫副产物的利用纳入钢铁企业固体废物综合利用体系中，积极探索脱硫副产物的利用途径。

三、分步实施计划

到 2011 年，新增烧结机脱硫面积 15 800 m^2，形成脱硫能力 20 万吨。其中中央企业新增烧结机脱硫面积 7 700 m^2，形成脱硫能力 10 万吨。

——2009 年实施脱硫的烧结机面积 4 100 m^2，形成脱硫能力 4 万吨。其中中央企业实施脱硫的烧结机面积 1 900 m^2，形成脱硫能力 2 万吨。

——2010 年实施脱硫的烧结机面积 7 700 m^2，形成脱硫能力 11.5 万吨。其中中央企业实施脱硫的烧结机面积 3 300 m^2，形成脱硫能力 4.6 万吨。

——2011 年实施脱硫的烧结机面积 4 000 m^2，形成脱硫能力 4.5 万吨。其中中央企业实施脱硫的烧结机面积 2 500 m^2，形成脱硫能力 3.4 万吨。

四、保障措施

（一）加强政策支持

1. 按照《钢铁产业调整和振兴规划》要求，把钢铁烧结脱硫项目纳入节能减排重点工程予以支持。地方工业主管部门在安排地方财政节能减排资金时，要优先支持钢铁烧结脱硫项目。我部会同有关部门安排技术改造资金时，将优先支持烧结脱硫项目。对拥有自主知识产权，适合我国特点的烧结脱硫技术与装备项目，给予重点支持。

2. 鼓励采用多种方式融资建设烧结脱硫工程。采用多种融资方式，积极利用社会投资，建设烧结脱硫工程。如采用 BOO、BOT 等方式建设、运行脱硫装置，积极推进污染治理市场化。

（二）加大监管力度

1. 安装烧结烟气在线监控装置。钢铁企业应安装烧结烟气在线监测装置，监测设备应与当地环保部门监控系统直接联网，实时传送数据。

2. 加大对烧结脱硫装置的监管力度。各级工业主管部门要加大钢铁企业脱硫装置的验收工作，积极配合环保部门定期发布当地钢铁企业环保达标公告。

3. 加强环境统计制度建设。企业应建立烧结脱硫数据统计制度，建立脱硫设施运行台账，定期向当地相关部门通报排污情况。

（三）加强组织实施

1. 各级工业主管部门、中央钢铁企业要按照本《方案》的要求，制订本地、本企业烧结脱硫计划，并组织推动项目实施，于每年 2 月底之前将上一年度烧结脱硫进展情况上报我部。

2. 各钢铁企业要高度重视烧结脱硫工作，成立专门的工作班子，明确责任和任务，按照烧结脱硫计划要求，认真实施本企业烧结脱硫项目。加强脱硫日常运行管理工作，客观、真实向有关部门上报脱硫工程实施情况。

3. 各脱硫工艺设计单位、工程承包商、设备供应商和中介机构要加强行业自律，提高服务意识，共同努力，按本方案要求加快实施烧结烟气脱硫工程。

中华人民共和国工业和信息化部
中华人民共和国国家发展和改革委员会
公　告

工联产业[2009]第 48 号

为规范乳制品行业发展，加强行业管理，保障乳制品质量安全，根据《乳品质量安全监督管理条例》、《中华人民共和国食品安全法》及相关法律法规规定，结合乳制品工业发展的实际情况，我们会同有关部门对原《乳制品工业产业政策》、《乳制品加工行业准入条件》进行了整合修订，现将《乳制品工业产业政策（2009 年修订）》予以发布。

附件：乳制品工业产业政策（2009 年修订）

中华人民共和国工业和信息化部
中华人民共和国国家发展和改革委员会
二〇〇九年六月二十六日

附件

乳制品工业产业政策（2009年修订）

前　言

牛乳被誉为营养价值最接近于完善的食物，人均乳制品消费量是衡量一个国家人民生活水平的主要指标之一。世界上许多国家都对增加乳制品消费给予高度重视，加以引导和鼓励。在我国，乳制品逐渐成为人民生活必需食品。改革开放特别是近几年以来，我国奶牛养殖业和乳制品工业发展迅速，奶牛存栏、奶类产量、乳制品产量成倍增长，乳制品消费稳步提高，成为仅次于印度、美国的世界第三大牛奶生产国。

乳制品工业是我国改革开放以来增长最快的重要产业之一，也是推动第一、二、三产业协调发展的重要战略产业。发展乳制品工业，对于改善城乡居民膳食结构、提高国民身体素质、丰富城乡市场、提高人民生活水平，以及优化农村产业结构、增加农民收入、促进社会主义新农村建设具有很大推动作用；对于带动畜牧业和食品机械、包装、现代物流等相关产业发展也具有重要意义。

目前，我国乳制品工业正处在由数量扩张型向质量效益型转变的关键时期，在迅猛发展的同时也出现了较多问题，如产业布局不合理，重复建设严重，加工能力过剩；养殖水平低，企业与奶农关系不协调，生鲜乳供应不稳定；有效需求不足，消费结构失衡，市场竞争失序；产品质量安全保证体系不健全等。

为贯彻《中华人民共和国食品安全法》、《国务院关于促进奶业持续健康发展的意见》、《乳品质量安全监督管理条例》，全面构建竞争有序、发展协调、增长持续、循环节约的现代乳制品工业，保障我国乳制品安全，强壮民族体质，带动农民增收，提升我国乳制品工业在国际的地位和竞争能力，在《乳制品加工行业准入条件》（中华人民共和国国家发展和改革委员会公告2008年第26号）、《乳制品工业产业政策》（中华人民共和国国家发展和改革委员会公告2008年第35号）的基础上，结合相关法律法规，修订形成本产业政策。

第一章　政策目标

第一条　通过政策的制定，引导奶牛养殖、乳制品企业合理布局，节约和有效利用资源，保护环境，促进乳制品加工与生鲜乳生产协调发展，提高人均乳制品占有量，建立确保行业有序发展的乳制品工业新机制，建设具有中国特色的现代乳制品工业。

第二条　控制加工规模，有序发展。严格控制乳制品加工项目的盲目投资和重复建设，提高乳制品加工能力利用率，避免生产能力严重过剩和设备大量闲置，避免恶性竞争和资源浪费，加工产能控制在合理范围之内，与奶源供应、市场需求相适应。

第三条 整合加工资源，提升产业水平。积极引导企业通过兼并、重组，形成以市场为导向的合理经营规模，培育一批骨干企业，丰富产品品种，适应市场需求，提高产品质量，保证乳品安全。

第四条 合理布局，协调发展。优化全国奶业布局，坚持扶优汰劣的原则，继续发挥重点产区以及大中城市的资源优势，提高资源利用效率，合理配置原料和加工产能，促进奶源基地与加工企业协调发展；适度鼓励具有地方特色的奶源基地建设及乳制品开发，逐步扩大加工能力，大力发展清洁生产和循环经济技术，提高企业环境绩效。

第五条 合理利用外资，提高乳制品工业竞争力。继续坚持利用国外的先进技术和管理经验，促进自主创新、结构调整、提升质量，提高竞争力。鼓励采用先进技术和现代管理理念，积极推进技术装备的自主化进程。

第六条 规范投融资行为和市场秩序，建立公平的竞争环境。

第二章 产业布局

第七条 乳制品工业布局应充分发挥奶业传统优势地区的资源，加快淘汰布局不合理、技术落后的产能；根据各地实际情况，形成以市场为导向、特色鲜明、布局合理、协调发展的乳制品工业新格局。

第八条 东北、内蒙古产业区，包括黑龙江、吉林、辽宁、内蒙古 4 省区，是全国重要的奶源基地和主要的乳制品工业基地。奶牛存栏量大，奶牛单产水平不高，饲草饲料资源丰富，分散饲养比重较大，与主销区运距较远。重点发展乳粉、干酪、奶油、超高温灭菌乳等，根据市场需要适当发展巴氏杀菌乳、酸乳等产品。严格控制建设同质化、低档次的加工项目，扶持建设有国际竞争力的大型项目。

第九条 华北产业区，包括河北、山西、山东、河南 4 省，是我国新兴的奶牛优势产区和奶源生产基地。地理位置优越，饲草饲料资源丰富，加工基础好，是都市与基地结合型乳业产区。但奶牛品种杂，单产水平低。重点发展乳粉、干酪、超高温灭菌乳、巴氏杀菌乳、酸乳等，合理控制加工项目建设。

第十条 西北产业区，包括西藏、陕西、甘肃、青海、宁夏、新疆 6 省区，奶牛养殖和牛奶消费历史悠久，牛奶商品率偏低，奶牛品种杂，养殖技术落后，单产水平低。主要发展便于贮藏和长途运输的乳粉、干酪、奶油、干酪素等乳制品，适度发展超高温灭菌乳、酸乳、巴氏杀菌乳等产品，合理控制加工项目建设，鼓励发展具有地方特色的乳制品。

第十一条 南方产业区，包括江苏、浙江、安徽、福建、江西、湖北、湖南、广东、广西、海南、四川、贵州、云南 13 省区，奶牛存栏量较少，水牛存栏量大，奶类产量小，经济发展程度相对较高，人口密度较大，是牛奶的主要消费地区。主要发展巴氏杀菌乳、干酪、酸乳，适当发展炼乳、超高温灭菌乳、乳粉等乳制品，根据奶源发展的情况和分布，合理布局乳制品加工企业。鼓励开发水牛奶加工等具有地方特色的乳制品。

第十二条 大城市周边产业区，包括北京、天津、上海和重庆 4 个直辖市，奶牛养殖现代化水平高、牛群良种化程度高，奶牛单产水平高，人口集中，消费市场大，加工能力强，是都市型乳业产区。支持乳制品加工科技的研究与产业升级，鼓励新型乳制品的开发，主要发展巴氏杀菌乳、酸乳等低温产品，适当发展干酪、奶油、功能性乳制品。该区域要率先实现乳业现代化，保障城市市场供给，促进城乡经济和谐发展。原则上不再布局新的加工项目。

第三章 行业准入

第十三条 规范乳制品行业投资行为，防止盲目投资和重复建设。新建和改（扩）建项目要符合准入条件要求。

第十四条 项目建设实行核准制，按照《政府核准的投资项目目录》执行。

第十五条 进入乳制品工业的出资人必须具有稳定可控的奶源基地，经济实力和抗风险能力强，管理经验丰富，信誉好，社会责任感强。应当符合以下条件：现有净资产不得低于拟建乳制品项目所需资本金的 2 倍，总资产不得低于拟建项目所需总投资的 3 倍，资产负债率不得高于 70%，连续 3 年盈利；省级或省级以上金融机构评定的贷款信用等级须达到 AA 级以上；具有良好的社会形象，遵纪守法。

第十六条 乳制品工业发展要实现规模经济，突出起始规模。鼓励企业通过资产重组、兼并等方式，合理扩大生产规模。第八、九、十、十二条列举省区市新建和改（扩）建乳粉项目日处理生鲜乳能力（两班）须达到 300 吨及以上；新建液态乳项目日处理生鲜乳能力（两班）须达到 500 吨及以上，改（扩）建液态乳项目日处理生鲜乳能力（两班）须达到 300 吨及以上。第十一条列举省区新建和改（扩）建乳粉项目日处理生鲜乳能力（两班）须达到 100 吨及以上；新建液态乳项目日处理生鲜乳能力（两班）须达到 200 吨及以上，改（扩）建液态乳项目日处理生鲜乳能力（两班）须达到 100 吨及以上。牦牛乳、水牛乳、山羊乳等地方特色乳制品建设项目不受上述准入规模限制。

第十七条 新建乳制品加工项目已有稳定可控的奶源基地产生鲜乳数量不低于加工能力的 40%，改（扩）建项目不低于原有加工能力的 75%。液态乳生产企业所用生鲜乳 100%使用稳定可控奶源基地产的生鲜乳，配方粉生产企业所用原料 50%以上为稳定可控奶源基地产的生鲜乳。

第十八条 新建乳制品加工项目须严格执行国家及行业相关标准，并与周围已有乳制品加工企业距离北方地区（第八、九、十、十二条列举省区市）在 100 公里以上，南方地区（第十一条列举省区）在 60 公里以上。牦牛乳、水牛乳、山羊乳等地方特色乳制品建设项目不受上述距离的限制。

第十九条 增强全行业节约意识，鼓励企业采用先进节能、节水技术，大力开发和推广应用节水新技术、新工艺、新设备，改造、淘汰能耗高的技术与装备，提高资源综合利用效率。企业能源消耗及水消耗应低于以下指标：

产品类别	标煤/（吨/吨）	电/（度/吨）	水/（吨/吨）
巴氏杀菌乳	0.10	60	5.5
灭菌乳	0.10	110	5.5
酸牛乳	0.20	90	10.0
乳粉	1.50	450	35.0
脱脂乳粉	1.80	800	70.0
炼乳	0.60	200	10.0

第二十条 新建或改（扩）建乳制品加工项目（企业）要整体布局合理，各功能区域划分明确。项目建设须执行《乳制品厂设计规范》（QB 6006）、《乳制品企业良好生产规范》（GB 12693）、《食品企业通用卫生规范》（GB 14881）、《乳品设备安全卫生》（GB 12073）、《生活饮用水卫生标准》（GB 5749）及国家卫生、质检等部门的相关规定。乳制品加工企业生产须具有与所生产产品相适应的技术文件和工艺文件；执行质量保证体系工艺文件规定；所采用工艺先进、适用，能够保证生产的产品符合国家标准。企业在生产过程中添加配料、添加剂、营养强化剂等应符合国家法律法规及有关规定。

第二十一条 企业必须具备国家安全生产法律、法规和部门规章及标准规定的安全生产条件，并建立、健全安全生产责任制。项目安全设施、环保设施必须与主体工程同时设计、同时施工、同时投入生产和使用。企业必须配备劳动保护和工业卫生设施。

第二十二条 新建加工项目（企业）选址须在交通方便、有充足水源的地区；环境功能符合食品加工环境要求，周围 3 公里范围内没有粉尘、有害气体、放射性物质和其他扩散型污染源，没有昆虫大量滋生的潜在场所等污染源；合理设置防护距离，有效防止废水、废气排放对周边环境保护目标的不良影响。

第二十三条 新建或改（扩）建乳制品加工项目（企业）必须符合上述准入条件，项目核准按照国务院关于固定资产投资的有关规定执行。核准生效前，城乡规划部门不办理规划许可手续；国土资源部门不办理用地批准手续；金融机构不提供任何形式的新增授信支持；电力部门不予以供电。

第二十四条 经核准的新建或改（扩）建加工项目（企业）投产前，须经省级及以上相关部门进行投产检查验收。检查验收合格后，相关部门核发生产许可证等资质证明，企业方可投入产品生产和销售。

新建或改（扩）建加工项目（企业）投产前经检查未达到准入条件要求的，工业主管部门责令建设单位限期完善有关建设内容。不符合环保要求的，环保主管部门责令限期整改；对土地取得不合法、用地批准手续不完备的，不得办理土地登记、发放土地使用权证书，并依法予以查处。对未按照规定的条件和土地使用合同约定使用土地的，要按照土地管理法等法律法规的规定予以处罚。

第二十五条 已建加工项目（企业）应达到准入条件中关于工艺与装备、产品质量、能耗及水耗、环境卫生与保护、安全和社会责任的要求。未达到上述要求的要限期整改，整改限期截至 2010 年底前。已建项目（企业）整改后由各省、市、自治区工业主管部门确认并将企业名单上报工业和信息化部。逾期仍未达到准入条件规定的，金融机构停止提供信贷支持，电力部门依法停止供电，质检部门依法注销生产许可证，环保部门依法吊销排污许可证。被依法责令关闭的企业要限期到工商部门办理变更或注销登记。

第四章 奶源供应

第二十六条 乳制品加工企业收购的生鲜乳必须是由取得了所在地县级人民政府畜牧兽医主管部门颁发的生鲜乳收购许可证的单位提供，并与生鲜乳销售方签订书面购销合同。不得向未取得生鲜乳收购许可证的单位和个人购进生鲜乳。

第二十七条 乳制品加工企业收购的生鲜乳必须由取得所在地县级人民政府畜牧兽医主管部门核发的生鲜乳准运证明的车辆运输，并随车携带生鲜乳交接单。交接单应当载明生鲜乳收购站的名称、生鲜乳数量、交接时间，并由生鲜乳收购站经手人、押运员、司机、收奶员签字。生鲜乳交接单一式两份，分别由生鲜乳收购站和乳制品加工企业保存，保存时间 2 年。

第二十八条 乳制品加工企业收购的生鲜乳应当符合乳品质量安全国家标准。不得购进兽药等化学物质残留超标，或者含有重金属等有毒有害物质、致病性的寄生虫和微生物、生物毒素以及其他不符合乳品质量安全国家标准的生鲜乳。

第二十九条 乳制品生产企业应当建立生鲜乳进货查验制度，逐批检测收购的生鲜乳，如实记录质量检测情况、供货者的名称以及联系方式、进货日期等内容，并查验运输车辆生鲜乳交接单。查验记录单应当保存 2 年。

第三十条 鼓励乳制品加工企业通过订单收购、建立风险基金、返还利润、参股入股等多种形式，与奶农结成稳定的产销关系和紧密的利益联结机制。逐步建立生鲜乳质量第三方检测制度与体系。

第三十一条 支持乳制品加工企业加强自有奶源基地建设，鼓励自建、参股建设规模化奶牛场、奶牛养殖小区。鼓励乳制品加工企业按照区划布局，自行建设生鲜乳收购站或者收购原有生鲜乳收购站。鼓励乳制品加工企业和其他相关生产经营者为奶畜养殖者提供所需的服务。

第五章 技术与装备

第三十二条 坚持引进和自主研发相结合的原则，鼓励创新，开发具有自主知识产权的先进适用技术和装备。加强国家及企业乳品技术与工程研究中心、实验室等平台建设；支持开展乳制品检测方法研究，提升加工企业质量管理水平；继续开展乳制品关键共性技术研究、集成与示范；促进乳品装备自主化，提高乳制品制造技术与装备制造水平。

第三十三条 加大乳制品产业科技创新投入，积极推进建立企业为主体，科研院所为支撑，市场为导向，产品为核心，产学研结合的乳业技术创新体系，国家工业主管部门组织相关部门，科研院所和企业，依托重大工程和国家科技计划，开展乳业领域的重大科技攻关活动，鼓励乳业科技创新型人才培养。

第三十四条 乳品加工关键技术重点发展膜分离技术、生物技术（包括基因工程、细胞工程、酶工程、发酵工程和生化工程等）、冷杀菌技术、检测技术、流变学分析技术和冷冻干燥技术、干酪加工技术及乳清综合利用技术、直投发酵剂生产技术。支持乳制品质量安全控制关键技术、乳制品中非乳成分和非法添加物检测技术的研究与开发。

第三十五条 提高乳制品加工装备自主化率。重点研发日处理生鲜乳 500 吨以上的大型乳粉生产设备，低温喷雾干燥设备，日处理 100 吨生鲜乳的干酪生产设备、膜过滤设备、节约型多效设备、奶油分离设备、灭菌及无菌灌装成套设备，乳清处理设备及榨乳成套设备等。研发原料和成品快速检测、生产过程在线检测和无损伤检测的方法和设备。

第三十六条 乳制品包装材料重点开发纸塑复合无菌包装、多层共挤高阻隔性复合材料、可持续性绿色包装材料。

第三十七条 加快现有加工能力结构调整步伐，淘汰乳粉生产中单效浓缩设备，2010 年底前淘汰加工规模为日处理生鲜乳能力（两班）20 吨以下的浓缩、喷雾干燥等设施，淘汰生产能力在 200 千克/小时以下的手动及半自动液体乳灌装设备。

第六章　投资融资

第三十八条 乳业发展重点省区应根据国家乳制品工业产业政策，结合地方实际情况制定中长期乳制品发展规划，其内容必须符合国家乳制品工业产业政策的总体要求。大型乳制品企业集团应根据国家乳制品工业产业政策研究制定企业中长期发展方案。

第三十九条 鼓励国内企业通过资产重组、兼并收购、强强联合等方式，加快集团化、集约化进程，整合加工资源，提升产业水平。外商投资企业发生上述行为应按照国家有关外商投资的法律法规及规章的规定办理。

第四十条 加大投资监管，对违规核准、擅自更改核准内容等行为，撤销项目法人投资项目的资格，并追究相关当事人的行政责任。

第四十一条 支持具备条件的乳制品企业通过公开发行股票和发行企业债券等方式筹集资金。国内金融机构特别是政策性银行应优先给予国内大型骨干乳制品企业及特色乳制品建设项目融资支持。对违规项目，金融机构不得提供任何形式信贷支持。

第七章　产品结构

第四十二条 适应市场需求，丰富产品品种，形成多样化的乳制品产品结构。

第四十三条 逐步改善以液体乳为主的产品类型单一局面，鼓励发展适合不同消费者需要的功能性产品、干酪等，鼓励开发特色乳制品。

第四十四条 积极发展高品质、市场需求量大的乳制品，以满足高端市场的需求。如脱脂乳粉、乳清粉的生产。延长乳品加工产业链，根据市场需求开发乳蛋白、乳糖等产品。

第八章 质量安全

第四十五条 企业必须具备先进的生产设备及完善的检测手段和检测设备。在原料接受环节配备离心式净乳机、恒温储乳罐；原料处理环节配备乳脂分离与标准化、均质与杀菌等产品标准化系统；须按产品质量要求，配备杀菌、灭菌及灌装设备，须配备原位清洗系统（CIP）和酸碱中和储罐，必须有废水废液处理系统。根据原料、半成品、成品检验需要配备检验仪器和设备。

第四十六条 建立严格的质量安全控制体系，全面加强乳制品质量安全监管。健全质量监管制度，建立和完善乳制品检验制度、产品质量可追溯及责任追究制度、问题产品召回制度和质量管理制度，强化进出口乳制品的检验检疫。对乳制品生产实施从原料进厂到成品出厂的全过程的标准化管理和质量控制，强化质量安全生产许可认证，确保乳制品安全。

第四十七条 完善乳制品标准体系。企业应严格执行国家标准（或行业标准），若无国家标准（或行业标准），参照国家推荐的国际食品法典委员会（CAC）、国际乳业联合会（IDF）等国际组织的标准执行。鼓励企业、地方制定更为严格的企业和地方标准。

第四十八条 乳制品生产企业应当符合良好生产规范要求。国家鼓励乳制品生产企业实施危害分析与关键控制点（HACCP）及良好农业规范（GAP）等国际先进的管理体系，提高乳制品安全管理水平。生产婴幼儿奶粉的企业应当实施危害分析与关键控制点体系。

第四十九条 出厂的乳制品应当符合乳品质量安全国家标准。乳制品生产企业应当对出厂的乳制品逐批检验，并保存检验报告，留取样品。对检验合格的乳制品应当标识检验合格证号；检验不合格的不得出厂。检验报告应当保存2年。

第五十条 生产乳制品使用的生鲜乳、辅料、添加剂等，应当符合法律、行政法规的规定和乳品质量安全国家标准。

生产的乳制品应当经过巴氏杀菌、高温杀菌、超高温杀菌或者其他有效方式杀菌。

生产发酵乳制品的菌种应当纯良、无害，定期鉴定，防止杂菌污染。

生产婴幼儿奶粉应当保证婴幼儿生长发育所需的营养成分，不得添加任何可能危害婴幼儿身体健康和生长发育的物质。

第五十一条 产品包装标识应符合《预包装食品标签通则》（GB 7718）、《预包装特殊膳食用食品标签通则》（GB 13432）规定，符合国家质检及卫生部门有关食品包装标识的规定，严格执行液态奶标识制度。标示营养标签的产品还应符合《食品营养标签管理规范》。

第九章　组织结构

第五十二条　建立现代企业制度，完善行业组织形式，形成有利于行业协调发展的企业组织结构。坚持股权多元化，防止恶意并购，避免行业垄断。

第五十三条　加快整合现有乳制品生产企业，培育具有先进水平、跨地区、具有国际竞争力的大型乳制品企业集团，淘汰落后生产能力，改变乳制品企业布局不合理，重复建设严重，加工能力过剩的局面，促进中小型乳制品企业向“专、精、特、新”方向发展。

第十章　资源节约与环境保护

第五十四条　贯彻执行国务院《关于加快发展循环经济的若干意见》，按照减量化、再利用、资源化的原则，提高土地资源、饲料资源、水资源及能源等使用效率，转变增长方式，建设资源节约型乳制品工业。

第五十五条　严格执行国家有关保护耕地和节约集约用地的各项政策规定及国土资源部《工业项目建设用地指标》等相关用地标准规定，科学规划布局，从严控制用地规模。

第五十六条　降低包装材料消耗，节约社会资源。提倡乳制品包装多样化，鼓励企业使用能够回收的、循环使用的、环保的、节能的包装材料，减少包材的使用量，合理包装。

第五十七条　严格执行国家和地方相关环境保护、污染治理及清洁生产等法律法规和标准，加大环境保护执法力度，坚持预防为主、综合治理的方针，增强乳制品企业的环境保护意识和社会责任感，健全环境监管机制，完善污染预防和治理措施，努力降低企业产污强度，严格控制污染物排放，建设环境友好型乳制品工业。

第五十八条　新建、扩建乳制品项目企业和奶源基地建设应严格执行环境影响评价制度。奶源基地建设必须配套建设养殖场废弃物的无害化处理和资源的综合利用设施，提高环境保护水平。

第十一章　消费与流通

第五十九条　按照全面建设小康社会和构建社会主义和谐社会的要求，积极倡导乳制品消费，在全社会建立乳制品消费意识。鼓励企业加强新产品开发，满足不同群体消费需求，扩大消费群体，开拓中小城市和农村消费市场，提高乳制品的消费量。完善乳制品物流配送体系。鼓励绿色包装，加强包装废物的回收利用。

第六十条　通过多形式、多途径在全社会广泛宣传和大力普及乳制品营养知识，提高公益性宣传力度，培养国民乳制品消费习惯，引导城乡居民扩大消费。

第六十一条　加大国家学生饮用奶计划推广力度，完善学生饮用奶定点生产企业扶持政策，研究对贫困家庭学生进行学生奶实物补贴等措施，扩大学生饮用奶覆盖范围。

第六十二条 乳制品加工企业要加强市场销售跟踪服务，建立和完善重大事项应急处置制度和机制。发现其生产的乳制品不符合乳制品质量安全标准、存在危害人体健康和生命安全危险或者可能危害婴幼儿身体健康或者生长发育的，应立即停止生产，报告有关主管部门，告知经销商、消费者，召回已经出厂、上市销售的乳制品，并记录召回情况。乳制品加工企业对召回的乳制品应当采取销毁、无害化处理等措施，防止其再次流入市场。

第六十三条 加强宏观调控，规范企业市场行为，维护国内公平市场秩序。加强基础信息的统计，建立乳制品工业预警机制，规范乳制品销售价格行为，加强乳制品进出口调控，完善乳粉收储制度，保护奶农利益。制止不正当市场竞争，避免行业大起大落，维护市场秩序。

第十二章 监督管理

第六十四条 各级地方工业主管部门会同相关部门负责对本地乳制品生产企业执行本产业政策的情况进行监督检查。各省、市、自治区工业主管部门负责依法淘汰落后乳制品加工生产能力，对属地符合准入条件的乳制品生产企业实行社会公告，接受社会舆论监督。

第六十五条 充分发挥行业协会协调服务、维权自律的职责，当好企业与政府的桥梁，加强行业发展问题的分析与研究，反映行业发展情况，提出行业发展建议。乳制品工业行业协会要依据国家有关政策规定，加强行业自律，协助政府有关部门做好乳制品加工行业准入监督和管理。

第十三章 其 他

第六十六条 加强人才队伍建设，支持企业培养和吸引科技创新人才以及高级管理人才，全面提高企业职工素质。

第六十七条 本政策涉及的相关法律、法规、政策、标准等如有修订，按修订后的规定执行。

第六十八条 复原乳生产严格按照国家有关规定执行。

第六十九条 本政策自发布之日起实施，原《乳制品加工行业准入条件》（中华人民共和国国家发展和改革委员会公告 2008 年第 26 号）、《乳制品工业产业政策》（中华人民共和国国家发展和改革委员会公告 2008 年第 35 号）同时废止。

第七十条 本产业政策由工业和信息化部、国家发展和改革委员会负责解释。

附件

名词解释

乳制品：以生鲜牛（羊）乳及其制品为主要原料，经加工制成的产品。包括：液体乳类（杀菌乳、灭菌乳、酸牛乳、配方乳）；乳粉类（全脂乳粉、脱脂乳粉、全脂加糖乳粉和调味乳粉、婴幼儿配方乳粉、其他配方乳粉）；炼乳类（全脂淡炼乳、全脂加糖炼乳、调味/调制炼乳、配方炼乳）；乳脂肪类（稀奶油、奶油、无水奶油）；干酪类（原干酪、再制干酪）；其他乳制品类（干酪素、乳糖、乳清粉等）。

杀菌乳：以生鲜牛（羊）乳为原料，经过巴氏杀菌处理制成液体产品，经巴氏杀菌后，生鲜乳中的蛋白质及大部分维生素基本无损，但是没有百分之百地杀死所有微生物，所以杀菌乳不能常温储存，需低温冷藏储存，保质期为2～15天。

酸乳：以生鲜牛（羊）乳或复原乳为主要原料，添加或不添加辅料，使用保加利亚乳杆菌、嗜热链球菌的菌种发酵制成的产品。按照所用原料的不同，分为：纯酸牛乳、调味酸牛乳、果料酸牛乳；按照脂肪含量的不同，分为：全脂、部分脱脂、脱脂等品种。

灭菌乳：以生鲜牛（羊）乳或复原乳为主要原料，添加或不添加辅料，经灭菌制成的液体产品，由于生鲜乳中的微生物全部被杀死，灭菌乳不需冷藏，常温下保质期1～8个月。

乳粉：以生鲜牛（羊）乳为主要原料，添加或不添加辅料，经杀菌、浓缩、喷雾干燥制成的粉状产品。按脂肪含量、营养素含量、添加辅料的区别，分为：全脂乳粉、低脂乳粉、脱脂乳粉、全脂加糖乳粉、调味乳粉和配方乳粉。

配方乳粉：针对不同人群的营养需要，以生鲜乳或乳粉为主要原料，去除了乳中的某些营养物质或强化了某些营养物质（也可能二者兼而有之），经加工干燥而成的粉状产品，配方乳粉的种类包括婴儿、老年及其他特殊人群需要的乳粉。

炼乳：以生鲜牛（羊）乳或复原乳为主要原料，添加或不添加辅料，经杀菌、浓缩，制成的黏稠态产品。按照添加或不添加辅料，分为：全脂淡炼乳、全脂加糖炼乳、调味/调制炼乳、配方炼乳。

干酪：以生鲜牛（羊）乳或脱脂乳、稀奶油为原料，经杀菌、添加发酵剂和凝乳酶，使蛋白质凝固，排出乳清，制成的固态产品。

干酪素：以脱脂牛（羊）乳为原料，用酶或盐酸、乳酸使所含酪蛋白凝固，然后将凝块过滤、洗涤、脱水、干燥而制成的产品。

乳清粉：以生产干酪、干酪素的副产品——乳清为原料，经杀菌、脱盐或不脱盐、浓缩、干燥制成的粉状产品。

乳糖：以生产干酪、干酪素的副产品——乳清为原料，经分离、浓缩、结晶、干燥，制成的晶体粉状产品。

乳脂肪：以生鲜牛（羊）乳为原料，用离心分离法分出脂肪，此脂肪成分经杀菌、发酵或不发酵等加工过程，制成的黏稠状或质地柔软的固态产品。按脂肪含料不同，分为：稀奶油、奶油、无水奶油。

地方特色乳制品：使用特种生鲜乳（如水牛乳、牦牛乳、羊乳、马乳、驴乳、骆驼乳等）为原料加工制成的各种乳制品，或具有地方特点的乳制品（如奶皮子、奶豆腐、乳饼、乳扇等）。

稳定可控奶源基地：系指自建牧场、合建牧场、参股小区及签订购销合同的合法生鲜乳收购站等。

复原乳：又称“还原乳”或“还原奶”，是指以乳粉为主要原料，添加适量水制成与原乳中水、固体物比例相当的乳液。

关于印发《城镇污水处理厂污泥处理处置及污染防治技术政策（试行）》的通知

建城[2009]23 号

各省、自治区、直辖市建设厅（建委、市政管委、水务局）、环保局、科技厅（委），计划单列市建委（建设局）、环保局、科技局，新疆生产建设兵团建设局、环保局、科技局：

为推动城镇污水处理厂污泥处理处置技术进步，明确城镇污水处理厂污泥处理处置技术发展方向和技术原则，指导各地开展城镇污水处理厂污泥处理处置技术研发和推广应用，促进工程建设和运行管理，避免二次污染，保护和改善生态环境，促进节能减排和污泥资源化利用，住房和城乡建设部、环境保护部和科学技术部联合制定了《城镇污水处理厂污泥处理处置及污染防治技术政策（试行）》。现印发给你们，请结合本地区实际认真执行。

各地住房城乡建设、环保和科技行政主管部门应密切合作，加大投入，加强污水处理厂污泥处理处置新技术研究开发和推广转化工作。实施过程中如遇有关问题，请将意见告住房城乡建设部城市建设司和环境保护部科技标准司。

附件：城镇污水处理厂污泥处理处置及污染防治技术政策（试行）

中华人民共和国住房和城乡建设部
中华人民共和国环境保护部
中华人民共和国科学技术部
二OO九年二月十八日

附件

城镇污水处理厂污泥处理处置及污染防治技术政策（试行）

1. 总则

1.1 为提高城镇污水处理厂污泥处理处置水平，保护和改善生态环境，促进经济社会和环境可持续发展，根据《中华人民共和国环境保护法》、《中华人民共和国水污染防治法》、《中华人民共和国固体废物污染环境防治法》、《中华人民共和国城乡规划法》等相关法律法规，制定本技术政策。

1.2 本技术政策所称城镇污水处理厂污泥（以下简称“污泥”），是指在污水处理过程中产生的半固态或固态物质，不包括栅渣、浮渣和沉砂。

1.3 本技术政策适用于污泥的产生、储存、处理、运输及最终处置全过程的管理和技术选择，指导污泥处理处置设施的规划、设计、环评、建设、验收、运营和管理。

1.4 污泥处理处置是城镇污水处理系统的重要组成部分。污泥处理处置应遵循源头削减和全过程控制原则，加强对有毒有害物质的源头控制，根据污泥最终安全处置要求和污泥特性，选择适宜的污水和污泥处理工艺，实施污泥处理处置全过程管理。

1.5 污泥处理处置的目标是实现污泥的减量化、稳定化和无害化；鼓励回收和利用污泥中的能源和资源。坚持在安全、环保和经济的前提下实现污泥的处理处置和综合利用，达到节能减排和发展循环经济的目的。

1.6 地方人民政府是污泥处理处置设施规划和建设的责任主体；污泥处理处置设施运营单位负责污泥的安全处理处置。地方人民政府应优先采购符合国家相关标准的污泥衍生产品。

1.7 国家鼓励采用节能减排的污泥处理处置技术；鼓励充分利用社会资源处理处置污泥；鼓励污泥处理处置技术创新和科技进步；鼓励研发适合我国国情和地区特点的污泥处理处置新技术、新工艺和新设备。

2. 污泥处理处置规划和建设

2.1 污泥处理处置规划应纳入国家和地方城镇污水处理设施建设规划。污泥处理处置规划应符合城乡规划，并结合当地实际与环境卫生、园林绿化、土地利用等相关专业规划相协调。

2.2 污泥处理处置应统一规划，合理布局。污泥处理处置设施宜相对集中设置，鼓励将若干城镇污水处理厂的污泥集中处理处置。

2.3 应根据城镇污水处理厂的规划污泥产生量，合理确定污泥处理处置设施的规模；

近期建设规模，应根据近期污水量和进水水质确定，充分发挥设施的投资和运行效益。

2.4 城镇污水处理厂新建、改建和扩建时，污泥处理处置设施应与污水处理设施同时规划、同时建设、同时投入运行。污泥处理必须满足污泥处置的要求，达不到规定要求的项目不能通过验收；目前污泥处理设施尚未满足处置要求的，应加快整改、建设，确保污泥安全处置。

2.5 城镇污水处理厂建设应统筹兼顾污泥处理处置，减少污泥产生量，节约污泥处理处置费用。对于污泥未妥善处理处置的，可按照有关规定核减城镇污水处理厂对主要污染物的削减量。

2.6 严格控制污泥中的重金属和有毒有害物质。工业废水必须按规定在企业内进行预处理，去除重金属和其他有毒有害物质，达到国家、地方或者行业规定的排放标准。

3. 污泥处置技术路线

3.1 应综合考虑污泥泥质特征、地理位置、环境条件和经济社会发展水平等因素，因地制宜地确定污泥处置方式。污泥处置是指处理后污泥的消纳过程，处置方式有土地利用、填埋、建筑材料综合利用等。

3.2 鼓励符合标准的污泥进行土地利用。污泥土地利用应符合国家及地方的标准和规定。污泥土地利用主要包括土地改良和园林绿化等。鼓励符合标准的污泥用于土地改良和园林绿化，并列入政府采购名录。允许符合标准的污泥限制性农用。

3.2.1 污泥用于园林绿化时，泥质应满足《城镇污水处理厂污泥处置 园林绿化用泥质》（CJ 248）的规定和有关标准要求。污泥必须首先进行稳定化和无害化处理，并根据不同地域的土质和植物习性等，确定合理的施用范围、施用量、施用方法和施用时间。

3.2.2 污泥用于盐碱地、沙化地和废弃矿场等土地改良时，泥质应符合《城镇污水处理厂污泥处置 土地改良泥质》（CJ/T 291）的规定；并应根据当地实际，进行环境影响评价，经有关主管部门批准后实施。

3.2.3 污泥农用时，污泥必须进行稳定化和无害化处理，并达到《农用污泥中污染物控制标准》（GB 4284）等国家和地方现行的有关农用标准和规定。污泥衍生产品应通过场地适用性环境影响评价和环境风险评估，并经有关部门审批后方可实施。污泥农用应严格控制施用量和施用期限。

3.3 污泥建筑材料综合利用。有条件的地区，应积极推广污泥建筑材料综合利用。污泥建筑材料综合利用是指污泥的无机化处理，用于制作水泥添加料、制砖、制轻质骨料和路基材料等。污泥建筑材料利用应符合国家和地方的相关标准和规范要求，并严格防范在生产和使用中造成二次污染。

3.4 污泥填埋。不具备土地利用和建筑材料综合利用条件的污泥，可采用填埋处置。国家将逐步限制未经无机化处理的污泥在垃圾填埋场填埋。污泥填埋应满足《城镇污水处理厂污泥处置 混合填埋泥质》（CJ/T 249）的规定；填埋前的污泥需进行稳定化处理；横向剪切强度应大于 25 kN/m²；填埋场应有沼气利用系统，渗滤液能达标排放。

4. 污泥处理技术路线

4.1 在污泥浓缩、调理和脱水等实现污泥减量化的常规处理工艺基础上，根据污泥处置要求和相应的泥质标准，选择适宜的污泥处理技术路线。

4.2 污泥以园林绿化、农业利用为处置方式时，鼓励采用厌氧消化或高温好氧发酵（堆肥）等方式处理污泥。

4.2.1 厌氧消化处理污泥。鼓励城镇污水处理厂采用污泥厌氧消化工艺，产生的沼气应综合利用；厌氧消化后污泥在园林绿化、农业利用前，还应按要求进行无害化处理。

4.2.2 高温好氧发酵处理污泥。鼓励利用剪枝、落叶等园林废弃物和砻糠、谷壳、秸秆等农业废弃物作为高温好氧发酵添加的辅助填充料，污泥处理过程中要防止臭气污染。

4.3 污泥以填埋为处置方式时，可采用高温好氧发酵、石灰稳定等方式处理污泥，也可添加粉煤灰和陈化垃圾对污泥进行改性。

4.3.1 高温好氧发酵后的污泥含水率应低于 40%。

4.3.2 鼓励采用石灰等无机药剂对污泥进行调理，降低含水率，提高污泥横向剪切力。

4.4 污泥以建筑材料综合利用为处置方式时，可采用污泥热干化、污泥焚烧等处理方式。

4.4.1 污泥热干化。采用污泥热干化工艺应与利用余热相结合，鼓励利用污泥厌氧消化过程中产生的沼气热能、垃圾和污泥焚烧余热、发电厂余热或其他余热作为污泥干化处理的热源；不宜采用优质一次能源作为主要干化热源；要严格防范热干化可能产生的安全事故。

4.4.2 污泥焚烧。经济较为发达的大中城市，可采用污泥焚烧工艺。鼓励采用干化焚烧的联用方式，提高污泥的热能利用效率；鼓励污泥焚烧厂与垃圾焚烧厂合建；在有条件的地区，鼓励污泥作为低质燃料在火力发电厂焚烧炉、水泥窑或砖窑中混合焚烧。

4.4.3 污泥焚烧的烟气应进行处理，并满足《生活垃圾焚烧污染控制标准》（GB18485）等有关规定。污泥焚烧的炉渣和除尘设备收集的飞灰应分别收集、储存、运输。鼓励对符合要求的炉渣进行综合利用；飞灰需经鉴别后妥善处置。

5.污泥运输和储存

5.1 污泥运输。鼓励采用管道、密闭车辆和密闭驳船等方式；运输过程中应进行全过程监控和管理，防止因暴露、洒落或滴漏造成的环境二次污染；严禁随意倾倒、偷排污泥。

5.2 污泥中转和储存。需要设置污泥中转站和储存设施的，可参照《城市环境卫生设施设置标准》（CJJ 27）等规定，并经相关主管部门批准后方可建设和使用。

6. 污泥处理处置安全运行与监管

6.1 国家和地方相关主管部门应加强对污泥处理处置设施规划、建设和运行的监管；污泥处理处置设施运营单位（以下简称运营单位）应保障污泥处理处置设施的安全稳定运行。

6.2 运营单位应严格执行国家有关安全生产法律法规和管理规定，落实安全生产责任制；执行国家相关职业卫生标准和规范，保证从业人员的卫生健康；应制定相关的应急处置预案，防止危及公共安全的事故发生。

6.3 城镇污水处理厂、污泥运输单位和各污泥接收单位应建立污泥转运联单制度，并定期将记录的联单结果上报地方相关主管部门。

6.4 运营单位应建立完备的检测、记录、存档和报告制度，并对处理处置后的污泥及其副产物的去向、用途、用量等进行跟踪、记录和报告，相关资料至少保存5年。

6.5 地方相关主管部门应按照各自的职责分工，对污泥土地利用全过程进行监督和管理。污泥土地利用单位应委托具有相关资质的第三方机构，定期对污泥衍生产品土地利用后的环境质量状况变化进行评价。污泥处理处置场所应禁止放养家畜、家禽。

6.6 地方相关主管部门应加强对填埋场的监督和管理。填埋场运营单位应按照国家相关标准和规范，定期对污泥泥质、填埋场场地的水、气、土壤等本底值及作业影响进行监测。

6.7 污泥焚烧运营单位应按照国家相关标准和规范，定期对污泥性质、污泥量、排放废水、烟气、炉渣、飞灰等进行监测。污泥综合利用单位还需对污泥衍生产品的性质和数量进行监测和记录。

7. 污泥处理处置保障措施

7.1 国务院有关部门和地方主管部门应加强污泥处理处置标准规范的制定和修订，规范污泥处理处置设施的规划、建设和运营。

7.2 地方人民政府应进一步提高污水处理费的征收力度和管理水平，污水处理费应包括污泥处理处置运营成本；通过污水处理费、财政补贴等途径落实污泥处理处置费用，确保污泥处理处置设施正常稳定运营。

7.3 各级政府应加大对污泥处理处置设施建设的资金投入，对于列入国家鼓励发展的污泥处理处置技术和设备，按规定给予财政和税收优惠；建立多元化投资和运营机制，鼓励通过特许经营等多种方式，引导社会资金参与污泥处理处置设施建设和运营。